道教典籍選刊

黄帝九鼎神丹經訣校釋

韓吉紹 校釋

中華書局

圖書在版編目(CIP)數據

黄帝九鼎神丹經訣校釋/韓吉紹校釋. —北京:中華書局,2015.8(2024.5 重印)
(道教典籍選刊)
ISBN 978-7-101-10893-4

Ⅰ.黄… Ⅱ.韓… Ⅲ.①道教-煉丹-研究②《黄帝九鼎神丹經訣》-注釋 Ⅳ.B95

中國版本圖書館 CIP 數據核字(2015)第 065128 號

責任編輯:朱立峰
責任印製:管　斌

道教典籍選刊
黄帝九鼎神丹經訣校釋
韓吉紹 校釋

*

中 華 書 局 出 版 發 行
(北京市豐臺區太平橋西里 38 號　100073)
http://www.zhbc.com.cn
E-mail:zhbc@zhbc.com.cn
三河市宏盛印務有限公司印刷

*

850×1168 毫米 1/32 · 13¾印張 · 2 插頁 · 280 千字
2015 年 8 月第 1 版　2024 年 5 月第 5 次印刷
印數:5301-6300 册　定價:58.00 元

ISBN 978-7-101-10893-4

道教典籍選刊緣起

道教是我國土生土長的宗教，歷史悠久，可以溯源到戰國時期的方術，甚至更古的巫術，而正式形成於東漢時期。它是我國傳統文化的重要組成部分，對我國人民的思維方式、生活方式，對古代科學、技術的發展，都産生過重大影響，並波及社會政治、經濟等各方面。

道教典籍極爲豐富，就道藏而言，多達五千餘卷，是有待進一步發掘、清理和利用的文化遺産之一。爲便於國内外學術界對道教及其影響的研究，便於廣大讀者瞭解道教的概貌，我們初步擬訂了道教典籍選刊的整理出版計劃。其中既有道教最基本的典籍，也包括各種流派的代表作，有不少書與哲學、思想史關係密切。所有項日，都選用較好的版本作爲底本，進行校勘標點。

由於我們缺乏經驗，工作中難免有失誤之處，亟盼關心此項工作的專家和廣大讀者給以指導與幫助。

中華書局編輯部

一九八八年二月

目録

從黄帝九鼎神丹經到黄帝九鼎神丹經訣（代前言）

一、黄帝九鼎神丹經源流辨正

（一）黄帝九鼎神丹經的記載和流傳

黄帝九鼎神丹經（以下簡稱九鼎丹經），現存文獻中，晉葛洪（二八三—三六三）抱朴子内篇最早著録引用。關於此書的來歷，葛洪如是説：「昔左元放於天柱山中精思，而神人授之金丹仙經，會漢末亂，不遑合作，而避地來渡江東，志欲投名山以修斯道。余從祖仙公，又從元放受之，凡受太清丹經三卷及九鼎丹經一卷、金液丹經一卷。余師鄭君者，則余從祖仙公之弟子也，又於從祖受之，而家貧，無用買藥。余親事之，灑掃積久，乃於馬迹山中立壇盟受之，並諸口訣訣之不書者。江東先無此書，書出於左元放，元放以授余從祖，從祖以授鄭君，鄭君以授余，故他道士了無知者也。」〔一〕葛洪又云九鼎丹

〔一〕王明：抱朴子内篇校釋，中華書局，一九八五年，頁七一。

合時當祭，祭自有圖法一卷。根據葛洪所述，九鼎丹與太清丹、金液丹乃中國煉丹術早期最重要的三種大丹法。

九鼎丹託名於黄帝，係附會篡改漢代頗爲流行的黄帝鑄鼎於荆山而仙去的傳説。據史記記載，漢武帝時齊地方士公孫卿云：「黄帝采首山銅，鑄鼎於荆山下。鼎既成，有龍垂胡髯下迎黄帝。黄帝上騎，群臣後宫從上龍七十餘人，龍乃上去。餘小臣不得上，乃悉持龍髯，龍髯拔，墮黄帝之弓。百姓仰望黄帝既上天，乃抱其弓與胡髯號，故後世因名其處曰鼎湖，其弓曰烏號。」〔一〕既託名於黄帝，表明該丹法具有至高地位。周易參同契曾提及九鼎丹，其下篇云：「惟昔聖賢，懷玄抱真，服煉九鼎，化跡隱淪，含精養神，通德三光。」五代彭曉注曰：「魏公謂三皇修九鼎丹而服食，致含精養神，通德三光，化淪無形，以爲神仙，賓于上帝。」〔二〕宋陳顯微注更云：「魏君慮世人不達，故又指古之聖賢懷玄抱真，莫不服食九鼎，通德三光。」〔三〕梁時陶弘景（四五六—五三六）欲煉丹，所舉丹法之首即「黄帝九品九丹」〔四〕。

然而，葛洪之後，九鼎丹經並未得到廣泛流傳，其丹法知之者寡。至中唐，梅彪甚至認爲它已經失

〔一〕漢司馬遷撰：史記，中華書局，一九五九年，頁一三九四。
〔二〕周易參同契分章通真義，道藏第二〇册，頁一五三。
〔三〕周易參同契解，道藏第二〇册，頁二九〇。
〔四〕宋賈嵩撰：華陽陶隱居内傳，道藏第五册，頁五〇五。

傳，石藥爾雅（撰於八〇六年）卷下「論諸大仙丹有名無法者」位列其首的便是黄帝九鼎丹。這當然是一個誤會。事實上，從南北朝至唐，九鼎丹法一直流傳不絶[一]。如太平御覽卷六百七十一引登真隱訣，述太極真人九轉還丹法，其中提到九鼎丹，云「昔黄帝火九鼎於荆山，太清中經亦有九鼎丹法」。陶弘景在茅山建藥屋静院時甚至發現了前人合九鼎丹的遺物：「登真隱訣云：昔李明於此下合九鼎丹以外玄洲，發掘基址，屢得破瓦器，乃其舊用。」[二]又如孫思邈（約五八一—六八二）太清丹經要訣諸丹目録三品記神仙出世大丹異名十三種，其首即爲黄帝九鼎丹，並説：「右諸大丹等，非世人所能知之。今復標題其名，記斯篇目，而終始不可速值也，是以其間營構方法，並不陳附此。其有好事者，但知其大略也。」[三]此外，還有少數丹經引述過九鼎丹經的内容。總之，儘管九鼎丹是所謂「非世人所能知之」而流傳不廣的大丹，但其丹法並口訣還是被載於典籍流傳下來，正統道藏便保存有兩種九鼎丹文獻，一爲九轉流珠神仙九丹經，二爲黄帝九鼎神丹經訣，以下分别論之。

（二）九轉流珠神仙九丹經與九鼎丹法

九轉流珠神仙九丹經（以下簡稱流珠經），二卷，題太清真人述。通志藝文略著録，作二卷，但不題

[一] 宋李昉等撰：太平御覽，中華書局影印，一九六〇年，頁二九九〇。
[二] 宋賈嵩撰：華陽陶隱居内傳，頁五〇七。
[三] 雲笈七籤，道藏第二二册，頁四九三。

作者。唐代道經道典論卷四有引述，作真人流珠九轉神仙九丹經，其文云：「真人曰：服九丹令人神仙度世，長生久視，長服之壽萬世。九丹者，九道也，九方也，治之各自有道，治九丹凡一法也。第一之丹名華丹，第二之丹名神符丹，第三之丹名神丹，第四之丹名還丹，第五之丹名餌丹，第六之丹名宜丹，第七之丹名深丹，第八之丹名伏丹，第九之丹名寒丹也。」〔一〕另一部年代不明的道經上清道寶經云：「九丹者，九道，如九方也，服之壽萬世。第一丹名九華，第二神符，第三龍丹，第四還丹，五餌丹，六揀丹，七深丹，八伏丹，九寒丹。」（真人流珠九轉神仙九丹經）〔二〕以上二書所記九丹名稱與流珠經不盡相同，後者「睚」字闕筆，知其源於宋本。

流珠經的内容可以分成四部分：第一爲卷上前闕九丹歌文，第二爲歌文注釋，第三爲九丹作法及功效，第四爲卷下篇末所附諸神仙方（包括餌雄黄方、真人神水法、合藥用仙人鳳綱法、吕恭起死方、採服芝法、淮南神仙方），其中第二、三部分混合在一起，第四部分與前三部分無直接關係。經中九丹名稱分别爲丹華、神符、神丹、還丹、餌丹、鍊丹、柔丹、伏丹、寒丹，與葛洪所言九丹名稱完全相同。該經卷下云：「九鼎者，九丹也。」又黄帝九鼎神丹經訣卷十二云，黄帝九鼎神丹第一之法名曰丹華，復有一名號曰流珠九轉。同書卷二十引九鼎丹隱文訣云，九丹第一之丹有二名，一名流珠九轉，二名丹華。

〔一〕道藏第二四册，頁八五六。
〔二〕道藏第三三册，頁七二五。

根據以上信息可以斷定，流珠經所述九轉流珠丹法即九鼎丹法。

流珠經的編撰年代不甚明確。陳國符先生根據九丹中第一、二、三、六丹及總論之歌文，認爲其用韻有兩漢例，有東漢例，有西漢例，故斷定歌文當於西漢末東漢初出世。又據經中「解曰」一段所用四地名滎陽、河南、洛陽及潁川郡的設置時代，認爲此解乃西漢至隋代人所撰，具體不能確定[一]。孟乃昌先生則認爲，歌文撰寫應在神農本草經之後、本草經集注之前，注文則較陶弘景爲晚[二]。關於流珠經中歌文的出世時代我們留待下文再討論，這裏先分析流珠經的編撰時代。

流珠經題太清真人述。又經中有「三五」之名（磁石、鉛屬太陰，位在子，其數一；丹砂屬陽，位在午，其數九；雄黄屬土，其數五，故曰一五九，凡十五，故真人名爲三五。），此隱名見於抱朴子内篇所引太清丹經而不是九鼎丹經：「合之當先作華池赤鹽艮雪玄白飛符三五神水，乃可起火耳。」[三]以上兩點皆表明流珠經與太清經傳統有關，反映出該經編撰時代較晚，因爲九鼎丹法與太清丹法在葛洪時尚涇渭分明，其後二者關係漸趨複雜，出現九鼎丹法摻雜太清丹法的現象（關於這個問題的詳細討論見下文）。至於更具體的判斷依據，仍需從地名入手來尋找。

〔一〕陳國符：道藏經中外丹黄白法經訣出世朝代考，此據陳國符道藏研究論文集，上海古籍出版社，二〇〇四年，頁八〇—八二。

〔二〕孟乃昌：道教與中國煉丹術，北京燕山出版社，一九九三年，頁一〇三—一〇四。

〔三〕王明：抱朴子内篇校釋，頁七七。原文「艮雪」誤作「艮雲」。

流珠經歌文注釋和丹法部分提到的地名不多，如第一丹「解曰」中的「土釜滎陽、河南、洛陽及潁川郡者」，以及第三丹的「真雄黄、雌黄皆出正陽武都，武陽亦有雄黄」。按武陽出雄黄未見他處記載，此地名在唐前出現多次，根據中古以前雄黄的出産地域推斷，此武陽當爲西魏所置武陽郡，屬武州，治所在葭蘆縣（今甘肅武都縣東南七十里白龍江東岸），北周時郡縣並廢[一]。而此武都當爲西魏所置武都郡，同屬武州，治所在石門縣（今甘肅武都縣西北四十里石門鄉，一説在今武都縣東南），北周改爲永都郡。至於「解曰」中的滎陽、河南、洛陽及潁川亦當爲同時期郡名，全都位於北方地區，與抱朴子内篇惟云南方土釜[二]同理，皆源於南北分割之故。根據以上地名分析推測，流珠經應撰於西魏時北方地區。隋書經籍志著録有真人九丹經一卷，疑即此書原本。

至於流珠經卷下所附諸神仙方，葛洪與陶弘景多有引述，可知其淵源較古。如餌雄黄方在抱朴子内篇仙藥中的雄黄餌服法中有提及，但係本經方法的概括。合藥用仙人鳳綱法在葛洪神仙傳有記載，内容爲本經法之節略。吕恭之事亦見神仙傳，但内容不同。此方中有「桂三種者一两」一句，按本草經集注桂條云：「案本經唯有菌桂、牡桂，而無此桂，用體大同小異，今世用便有三種，以半卷多脂者單名桂，入藥最多，所用悉與前説相應。仙經乃並有三種桂，常服食，以葱涕合和雲母蒸化爲水者，正是此

〔一〕地名信息據史爲樂主編：中國歷史地名大辭典，中國社會科學出版社，二〇〇五年。以下同。

〔二〕葛洪云：「唯長沙桂陽、豫章南海土釜可用耳。」抱朴子内篇校釋，頁二八九。

種爾。」又菌桂條云：「仙經乃有用菌桂，云三重者良，則判非今桂矣，必當別是一物，應更研訪。」〔一〕據此疑「三種」爲「三重」之誤。採服芝法部分内容同抱朴子内篇仙藥記載。淮南神仙方中的陳永伯之事見葛洪神仙傳，惟文字略有差異。本經云生地黄出渭城，而本草經集注乾地黄條陶注曰：「生渭城者乃有子實，實如小麥。淮南七精散用之。」〔二〕淮南七精散，即本經之淮南神仙方。

流珠經九丹歌文注釋詳略不一，且部分歌文或與注釋混淆難以區分，或無注釋，因此已無法完全恢復歌文原貌。今在陳國符先生工作的基礎上，將明顯爲歌文的句子摘録如下：

……婚親多，道士持戒游五都，其子四千金銀加，子明炊婦與赤爐，用口牙如黄真多，蒸覆柔箭中如巴，子明惶悸内懷河，隣里雄黄及丹砂，轉相和解謝其家，牡蠣赤石使不邪，雪霜紫色若葱華，後乃相聽兩性和，日暮腸動應感加，夫妻共戲色忽華，陰陽以會樂不過，即日生子如積沙，銅羽次藥土龍和，化金銀……水……一斤一銖慎無多，食如黍粟飛相過，坐知天地遠見他，忽然萬里渡江河，以龍爲馬雲爲車，時入天門見大家，身比日月在欲何，盡見賢聖相對羅，靈龜駢鵝神蝦蟇，伯牙鼓琴玉女歌，青腰起舞悲相和，但獨煩冤當奈何，身遂服食神丹華，邪氣不害疾不過，幸得度世吉無他。

〔一〕梁陶弘景撰，尚志鈞、尚元勝輯校：本草經集注，人民衛生出版社，一九九四年，頁二一六、二一五。

〔二〕梁陶弘景撰，尚志鈞、尚元勝輯校：本草經集注，頁二〇〇。

真人曰：第二之丹名神符。本生太陽河伯餘，其子四千相與俱，河上姹女誠獨姝，娥眉白易如明珠，長沙好砂色由由，少小貞信不用夫，東西南北父母俱，身不玷汙清若珠，好待賢士相待須，勇悍敢語言若書，安心懷能才有餘，不校人女妄吹嘘，子明媒之使共居，與不相聽欲上書，後復會面神丈夫，子明迫之用赤釜，後竟相聽色由由，四時生子若神廬，五色光顔厚寸餘，和以黄戍復如初……以行水上足不濡……

真人曰：第三之丹名神丹。五色參差誠可觀，本自正陽武都間，潔浄白面又大神，常得賢士兩萬錢，面色較好□目燔，晨昏夜暮止名山，方士劫之不敢焉，取下土石……服之繫之皆大神，子明合會使相親，雄雌合得火飛精，善塗其際致令堅，取上飛雄雌黄精，和以龍膏物相因，食之不死壽萬年，坐使諸神……奴婢雞狗皆可仙，凡人服藥亦皆然……常居石室依名山，能得神丹皆昇天，百官雞犬青雲間，世皆歷盛去甚難。

真人曰：第四之丹名還丹。男子兄弟通九人……

真人曰：第五之丹名曰餌丹。本自長沙武陵士，太一旬石朱氏子，子明媒之與賢士……神爵子……服之不久三旬日，萬神侍從皆事己，玉女青腰皆可使。

真人曰：第六之丹名鍊丹。所出微妙諸神仙，廼出蠻夷巴越間，目如珠光口如丹，賢者不取人民間。飛流八石三旬間，子明和調令可丸，小火以泥塗釜際，八石當飛如雪霜，和以龍膏物相因，亦可服食黄白成，諸神敬諾聽己言……女子服之亦飛仙……作藥不食糖苦捐，如身塗汙去之難。

真人曰：第七之丹名柔丹。聖人齋戒成大神，當求河女以爲姻，與鉛合精作金銀，轉相成就生子孫。

八十一首由一丹。能得之者昇太清，因火變化藥自然。物類相使轉相因，水火之道最甚神。曾祖九族水爲先，金木合符夫妻身。日月星辰託陰陽，謂精集會火爲王。姓爲陵陽字子明，攻擊胡虜誅豪强。延及巴越侵豫章，四夷來降合中央。三陰相制柔勝强，青龍白虎東西翔。鳳凰朱雀赫曈曈，黄金之樓十二重。中有玄武神龜倡，五彩爲帷覆玉房。真人御之昇九皇，遊遨太清及明堂。精華踊躍如雪霜，能知此藥爲仙王。

(三)黄帝九鼎神丹經訣與九鼎丹法

黄帝九鼎神丹經訣(以下簡稱九鼎丹經訣)，二十卷，不署撰人，出於唐初顯慶年間(討論見後文)。該書名爲九鼎丹經訣，實際上内容包含廣泛，輯録了大量唐前煉丹資料，其中卷十引真人歌九鼎第一定外丹之華歌文，以及黄帝九鼎神丹真人訣祭語，卷二十引九鼎丹隱文訣，云「夫真人經訣，即九鼎丹之訣也」。這些九鼎丹内容均與真人有關，是否出自同一文獻不得而知，需要注意的是，它們與流珠經在訣法上有很多不同，歌文也有明顯區别，如卷十所引歌文與流珠經第一丹歌文，比較如下：

九鼎丹經訣卷十　　流珠經

父在神山母在河
本在南越亦在巴
出於武陵會長沙
先祖昆弟豫章家　……婚親多
道士將我游五華　道士持戒游五都
　　　　　　　　其子四千金銀加
子明配鉛與赤鑫　子明炊婦與赤爐
變化生彼玄黃多　用口牙如黃真多
　　　　　　　　蒸覆柔篇中如巴
流珠熠燿內懷河　子明惶悸內懷河
合彼雄水及丹砂　隣里雄黃及丹砂
轉相會合成一家　轉相和解謝其家
牡蠣赤石使不邪　牡蠣赤石使不邪
霜雪紫色忽若華　雪霜紫色若葱華
　　　　　　　　但獨煩冤當奈何
後若相感兩性和　後乃相聽兩性和

日暮復動否臧佳
嬉戲光彩色勿華
陰陽令會系不過
二氣生子加積沙
雞羽掃取土龍和

一銖一斤无少多
食以黍粟飛相過
坐觀天地遠見遐
忽然萬里渡江河
以龍爲馬雲爲車

光同日月所欲何
諸天賢聖相對羅
靈龜駢輜轉蝦蟇
伯牙鼓琴玉女歌

日暮腸動應感加
夫妻共戲色忽華
陰陽以會樂不過
即日生子如積沙
銅羽次藥土龍和
可化金銀……水
一斤一銖慎無多
食如黍粟飛相過
坐知天地遠見他
忽然萬里渡江河
以龍爲馬雲爲車
時入天門見大家
身比日月在欲何
盡見賢聖相對羅
靈龜駢鵝神蝦蟇
伯牙鼓琴玉女歌

青腰起舞悲相和　　青腰起舞悲相和
由身服食食丹華　　身遂服食神丹華
邪氣不生疾不過　　邪氣不害疾不過
即得久視吉無他　　幸得度世吉無他

以上兩種歌文，陳國符先生根據用韻情況認爲皆應出於東漢。其文字差異較多，顯然非訛誤所致，當有共同來源而出於不同傳本之故。

九鼎丹經訣卷一是現存九鼎丹法最完整最重要的文本，述九鼎丹之傳授、作法、功效等。陳國符先生最早提出，該卷與抱朴子內篇金丹所引九鼎丹經合，故即九鼎丹經〔一〕。此觀點後來被廣爲接受，儼然成爲定論。此外，流珠經的丹法通常被認爲與九鼎丹經訣卷一相同，僅文字或次序略有差異〔二〕。以上兩種意見實際上都不恰當。關於現存九鼎丹文獻之間的關係，以下幾個問題首先需要明確。

第一，九鼎丹經訣卷一與其餘諸卷引述九鼎丹法的內容不同，卷一既無歌文，又與卷二十九鼎丹隱文訣有很多不同。事實上，歌文與九鼎丹隱文訣均晚於九鼎丹經，其中歌文時代討論見下文，這裏僅言九鼎丹隱文訣。九鼎丹隱文訣並非最初的九鼎丹訣，而參雜有太清丹法。其證據如九鼎丹經訣

〔一〕陳國符：道藏源流考，中華書局，一九六三年，頁九二。
〔二〕任繼愈主編：道藏提要，中國社會科學出版社，二〇〇五年，頁四三五。

卷十七玄白法云「九鼎第八服丹法訣以玄黄若玄白一斤布釜底」，此爲九鼎丹隱文訣法，因爲卷一第八服丹法不用玄白，而且玄白法末尾明確指出：「太清丹即以玄白爲薦金，九鼎法唯用玄黄也。」這一點在抱朴子内篇中也有反映，如玄白不見於九鼎丹法，而太清丹「合之當先作華池赤鹽艮雪玄白飛符三五神水，乃可起火耳」〔一〕。又例如九鼎丹隱文訣第二丹云，「其第三轉輒易二新土釜，如太清丹九鼎極曜土釜法」。早先陳國符先生曾敏鋭地指出：「初唐纂九丹經訣卷二十收九鼎丹隱文訣。此九鼎丹即黄帝九鼎神丹，斯乃古訣（但較黄帝九鼎神丹經爲晚，此經中釜不言明上釜下釜，不需仔細尋閱）。」〔二〕是爲至見。

第二，九鼎丹經訣卷一與抱朴子内篇金丹引九鼎丹經文本不完全相同，二者丹法有數處重要差異。如六一泥法，前者用礬石、戎鹽、鹵鹽、礜石、牡蠣、赤石脂、滑石多少自在，而後者用雄黄水、礬石水、戎鹽、鹵鹽、礜石、牡蠣、赤石脂、滑石、胡粉各數十斤；丹華試金法，前者以二十四銖點粉汞一斤，而後者以二百四十銖合水銀百斤火之；第二丹功效，前者有服之入火不熱之效，而後者無此内容。以上差異顯非訛誤所致，應該是卷一與葛洪所見版本略有差異，故二者不能完全等同。

第三，九鼎丹經訣卷一與流珠經所載九鼎丹法大致相近，但也存在相當多的差異，這同樣絶非訛

〔一〕王明：抱朴子内篇校釋，頁七七。
〔二〕陳國符：中國外丹黄白法考，上海古籍出版社，一九九七年，頁一三八。

誤所致，應該是二者源於不同的九鼎丹法傳承。更確切地説，九鼎丹經訣卷一實包含多種九鼎丹法傳本（討論見下文），流珠經乃諸傳本之一。

明瞭以上問題，再看九鼎丹經訣卷一就更容易理解。從内容上來看，九鼎丹經訣卷一不僅有撰者所加小字注釋（部分混入正文），還有許多標注「又法」、「一云」、「一法」的文字，甚至「一云」之本中又有「注云」，這些信息清楚地表明，該卷内容來源非一，是一個綜合文本。也就是説，唐初以前有多種九鼎丹法傳本行世，由於派别或師承不同，甚至抄寫訛誤等原因，諸本間難免有差異，九鼎丹經訣撰者將其整理、綜合、注釋，總成一卷，又將部分歌文和名爲九鼎丹、實際上内容有很大差異的九鼎丹隱文訣以及其他相關訣法等另外分門别類輯録，不與卷一混合。趙匡華先生曾認爲九鼎丹經訣卷一之全部、卷十之真人歌、卷二十之九鼎丹隱文訣皆爲九鼎丹經之原文摘録〔一〕，這個看法是不正確的。

（四）黄帝九鼎神丹經的出世地域和時代

關於九鼎丹經的傳授過程，葛洪所記之真實人物最早僅溯及左慈，這是一條比較可靠的線索。真誥卷十二陶弘景注稱，左慈曾師從李仲甫：「左慈，字元放，李仲甫弟子，即葛玄之師也。」〔二〕又雲笈七籤卷四道教相承次第録引雲台治中内録云，太上老君傳授雲台正治官圖，治山、竈、鼎等，得四十一代

〔一〕趙匡華：中國煉丹術，中華書局（香港）有限公司，一九八九年，頁二一六。
〔二〕梁陶弘景撰，趙益點校：真誥，中華書局，二〇一一年，頁二一二。

相承，其中第十六代爲左慈，其師即李仲甫：「太上老君命李仲甫出神仙之都，以法授江南左慈字元放，故令繼十六代爲師相付。」〔一〕不過，關於李仲甫與煉丹術的關係，由於缺乏可靠資料，目前尚難以確證〔二〕。另外還有一條線索，據稱出自葛洪的神仙傳張道陵傳記載，張道陵曾先得九鼎丹經：「天師張道陵，字輔漢，沛國豐縣人。本太學書生，博採五經，晚乃歎曰：『此無益於年命。』遂學長生之道，得黄帝九鼎丹經，修煉於繁陽山。丹成服之，能坐在立亡，漸漸復少。」〔三〕陳國符先生認爲，「金丹法之可考者，以此爲最古」〔四〕。然而，今存諸本張道陵傳的記載未必可信，因爲不僅抱朴子内篇無片言提及，更早的三國志等亦不言張道陵曾涉丹事，或以爲這是天師道傳到南方後與當地傳統融合的結果〔五〕。多方面的證據表明，煉丹家張道陵的確是葛洪之後道教虚構出來的形象〔六〕。當然，無論左慈還是張道陵，

〔一〕宋張君房編，李永晟點校：雲笈七籤，中華書局，二〇〇三年，頁六〇。
〔二〕宋太平廣記引神仙傳云，李仲甫「少學道于王君，服水丹有效，兼行遁甲，能步訣隱形」（中華書局，一九六一年，頁六九）。但四庫全書本神仙傳無李仲甫傳。
〔三〕胡守爲：神仙傳校釋，中華書局，二〇一〇年，頁一九〇。
〔四〕陳國符：道藏源流考，頁三七五。
〔五〕Michel Strickmann, "On the Alchemy of T'ao Hung-ching", in *Facets of Taoism: Essays in Chinese Religion*, ed. by Holmes Welch and Anna Seidel, New Haven and London: Yale University Press, 1979, pp. 167-169.
〔六〕韓吉紹：從老子想爾注到煉丹家張道陵，正一道研究第二輯，宗教文化出版社，二〇一三年。

他們均爲九鼎丹經的傳授者，其真正作者隱於神人而不顯，其出世地域和時代亦無文獻記載。

根據葛洪的叙述，太清丹經和金液丹經均出自老子之師元君，九鼎丹經雖未言元君，但成仙後能上下太清，此透露出三者在信仰背景上具有親緣關係。又比較葛洪對三種丹法的介紹，它們在煉丹規範、術語以及語言表述等方面存在很多相近之處。這些情況表明，這三部丹經很可能出自同一地域。又根據傳播軌跡，可勾勒出此地域的大致範圍。葛洪言左慈於天柱山中得到這三部丹經，以及江東先無此書，又引九鼎丹經云合六一泥用（東海）牡蠣，據此可以推斷三部丹經應當出自長江以北的濱海地域，其範圍指向齊地或近齊地區〔一〕。太清丹經出自齊地有另外的證據。據葛洪神仙傳記載，太清丹經最早於東漢後期由齊國臨淄方士馬鳴生受自某道士，馬鳴生又授新野陰長生〔二〕。這一記載比

〔一〕關於左慈修煉的天柱山，部分西方學者曾認爲在泰山地區，Fabrizio Pregadio 指出這種推測不正確，主張天柱山即灊山（見 Fabrizio Pregadio, *Great Clarity: Daoism and Alchemy in Early Medieval China*, Stanford University Press, 2006, p. 4）。按古時名曰天柱山者雖衆，但除安徽灊山者外，其餘均出現較晚，所以其山即霍山。葛洪神仙傳云左慈最後入霍山合丹仙去，可爲佐證。又太平寰宇記卷一百二十五云，灊山「有三峰，一天柱山，一灊山，一皖山。……魏時，左慈居灊山，有煉丹房，今丹竈基址存」（中華書局，二〇〇七年，頁二四七四）。另外，泰山諸峰中實無天柱之名，倒是有音近的天燭峰。

〔二〕胡守爲：神仙傳校釋，頁一六七、一七一。

較可信，因爲抱朴子内篇中提到陰長生「合此太清丹得仙」〔一〕。中國煉丹術既肇始於漢武帝時期的齊地，最早的一批丹經誕生於此地也就順理成章。無獨有偶，今人汪啓明認爲周易參同契亦當爲齊人所作〔二〕。

葛洪在介紹九鼎丹經時未提及歌文，而且九鼎丹經訣僅在卷十引述真人歌第一丹文，表明歌文並非九鼎丹經的固有内容，但其出世時代卻是判斷九鼎丹經撰寫時代的重要節點。陳國符先生對流珠經歌文用韻情況分析後認爲，其韻有兩漢例，有東漢例，有西漢例，故九鼎丹經當於西漢末東漢初出世，「其後東漢末左慈、張陵皆得之。左慈往江東，於是此經訣始流傳於江東。所謂『左慈於天柱山中精思，神人授之金丹仙經』，乃葛洪自其師所得妄言也」〔三〕。然而，西漢末東漢初距左慈的時代畢竟相去較遠，九鼎丹經真是彼時出世的嗎？這個問題的關鍵在於陳國符先生根據歌文用韻所判斷的出世時代是否可靠。下面從歌文所言藥物地名的角度提出一些不同看法。

首先，九鼎丹經訣卷十真人歌第一丹歌文，陳國符根據用韻情況考定應出於東漢。歌文前幾句爲：「父在神山母在河。本在南越亦在巴。出於武陵會長沙。先祖昆弟豫章家。」這幾句在流珠經中

〔一〕王明：抱朴子内篇校釋，頁七七。

〔二〕參見汪啓明：周易參同契作者新證（一）——從史料鑒別看參同契爲齊人所著、周易參同契作者新證（二）——從文本用韻看參同契爲齊人所著，分别載周易研究二〇〇七年第一、二期。

〔三〕陳國符：道藏經中外丹黄白法經訣出世朝代考，陳國符道藏研究論文集，頁八〇——八三。

闕失，孟乃昌先生認爲它們都是對丹砂説的，其中提到的丹砂産地南越、巴、武陵不見於神農本草經，而與本草經集注之陶弘景注文相合〔一〕，故而判斷流珠經歌文時代應在神農本草經之後、本草經集注之前，注文則較陶弘景爲晚。〔二〕此説提出了一個重要問題，不過這幾句歌文並非全對丹砂而言。「本在南越亦在巴」，言丹砂無疑，流珠經第六丹歌文也説「迺出蠻夷巴越間」。（流珠經第二丹歌文説「長沙好砂色由由」，可見長沙亦産丹砂，但他處未見記載。）「出於武陵會長沙」，武陵（武陵郡）指丹砂無疑，而長沙（長沙郡）應指土釜，因爲第一丹是用土釜飛丹砂，故云「出於武陵會長沙」。「先祖昆弟豫章家」，豫章（豫章郡）説的也是土釜。長沙、豫章等地所産土釜因非常牢固，爲早期煉丹家所重，如抱朴子内篇黄白中「金樓先生所從青林子受作黄金法」云：「唯長沙桂陽、豫章南海土釜可用耳。」〔三〕抱朴子神仙金汋經中「水銀以黄土甌盛之」一句注云：「土甌者，意是土釜也，出在廣州及長沙、豫章、臨川、鄱陽者皆可用之。」〔四〕太平御覽卷六百七十一引陶弘景登真隱訣云：「欲合九轉（指太極真人九轉還

〔一〕神農本草經云丹砂生符陵，陶弘景説，符陵「今無復採者。乃出武陵、西川諸蠻夷中，皆通屬巴地，故謂之巴沙。仙經亦用越沙，即出廣州臨漳者，此二處並好，惟須光明熒澈者爲佳」（梁陶弘景撰，尚志鈞、尚元勝輯校：本草經集注，頁一二九）。

〔二〕孟乃昌：道教與中國煉丹術，頁一〇三—一〇四。

〔三〕王明：抱朴子内篇校釋，頁二八九。

〔四〕道藏第一九册，頁二〇四。

丹），先作神釜，當用滎陽、長沙、豫章土釜，謂瓦釜也。」〔一〕以上三則材料皆出於南北朝時期，又歌文所記丹砂產地與成於東漢初的神農本草經完全不同而與陶弘景所言情況相合，俱表明真人歌第一丹的出世時間應當距東漢初較遠。

其次，流珠經第三丹歌文「本自正陽武都間」，這句說的是雄黄。西漢元鼎六年（前一一一）置武都郡，治所武都縣，東漢移治下辨縣，三國魏黄初中改置武都西部都尉，後入蜀，西晉復置武都郡，愍帝末没入楊氏。北魏時復於石門縣置武都郡。本草中名醫别録最早記載雄黄出武都，因其質地上乘，爲歷代煉丹家與醫家所貴。又第五丹歌文「本自長沙武陵土，太一旬石朱氏子」，注文云武陵土指雄黄，朱氏子指水銀，太一旬石指禹餘糧。按第五丹乃以水銀、雄黄、禹餘糧納土釜中合煉，故長沙當指土釜，而武陵土指雄黄無疑。然而，武陵出雄黄未檢索到有早期史料記載，惟北魏酈道元水經注卷三十七云零陽縣一帶出雄黄：「黄水出零陽縣西，北連巫山溪，出雄黄，頗有神異，採常以冬月，祭祀鑿石，深數丈，方得佳黄，故溪水取名焉。」〔二〕按零陽縣爲西漢置，屬武陵郡，三國吳永安六年（二六三）改屬新置天門郡。若零陽縣出產雄黄能早至三國前，可以説武陵出雄黄。但是，歌文第三丹明明説雄黄出武都，這裏爲何要用武陵呢？究其原因，蓋與陶弘景所言類似，本草經集注雄黄條注云：「晉末以來，氐

〔一〕宋李昉等撰：太平御覽，頁二九九〇。

〔二〕北魏酈道元著、陳橋驛校證：水經注校證，中華書局，二〇〇七年，頁八六七。

羌中紛擾，此物絶不復通，人間時有三五兩，其價如金。合丸皆用石門、始興石黄之好者爾。」〔一〕也即武都雄黄難以到達南方地區不始於晉末，但凡南北割據皆會造成此種情況，漢三國蓋即如此。綜上所論，我們可以推測九鼎丹歌文當撰於漢末三國時期。這一判斷與上文距東漢初較遠的推測相合，而且歌文云長沙、豫章土釜，此皆南方地名，與流珠經注文惟云北方土釜相反，不僅説明歌文當撰於南方地區，亦間接反映出其所處時代南北阻隔的狀況。

早期重要丹法有歌文行世者又如太清金液神丹。今本太清金液神丹經卷上有七言歌，云：「此太清金液神丹經文，本上古書，不可解，陰君作漢字顯出之，合有五百四字。」卷中亦有七言歌，云：「凡六十三字，本亦古書難了，陰君顯之，作金液還丹之道。」〔二〕「本上古書」、「作漢字顯出之」云云乃妄言，陰長生實即作者。陰長生善作丹經歌文在抱朴子内篇金丹中有記載：「近代漢末新野陰君，合此太清丹得仙。其人本儒生，有才思，善著詩及丹經讚並序，述初學道隨師本末，列己所知識之得仙者四十餘人，甚分明也。」〔三〕然而，陳國符先生根據用韻認爲這些歌文當於西漢末東漢初出世〔四〕。若果真如此，太清金液神丹經將歌文作者歸諸時代較晚的陰長生，這種情況在道教史上十分反常。其實，該經

〔一〕梁陶弘景撰，尚志鈞、尚元勝輯校：本草經集注，頁一四九。
〔二〕道藏第一八册，頁七五一、七五三。
〔三〕王明：抱朴子内篇校釋，頁七七。
〔四〕陳國符：道藏經中外丹黄白法經訣出世朝代考，陳國符道藏研究論文集，頁七五—七八。

所言未必不確，而九鼎丹歌文撰寫時代與陰長生的時代相去不遠。

如上所言，九鼎丹歌文出現於漢末三國期間，那麽九鼎丹經的出世時代距離這一時間段不應太遠。中國煉丹術雖然興起於西漢，但當時尚無還丹觀念，其煉丹活動本質上是在「由金而仙」思想指導下進行的，故稱之爲黄冶、黄白等〔一〕。這一狀況體現在漢書藝文志中，便是煉丹著作只著録有泰壹雜子黄冶這樣的名稱，而未出現以某丹名之者。再考慮到，九鼎丹經的丹法已非常成熟，這樣複雜的技術，其成型前肯定有一個長期的醖釀和發展過程，因此，九鼎丹經的成書最可能在東漢中後期。

（五）黄帝九鼎神丹經的内容

從九鼎丹經訣和流珠經的内容來看，漢至唐初之間九鼎丹法的傳承存在多種形式或傳統，如九鼎丹經、九鼎丹歌文、九鼎丹隱文訣等。

九鼎丹歌文出於葛洪之前，抱朴子内篇雖未引述或明顯提及，不過葛洪似乎見過，因爲他在介紹立成丹時説：「又有立成丹，亦有九首，似九鼎而不及也。」〔二〕這反映出漢末以降九鼎丹法在江南的傳播實不僅限於葛洪一脉。據雲笈七籤卷四道教相承次第録引雲台治中内録云，左慈、葛玄、鄭隱三人均有大量嫡傳門徒，具體情況如下：「太上老君命李仲甫出神仙之都，以法授江南左慈字元放，故令繼

〔一〕韓吉紹：論西漢的煉丹術，自然科學史研究二〇〇九年第三期。
〔二〕王明：抱朴子内篇校釋，頁七九。

十六代爲師相付。（元放授八十人，唯三人系代：介象、嚴光女、李佗。）」「老君念其功修之徒，再降廬山，勑左元放授施存、葛玄，令繼代爲仙官世祖，師傳仁人者也。」「第二十八代葛玄。（玄授十九人，唯三人系代：張秦、仇真、李用，别出。）」「老君勑使三人，於天台山令葛玄傳鄭思遠，系三十七代。（思遠授十九人，唯二人系代：葛洪、李淳風。）」〔一〕以上記載儘管未必全爲信史，但給我們一個重要啓發，即對於九鼎丹經、太清丹經、金液丹經等最早一批丹經的傳授，我們不應完全囿於抱朴子内篇提供的左慈→葛玄→鄭隱→葛洪單條線索來理解，這只是葛洪的一面之辭。

九鼎丹隱文訣中摻雜有太清丹法，這一點上文已經指出，這裏再作進一步説明。關於葛洪所受九鼎丹經和太清丹經的關係，抱朴子内篇金丹的記載有如下幾點值得注意：一，九鼎丹經一卷，另有祭圖法一卷；二，太清丹經三卷，另有祭法一卷，不與九鼎祭同也；三，太清丹經乃太清觀天經九篇之下三篇，上三篇不可教授，中三篇世無足傳。據此可知，葛洪時，九鼎丹法與太清丹法涇渭分明，九鼎丹經非太清經的一部分。葛洪之後，隨着道藏分類方法的發展，太清成爲四輔之一，用以統稱金丹著作。之所以使用太清這一名稱，唐代道教義樞卷二引述梁孟法師的話有明確解釋：「大道，炁之所結，炁清體太，故曰太清，以境曰經也。今謂此經從所輔之境得名，何者？此經既明金丹之術，服御之者遠昇

〔一〕宋張君房編、李永晟點校：雲笈七籤，頁六〇—六一。

太清，故言泰清也。」〔一〕然而，在這一過程中出現以太清經的名義對九鼎丹法進行統合和滲透的傾向，這一現象在現存丹經中保存有一些痕跡。如抱朴子神仙金汋經卷中篡改抱朴子内篇金丹的記載，説九鼎丹祭有圖法一卷，「在太清經末卷内具載」〔二〕。又如太平御覽記載太清中經中有九鼎丹法，其卷六百六十三云：「左慈……精思於天柱山，得石室中九丹、金液經，是太清中經法也。」又卷六百七十一引登真隱訣云，「昔黄帝火鼎於荆山，太清中經亦有九鼎丹法」〔三〕。關於太清中經九鼎丹法的來歷，華陽陶隱居内傳卷中引登真隱訣有解釋，説「此方（黄帝九鼎九丹）泰清中經而治，變駁非後人能究也」〔四〕。可見這是一種後人無法看懂的「變駁」之方，顯係抄録而來，非原太清經固有内容。實際上葛洪在抱朴子内篇袪惑中提到過太清中經，絲毫未言它與九鼎丹有關，其神仙傳記載帛和曾見太清中經神丹方，也没有將其與九鼎丹等同。再如南北朝晚期道書洞仙傳將九鼎丹與傳授太清丹的元君聯繫在一起，云：「元君，合服九鼎丹得道。」〔五〕九鼎丹經訣卷一按語稱，「還丹之九法也，蓋九天元道君九方之上經」。以上皆爲南北朝時期九鼎丹法受到太清經統合和滲透的證據，九鼎丹隱文訣即這一背景下的産物。

〔一〕道藏第二四册，頁八一四。
〔二〕道藏第一九册，頁二〇八。
〔三〕宋李昉等撰：太平御覽，頁二九六〇、二九九〇。
〔四〕宋賈嵩撰：華陽陶隱居内傳，道藏第五册，頁五〇五。
〔五〕載雲笈七籤，頁二三八七。

九鼎丹經傳本有多種，其差異幸賴九鼎丹經訣卷一相對完整地保存下來，這是比較純正的九鼎丹法。然而必須指出，九鼎丹經訣卷一除撰者所加注釋文字以外，其餘部分並不完全等於古本九鼎丹經，而包含有漢以後的增補内容。當然，究竟哪些内容晚出，今已無法明確區分，僅可據一些蛛絲馬跡作舉例説明。如第二丹神符使用「無毒水銀」，而流珠經則無「無毒」二字。按東漢初煉丹家已認識到某些金屬有毒，並發明了去毒法（如神農本草經云，水銀「殺金銀銅錫毒，鎔化還復爲丹」），但尚無證據表明他們認識到水銀有毒。至南北朝，金石毒性及去毒法成爲煉丹術的一項重要内容，幾乎所有的金石藥包括水銀都被認爲有毒，必須去毒方可用於煉丹，九鼎丹經訣卷十一即專述水銀長生及調鍊去毒之術。九鼎丹經訣較流珠經多出「無毒」二字，有可能是以上情況的反映。又如第二丹的内容比較混亂，實包括多種藥物的制法：第一和最後一種爲神符（後者較前者詳細），第二種爲丹華之黄，第三種爲玄黄，第四種爲玄黄精。這些制法之間缺乏銜接，或許出自不同的傳本。甚至有的文字很突兀，讓人覺得不知從何而來，如真人云云，如對「子明」、「一者」的解釋等，事實上它們與流珠經第二丹之歌文注釋内容相合，惟有較多省略，當摘録自該書。再如第三丹神丹，本書言其功能時説「度代無種，事在人耳」，這句話在流珠經中説的更明白，爲「道人度世無種，事在人耳，奴婢雞狗皆可得仙，凡人服藥亦皆然」。「種」據稱是東晉中期以降道教終末論的一個重要概念〔一〕。在終末論中，那些能够從天地大

〔一〕日小林正美著、李慶譯：六朝道教史研究，四川人民出版社，二〇〇一年，頁四四一。

劫災中存活下來的一小部分善人稱爲種民，種人或種生。服神丹者不論身世皆可成仙，很明顯是煉丹家針對道教終末論之言。

九鼎丹經訣卷一非古本九鼎丹經既明，那麼葛洪所見九鼎丹經是否即古本？Fabrizio Pregadio 曾認爲，九鼎丹經訣卷一服神丹「令人神仙度世，與天地相畢，與日月同光……舉家昇虛，無翼而飛，乘雲駕龍，上下太清，漏刻之間，周遊八極」一段文字（抱朴子內篇節略作「與天地相畢，乘雲駕龍，上下太清」），很可能源自楚辭，這是九鼎丹吸收南方傳統之早期文化根源的表現〔一〕。若果如其言，則意味着葛洪所引九鼎丹經已是與南方傳統相結合的産物，而非古本了。然而，根據抱朴子內篇以及神仙傳的記載，没有任何證據表明葛洪、鄭隱或葛玄等有修改丹經的跡象。相反，倒是鄭隱受丹經後，「家貧無用買藥」，可能從未合煉過金丹，葛洪亦受丹經二十餘年，「資無擔石，無以爲之」。事實上，這些辭彙在漢代道教中很普遍，如太平經即常言「乘雲駕龍」，更有「乘雲駕龍，周流八極」之語。因此，葛洪所受九鼎丹經應是左慈所傳古經。

二、黃帝九鼎神丹經訣的版本和流傳

九鼎丹經訣至宋代始見於書目著作著録，但崇文總目和宋史藝文志作十卷，而通志藝文略作二十

〔一〕Fabrizio Pregadio, *Great Clarity: Daoism and Alchemy in Early Medieval China*, pp. 15-16.

卷，那麽是否存在兩種版本？

正統道藏本爲二十卷，其奇數卷標題下皆有小字注，云與下卷同卷，如「卷之一（二同卷）」、「卷之三（四同卷）」等。Fabrizio Pregadio 據此認爲，没有理由懷疑從十卷本到二十卷本之間經過了擴編，二者的區别僅僅是分卷方式不同〔一〕。僅從書的内容而言，這個看法應當是正確的，但若考慮卷次順序，情況則並非如此簡單，因爲今道藏本存在兩處疑點。其一，卷六末尾列九丹名稱，云「右九丹，此略録名，其義解釋並在後卷耳」，然而九丹之詳法在卷一。其二，卷二十九鼎丹隱文訣第一丹中説，「又當先作二釜，一如太清丹白雪土釜法，備在上秩第六卷釋訖，此不重載」，然而卷六根本無土釜法，它指的實際上是卷七的「作赤土釜法」。這兩處疑點表明，今本卷次當非原貌。今本中「匡」、「筐」二字闕筆，知其源於宋本。據此而言，崇文總目和通志藝文略著録的兩種版本或許編次不同，亦未可知。

九鼎丹經訣撰成後流傳不廣，故引録它的道書很少，主要的僅有上洞心丹經訣一種。上洞心丹經訣，題太極真人嗣孫手述，三卷，主要抄録改編九鼎丹經訣並糅合一些内丹内容編撰而成，故年代應較晚。比較可知，其抄録九鼎丹經訣的内容涉及後者卷一、二、三、四、五、六、七、十三、十九、二十等，僅做了少量改動，大致保持原貌。因此，上洞心丹經訣可以作爲校勘九鼎丹經訣的參考。例如，九鼎丹經訣卷二十某處有大段錯文，這一部分恰好上洞心丹經訣有抄録而且文字順序不同，結合其内容很容

〔一〕Fabrizio Pregadio, *Great Clarity: Daoism and Alchemy in Early Medieval China*, p. 251.

易恢復文字原貌。北宋還丹衆仙論引黄帝九鼎經，亦應指九鼎丹經訣。還丹衆仙論由抱腹山人楊在集，卷首有楊在自序，稱其爲汾陽西河人，弱冠好道，至三十餘年得遇明師，授予丹訣，於皇祐四年（一〇五二）集成此書，輯録歷代數十家煉丹要論。其引文爲：「黄帝九鼎經曰：鉛不獨行，行必無偶，審而用之。鉛與汞同一宗，能生金華，曰美金華也。」相關内容在九鼎丹經訣中，如卷十一：「水銀有毒，鉛配太陰，終不獨行，行必爲偶，若無制伏，二毒難消。」又卷十二：「故方云：汞之與鉛，終不獨行，行必爲偶，二物相得，成兹妙藥焉。」「故方云：功用别能，與汞無異，汞之與鉛，終不獨行，行必爲偶，審而用之，萬不失一。」此外，太清石壁記卷上有「黄帝九鼎丹方」與「黄帝九鼎大還丹方」，但其方皆與九鼎丹經訣不同，顯爲後人假託之法。

三、黄帝九鼎神丹經訣的編撰年代

九鼎丹經訣未署撰者及編撰年代，歷代以來亦無人探究，惟明代道士白雲霽道藏目録詳注云其爲狐剛子述，但未提供任何依據〔一〕。直到二十世紀以來，研究者們才開始對這一問題進行討論。最初

〔一〕道藏，第三六册，頁八一四。該書在介紹九鼎丹經訣内容時説「内缺……」，所謂「内缺」乃「内訣」之訛。

曹元宇認爲它是「初唐的作品，即第七世紀初葉」〔二〕，後來張子高也主張它是「七世紀初期的著作，惜撰人不詳」〔一〕，朱晟則認爲是「唐高宗（六五〇—六八三）時的煉丹家狐剛子所著」〔三〕，李約瑟在其中國科學技術史中先後提出過唐、宋、初唐、初宋、七世紀等幾種主張〔四〕，但上述觀點都沒有給出判斷依據。陳國符首次對這一問題進行了分析。他先是在道藏源流考中指出，根據九鼎丹經訣所引産藥地名以及陶隱居云云，其卷二以下乃唐人撰述〔五〕。其後又進一步認爲，九鼎丹經訣所引本草乃唐新修本草，再結合産藥地名，斷定它應當編撰於新修本草撰成之後、置錦州之前，也即唐高宗顯慶四年後至武后垂拱二年間〔六〕。席文則根據書中礬石産地益州以及「今聖朝一統寰宇」等描述，認爲它應當編撰

〔一〕曹元宇：中國古代金丹家的設備和方法，載中國古代金屬化學及金丹術，中國科學圖書儀器公司出版，一九五五年，頁六九。

〔二〕張子高：中國化學史稿（古代之部），科學出版社，一九六四年，頁一一八。

〔三〕朱晟：我國古代在無機酸、鹼和有機酸、生物鹼方面的一些成就，載趙匡華主編：中國古代化學史研究，北京大學出版社，一九八五年，頁五一四。

〔四〕Joseph Needham, *Science and Civilisation in China*, Vol. 2: 301, Vol. 5. III: 57, Vol. 5. IV: 2, Vol. 5. VII: 97, Cambridge University Press, 1956, 1976, 1980, 1987.

〔五〕陳國符：道藏源流考，頁三七七。

〔六〕陳國符：道藏經中外丹黄白法經訣出世朝代考，陳國符道藏研究論文集，頁七八—八三。

於宋早期〔一〕。以上諸種觀點中，陳國符先生的主張在學界被廣泛接受。但是，數年前我仔細分析後發現，九鼎丹經訣所引本草實爲陶弘景本草經集注，而非蘇敬新修本草，在此認識基礎上，復結合藥物地名，我認爲其成書應在唐置茂州之後、新修本草撰成之前，也即貞觀八年至顯慶四年間（六三四—六五九年間），係煉丹家進呈太宗或高宗閲覽之作〔二〕。最近閲讀 Fabrizio Pregadio 的分析，我發現他在我稍早之前已經注意到陳國符先生對新修本草的認識存在矛盾。他首先從書目著録、人名、重量和容積的量度、地名、避諱等多個方面進行分析，將九鼎丹經訣的編撰時間限定在高宗統治時期（六四九—六八三年間）。然後在結論部分提出一個疑問，即九鼎丹經訣所引本草藥物中只有空青和曾青的内容與新修本草相同，如果九鼎丹經訣晚於新修本草，爲何會出現這種情況？他雖然坦誠當時不能解決這個疑問，但給出了九鼎丹經訣兩個更短的成書時間段：如果九鼎丹經訣晚於新修本草，應是六五九至六八三年間；如果早於新修本草，則應是六四九至六五九年間〔三〕。根據我之前提出的觀點，再結合 Pregadio 的分析，我們可以確定九鼎丹經訣應當編撰於六四九至六五九年間。到這裏爲止，其實還

〔一〕Joseph Needham, *Science and Civilisation in China*, Vol. 5. IV, Cambridge University Press, 1980, p. 218, note a.

〔二〕這一觀點首先在我的博士學位論文中提出，此後發表在三十六水法新證一文中（自然科學史研究二〇〇七年第四期），更詳細的討論見其後發表的論黄帝九鼎神丹經訣一文（宗教學研究二〇〇九年第三期）。

〔三〕Fabrizio Pregadio, *Great Clarity: Daoism and Alchemy in Early Medieval China*, pp. 249-254.

有新的證據能更進一步接近那個真正的編撰時間。下面的討論是對我以前觀點的修訂和增補，因爲和 Pregadio 的主張並無衝突，故未吸納他的討論，以備一説。

本草经集注成書於公元五〇〇年前，其内容由神農本草經、名醫副品（即名醫别録）及陶氏注文三部分組成，三者涇渭分明。該書在中國本草學史上佔有重要地位，撰成後便風靡於世，直至被新修本草代替。唐顯慶二年（六五七），蘇敬上言重修本草，詔從其請，至顯慶四年（六五九）書成，名曰新修本草，一名唐本草，這是世界上第一部由政府制定頒佈的藥典。新修本草是在本草经集注的基础上編撰而成，凡唐人新增注文，前皆以「謹案」二字標記，置於陶氏注文之後，因此，二書内容很容易區分。

九鼎丹經訣詳細介紹的金石藥物有石脾、朴硝、芒硝、水銀、丹砂、雄黄、雌黄、石流黄、石流丹、曾青、空青、石碌、磁石、礜石、礬石、石鐘乳、紫石英、代赭石、鹵鹹、戎鹽、鉛丹、胡粉等二十餘種，其性味、主療、産地、功能等内容主要抄録神農本草經、名醫别録及陶氏注文，同時又作了一些補充。因此，要判斷九鼎丹經訣所引本草到底是本草經集注還是新修本草，通過比較九鼎丹經訣撰者補充文字與新修本草唐人注文便可知曉。以下表格將兩書相關内容進行了匯總（空格表示無相關内容）〔一〕，比較後可以發現，二者内容差别非常大。如藥物産地，二者新增完全相同的僅曾青一條，其餘或僅新修本草

〔一〕新修本草據尚志鈞、尚元勝輯校之本草經集注本。

新增（如礜石、鍾乳、代赭、戎鹽），或僅九鼎丹經訣新增（如石脾、磁石），或二者新增不同（如空青、礬石）。再如對藥物成分的認識，九鼎丹經訣在介紹胡粉時引述了粉錫即「化鉛所作胡粉」的陶氏注文，然而新修本草唐人注文竟然錯誤地認爲陶氏深誤，主張「鉛丹、胡粉，實用錫造」。九鼎丹經訣是進呈給皇帝閲覽之作，其内容既然與官修藥典有如此大的差别，故所謂本草只能是本草經集注而非新修本草。避諱字問題同樣支持這一結論。新修本草由於避李世民、李治之諱，將本草經集注中的「世」字、「治」字改爲「俗」、「造」，或删除不用，將「主治」的「治」字一律删除。然而九鼎丹經訣引本草的部分情況則與此不同，介紹藥效既謂「主治」，又言「主療」，如果這些内容出自新修本草，斷然不可能出現這種情況。另外，九鼎丹經訣卷十八介紹石鍾乳功力時説，「陶隱居（云）服之亦延年益壽，好顔色不老也」，這句話出自名醫别録部分，而撰者徑稱陶弘景，其實很明顯地透露出其所據本草就是本草經集注。綜上所述，九鼎丹經訣既然引本草經集注而不引新修本草，説明後者當時尚未問世，因此，九鼎丹經訣應當撰於顯慶四年之前。

藥物	黄帝九鼎神丹經訣撰者補充文字	新修本草唐人注文
石脾	其石脾者，陰陽結氣，五鹽之精，因礬而長，託石而生，峨嵋山中有之，俗人無一識者。所處小，人亦不見，唯有求道之士時須要用也。古人以四方分隔，覓不可得，使作代用，乃勝真者。（卷八假别藥作硝石法）	

硝石	硝石難得好者，不好則不能化雄黃丹砂爲水也。若得真物，少先出數兩硝石，試化雄黃及他石，視之成與不成，若不能化石者不可用，非真物也。形極似朴硝，小虛軟，當先以一片子置火炭上，有紫烟出仍成灰者爲上，若沸良久者，由是朴硝也。難得其真，亦宜必須先作雄黃丹砂水試之，不然不可定也。（卷八作三轉酒法）	此即芒消是也。朴消一名消石朴，今鍊粗惡朴消，淋取汁煎，鍊作芒消，即是消石。本經一名芒消，後人更出芒消條，謬矣。（卷三玉石上品）
朴硝	仙經惟云硝石能化他石，不言朴硝，今此又云化石。故隱居云必爾可試之取驗，言燒之汁出者，皆須令沸定汁盡，與燒礬石法同。（卷十六明朴硝功力）	此物有兩種，有縱理、縵理，用之無別。白軟者，朴消苗也，虛軟少力，煉爲消石，所得不多，以當消石，功力大劣也。（卷三玉石上品）
芒硝	芒硝者，鍊朴硝作之，故神農本經無芒硝，正有硝石、芒硝耳。然有變化之能，故彭君曰：其硝石、戎鹽、石膽、芒硝，真者雖有陰陽正質，作者變化功效乃神，若有求仙不得此道，徒損萬金，終無一二就。明是仙家之功味也。其主療與硝石正同，疑此即是硝石，故神農本草無別芒硝也。其正質者舊出寧州，白粒大，味極辛、苦。若醫家煮鍊作者，色絶白而粒細，而味不甚烈也。（卷十六明芒硝功力）	晉宋古方，多用消石，少用芒消，近代諸醫但用芒消，鮮言消石，豈古人昧於芒消也。本經云生於朴消，朴消一名消石朴，消石一名芒消，理既明白，不合重出之。（卷四玉石中品）

水銀	凡水銀得涪陵，自在流沙水中，青白色者最佳。此水銀似錫，甚柔軟，氣中蒸之亦消。此物不可得，化柔金銀，唯此爲良。然以朱砂化爲水銀，亦不惡也，天生者代絶也。（卷十一引言部分）	水銀出於朱沙，皆因熱氣，未聞朱沙腹中自出之者。火燒飛取，人皆解法。南人又蒸取之，得水銀少於火燒，而朱沙不損，但色少變黑耳。（卷四玉石中品）
丹砂	然丹砂雖出巴楚二地，今之有出處，最不及辰州麻陽縣者爲上，打破亦明，色焰焰然，有精似火星，向日看之，如動摇光明沙，若其體細，重破之白光昱昱然。又片版麤大如馬牙，或如小捲，晃晃昱昱，光明暉徹，其質堅祕。白光曜目者，號曰丹砂。紅明者上，紫者次，赤濁者下。天生已伏火者，徒聞其語，不見其物，縱使得之，亦須煮伏。興州有緊實堅重，其色亦赤，狀類丹砂，破之似鐵，燒之還赤，停之有黑，火之無烟，此之丹砂之正質也。（卷十三丹砂出处）	丹沙大略二種，有土沙、石沙。其土沙，復有塊沙、末沙，體並重而色黄黑，不任畫用，療瘡疥亦好，但不入心腹之藥爾，然可燒之，出水銀乃多。其石沙便有十數種，最上者光明沙，云一顆別生一石龕内，大者如雞卵，小者如棗栗，形似芙蓉，破之如雲母，光明照澈，在龕中石臺上生，得之者，帶之辟惡爲上，其次或出石中，或出水内，形塊大者如拇指，小者如杏仁，光明無雜，名馬牙沙，一名無重沙，入藥及畫俱善，俗間亦少有之。其有磨嵯、新井、別井、水井、火井、芙蓉、石末、石堆、豆末等沙，形類頗相似，入藥及畫，當擇去其雜土石，便可用矣。別有越沙，大者如拳，小者如雞鵝卵，形雖大，其雜土石不如細明净者。經言末之名真朱，謬矣。豈有一物而以全、末爲殊名者也。（卷三玉石上品）

雄黄	古以爲藥最要奇難得也，昔與赤金同價。今聖朝一統寰宇，九域無虞，地不藏珍，山不祕寶。武都崇岫，一旦山崩，雄黄曜日，令馱運而至京者，不得雇脚之直，瓦石同價。此蓋時明主聖，契道全真，福祥大藥，不求而自至。其色濁赤者不佳，唯赤徹者爲上。（卷十四雄黄出處）	出石門名石黄者，亦是雄黄，而通名黄食石。而石門者最爲劣耳，宕昌、武都者爲佳，塊方數寸，明澈如雞冠，或以爲枕，服之辟惡。其青黑堅者，不入藥用。若火燒飛之而精小，療瘡疥猥用亦無嫌。又云惡者名熏黄，用熏瘡疥，故名之，無别熏黄也。貞觀年中，以宕州新出，有得方數尺者，但重脆，不可全致之耳。（卷四玉石中品）
雌黄	白堅文者，最佳也。（卷十四雌黄出處）	
石流黄	若以入大丹，此林邑者必不及徐州及箕山者。（卷十五石流黄出處）	
曾青	今出蔚州、鄂州也，然蔚州者勝於鄂州也，餘州皆惡。其形如蚯蚓糞，又如黄連者佳，滑者好。色理小勝空青，難得而貴，仙經用之亦要，而陶隱居乃言少也。化金之法，事同空青也。（卷了十五明曾青出處）	曾青出蔚州、鄂州，蔚州者好，其次鄂州，餘州並不任用。（卷三玉石上品）
空青	今聖德多感，物無不至，故蔚州、簡州、宣州、梓州皆出，然宣州者最上，其蔚州者無孔，塊大色深也。（卷十五空青出處）	此物出銅處有，乃兼諸青，但空青爲難得。今出蔚州、蘭州、宣州、梓州，宣州者最好，塊段細，時有腹中空者。蔚州、蘭州者，片塊大，色極深，無空腹者。（卷三玉石上品）
石碌		绿青即扁青也，畫工呼爲石录。其碧青即白青也，不入畫用。（卷三玉石上品「绿青」條）

磁石	今最生相州也。（卷十六磁石出處）	
礜石		此石能拒火，久燒但解散，不可奪其堅。今市人乃取潔白細理石當之，燒即爲灰，非也。此藥攻擊積聚痼冷之病爲良，若以餘物代之，療病無效，正爲此也。今漢川武當西遼阪名礜石谷，此即是其真出處。少室亦有，粒理細不如漢中者。（卷五玉石下品）
礬石	今出茂州，乃益州管内者也。（卷十六礬玉出處）	礬石有五種：青礬、白礬、黄礬、黑礬、絳礬，然白礬多入藥用；青黑二礬，療疳及諸瘡；黄礬亦療瘡生肉，兼染皮用之；其絳礬本來绿色，新出窟未見風者，正如琉璃，陶及今人謂之石膽，燒之赤色，故名絳礬矣，出瓜州。（卷三玉石上品）
鐘乳		鐘乳第一始興，其次廣、連、澧、朗、郴等州者，雖厚而光潤可愛，餌之並佳。今峽州、青溪、房州三洞出者，亞於始興。自餘非其土地，不可輕服。多發淋渴，止可搗篩，白練裹之，合諸藥草浸酒服之。陶云鐘乳一、二尺者，謬説。（卷三玉石上品）
紫石英		

代赭石		此石多從代州來，云山中採得，非城門下土，又言生齊、代山谷。今齊州亭山出赤石，其色有赤紅青者。其赤者，亦如雞冠，且潤澤，土人惟採以丹楹柱，而紫色且暗，此物與代州出者相似，古來用之。今靈州鳴沙縣界河北，平地掘深四五尺得者，皮上赤滑，中紫如雞肝，大勝齊、代所出者。（卷五玉石下品）
鹵鹹		鹵鹹既生河東，河東鹽不釜煎，明非凝滓也。此是鹹土名鹵鹹，今人熟皮用之，字作古陷反，斯則於鹹地掘取之。（卷五玉石下品）
戎鹽		陶稱鹵鹹，疑是黑鹽，此是醶土，議如前說，其戎鹽即胡鹽。沙州名爲禿登鹽，廓州名爲陰土鹽，生河岸山坂之陰土石間，塊大小不常，堅白似石，燒之不鳴灹者。（卷五玉石下品）
鉛丹		丹、白二粉俱炒錫作，今經稱鉛丹，陶云熬鉛，俱誤也。（卷五玉石下品）
胡粉	胡粉者，乃真人九轉鉛丹之首物也。又黄帝九鼎神丹釜法先明此物合玄黄花爲泥矣，非不至要。然本草乃云粉錫一名解粉，仍釋云此是金化鉛所作胡粉也。（卷十八胡粉）	鉛丹、胡粉，實用錫造。陶今又言化鉛作之，經云粉錫，亦爲深誤。（卷五玉石下品「粉錫」條）
石流丹		（無此條目）

九鼎丹經訣所記藥物産地唐地名中以茂州所置時間最遲。舊唐書卷四十一載：「茂州都督府隋汶山郡。武德元年，改爲會州……四年，改爲南會州……貞觀八年，改爲茂州……天寶元年，改爲通化郡。乾元元年，復爲茂州也。」〔一〕故據地名可判斷九鼎丹經訣撰於貞觀八年（六三四）之後。

九鼎丹經訣中有多處表現時代背景的文字，如「夫景風起而裘爐息，王化隆而奇士退。今宇内寧謐，休牛放馬，烽燧滅影，干戈載戢，繁弱既韜，盧散停廢，子房出玄帷而返閭巷，信布釋甲冑而修魚釣」（卷二，實引自抱朴子内篇釋滯）、「當今四海清通，諸藥皆足」（卷八）、「今聖朝一統寰宇，九域無虞，地不藏珍，山不祕寶」（卷十四），顯係唐初國家統一、政治穩定、經濟繁榮的時期。又書中通篇充斥「臣按」、「臣聞」之辭，還出現「伏願聖主詳擇從之」（卷二）、「臣今法擬供奉」（卷十一）等語，可見九鼎丹經訣係煉丹家進呈太宗或高宗閲覽之作。至於更確切的時間，還可進一步分析。

九鼎丹經訣卷十五「鍊石碌法」引述「太一神精小丹方」云：「若無曾青，以崑崙石碌研沙取用。」此方乃孫思邈備急千金要方卷十二之「太一神精丹」，其成分包括曾青，孫氏云：「曾青如蚯蚓屎，如黄連佳，世少此者，好崑崙碌亦得差病。」〔二〕按千金要方成書一般認爲在永徽三年（六五二），如果確實如此的話，則可進一步確定九鼎丹經訣撰於高宗時六五二至六五九年間，恰在上文提到的六四九—六五九

〔一〕後晉劉昫等撰：舊唐書，中華書局，一九七五年，頁一六八八。

〔二〕唐孫思邈撰：備急千金要方，人民衛生出版社影印本，一九五五年，頁二三一。

年時間段以内。考諸史籍，這期間高宗曾在顯慶年間組織過大規模的煉丹活動。舊唐書卷一百九十一載：「道士葉法善，括州括蒼縣人。自曾祖三代爲道士，皆有攝養占卜之術。……顯慶中，高宗聞其名，徵詣京師，將加爵位，固辭不受。求爲道士，因留在内道場，供待甚厚。時高宗令廣徵諸方道術之士，合鍊黄白。法善上言：『金丹難就，徒費財物，有虧政理，請覈其真僞。』帝然其言，因令法善試之，由是乃出九十餘人，因一切罷之。」〔一〕據此可以推斷，九鼎丹經訣最可能是在公元六五九年之前的顯慶年間某位供養煉丹家編撰進呈給高宗的作品。

四　黄帝九鼎神丹經訣的内容和引書

九鼎丹經訣並非原創性著作，而是以九鼎丹經爲中心，分門别類地輯録了大量煉丹資料，但這種輯録有别於通常的類書體例。其書卷一以下皆着眼於對卷一經文進行注解或補充，乃訣法，内容以引述與九鼎丹相關或相近的資料爲主，間或穿插有撰者的討論，全書有經有訣，是以名爲經訣。從書的内容來看，撰者受抱朴子内篇影響非常明顯，不僅大量抄録後者文字，涉及後者總卷數過半，而且編撰方式與後者煉丹部分也有相近之處。抱朴子内篇之金丹、黄白二篇主要採擷漢代以來的煉丹文獻編

〔一〕後晉劉昫等撰：舊唐書，頁五一〇七。

撰而成，但其文自成邏輯，引述常不注明出處。九鼎丹經訣主要以漢至六朝煉丹文獻爲素材，根據九鼎丹的傳授、煉丹環境器具藥物等所需、煉服禁忌祭法等有關因素，依不同主題組織材料纂成各卷，引述資料亦常不注出處。其書雖以九鼎丹爲中心，但訣法選材比較寬泛，於其他煉丹文獻的相關内容亦廣泛徵引，從而一定程度上使其成爲一部唐前煉丹資料彙總之作。以下將九鼎丹經訣各卷内容、資料來源暨引書情況略作説明，更詳細的討論參見書中隨文注釋。

卷一爲九鼎丹經，其内容及淵源上文已作討論，此處不再贅述。

卷二爲明神丹之由致取人貴法。前半部分引述其他文獻關於九鼎丹的記載，第一段言丹法淵源及傳授，與卷一所述有所不同，不知具體源出。其後抄録抱朴子内篇金丹引述九鼎丹經與金液經文。又引真人九昇經言服九丹法，該書未見他處提及。後半部分爲撰者勸皇帝修神丹之言，其中大量抄録抱朴子内篇之釋滯、辯問二篇，又暗引嵇康與山巨源絶交書語。

卷三爲擇明師受訣不藉真人法，論述經訣的重要性及傳授法，其中引狐剛子萬金訣、五金粉圖訣、伏玄珠訣三部著作及張天師口訣，均爲早期重要煉丹科技資料。張天師口訣即正統道藏收録的太清經天師口訣。狐剛子是一位卓有成就的煉丹家，但生平不詳，本卷引其著作三種。萬金訣，隋書經籍志著録「狐剛子萬金決二卷，葛仙公撰」。五金粉圖訣，本書中又略作粉訣、粉圖、五粉圖，其版本各書記載不一，如太古土兑經曰「狐罡子粉圖流傳三卷」，崇文總目曰「孤（狐）剛子粉圓（圖）四卷」，通志藝文略曰「狐剛子粉圖四卷」，宋史藝文志曰「狐剛子粉團（圖）五卷」。伏玄珠訣不見他書著録。

卷四爲明防辟惡邪魅守神保身，述合丹入山及辟邪保身法，内容主要抄録抱朴子内篇之微旨、金丹、登涉三篇。

卷五爲明朱成神丹必藉資道之緣，輯録了三大類圖符。議論部分主要抄録抱朴子内篇之微旨、遐覽、登涉三篇，入山符及辟蟲獸卻鬼符與抱朴子内篇所載多有不同，而黄帝玉台篇圖符葛洪未曾提及。

卷六爲明神丹功能求皆有益之道，採擷抱朴子内篇之勤求、地真、極言多處文字，其中提到金石必須去毒，最後列九丹名目。

卷七爲明守一閉邪及釜鼎丹屋法。首先言守一辟邪，但其詳法在皇人三一法卷中，撰者未抄録，皇人三一法今佚。次述丹屋、符室、竈、五嶽三台、鐵鐃釴、釜法，以及泥法與固濟法，其中釜泥諸法最爲豐富，取自不同丹經，但撰者大多没有注明出處，惟末尾之仙釜及釜泥法云出自狐剛子，並言其「非九丹正訣所用」。經檢索，其中赤土釜法出自太清經天師口訣。此外，該卷還有居山辟邪鬼惡賊蟲獸法及合服仙藥禁慎，後者稱出自狐剛子。

卷八爲明化石爲水並硝石法，述多種水法並假别藥作礬石水、戎鹽、石膽、硝石、石脾等法。水法是九鼎丹及絶大多數丹法的重要内容，本卷此部分内容抄自三十六水法，撰者云該書出自淮南王之師八公，並記劉安受書過程，其情節與列仙傳及葛洪神仙傳所記差異甚大，與太平廣記所引神仙傳有較多相合，僅比較簡略。假别藥作硝石諸法未注源出文獻，顯然爲三十六水法之後的産物，其原因如撰者引太一之言，「三十六水患在硝石，黄白之中礙乎戎鹽」，故有假别藥以成之法。最後還記載了作三轉酒法，並抄録本草經集注中硝石、芒硝、朴硝條内容。

卷九爲明用金銀善惡服鍊方法，乃狐剛子出金鉚圖録取其要者，該書未見其他載籍提及，爲早期煉丹術治煉金銀礦的珍貴資料，主要科技成就包括對金銀礦地質分佈規律的認識、不同金銀礦的冶煉方法、金銀粉的製作方法等。

卷十爲明鍊藥禁慎陰陽制伏，抄自多種文獻，如真人歌九鼎丹第一丹歌文、狐子歌、抱朴子内篇黄白、黄帝九鼎神丹真人訣等，此外彭君之言源出文獻不明。

卷十一爲明水銀長生及調鍊去毒之術，首先抄録抱朴子内篇遐覽與本草經集注，繼之述煉水銀法，最後重點介紹去水銀毒的多種方法，其中包括狐剛子伏水銀法。

卷十二爲合九丹鉛法鉛力功能，述煉製鉛丹的方法。書中强調，合丹藥鉛爲本，鉛若不真，藥無成者。本卷所載諸法包括丹鉛祕目三十六名、狐剛子作九轉鉛丹法、九丹鉛玄珠法、出長生鉛法及太極真人九轉丹法等。

卷十三爲明丹砂功力能入長生之道用，主要述丹砂調煉及服食之法；卷十四爲明鍊雄黄法，並附帶介紹雌黄鍊法；卷十五爲明諸石藥之精靈，述石流黄、石流丹、曾青、空青、石碌鍊法；卷十六爲明鍊諸石由致皆有長生之用，述磁石、礜石、礬石、朴硝、芒硝、石脾、戎鹽、五色神鹽、東野芒硝、石脾硝等藥鍊法；卷十八爲明鍾乳等石及諸銅鐵由致皆有長生之用，述石鍾乳、鉛丹、石鹽、白蠟、錫、茯苓、土、棗膏等鍊法，紫石英、代赭石、鹵鹹、戎鹽本草特性，去銅、鍮石及鐵惡物法。以上諸卷中藥物的本草内容主要抄録本草經集注，並作部分補充。鍊法部分僅少數提示出處，如卷十五鍊曾青、金精乃狐剛子法，鍊石流黄、磁石出自九霄君九轉鉛丹法，鍊石碌出自太一神精小丹方，卷十六礜石一鍊法出自九霄君九轉鉛丹法等。

卷十七爲明事藥先後酢及華池由致，述玄黄法、玄白法與華池法。關於玄黄與玄白，撰者明確指出，「依太清覆薦之法，亦有須用玄白爲丹之薦」，「太清丹即以玄白爲薦金，九鼎法唯用玄黄也」。華池法本卷輯録甚多，有出處的如太清中經法、太清經天師口訣法、玉燭萬金訣法、黄帝九鼎丹法、太一金液還丹法等，其餘如八石華池法、青山脂華池法與春醪華池來源不明。

卷十九爲明鍊銅鐵鍮石等毒入用和合事防辟法，首先列上聖殺丹陽銅、鍮石、鐵鏵精毒法，並附所需六水法硝石水、青礬石水、石硫黄水、淳鹹水（鹽水）、雌黄水、磁石水，然後言合和防辟符法，云乃葛玄所受，文中引太清神丹寶經呪語。

卷二十爲明合丹忌諱敗畏訣，撰者注云，所明者，謂合丹忌諱敗畏、九鼎九丹不盡訣、開釜試藥訣、服餌真護訣，其中九鼎九丹不盡訣包括一些祭法和九鼎丹隱文訣。合丹忌諱敗畏没有注明出處。祭法部分有錯亂脱漏處，提到太極真人九轉還丹齋法，以下九丹祭法與卷一有所不同，此外還提到九老玉券與妙州寶鎮符，後者一名仙伯太一檢，一名八寸素書。九鼎丹隱文訣即真人經訣，乃晚出九鼎丹訣法，摻雜有太清丹方法，見上文討論。試藥法中列「太極真人九轉還丹法」，與上述九轉還丹齋法皆見於今本太極真人九轉還丹經要訣。

據上所述，儘管九鼎丹經訣不是一部真正的煉丹類書，但其徵引可謂宏富，以上所列有書名者即有二十餘種，没有書名的可能更多。更重要的是，這些文獻很多早已失傳，兼之有的連葛洪也未見到或記載，因此在保存早期煉丹資料方面，九鼎丹經訣的重要性完全可與抱朴子内篇相媲美，它彙集的資料更豐富更系統，尤其是填補了葛洪之後至唐初之間的空白，堪稱唐前道教金丹黄白術和神仙服食術的集大成之作。此外，中國煉丹術在唐代時出現重要轉變，原本非常朴素實用的技術逐漸被一些哲學神學思想僵化桎梏，内丹術興盛後此風尤甚，九鼎丹經訣恰好出現在這一轉型起點附近，其啓後不足但總前有餘，秉承唐前煉丹術風格注重實用技術，於煉丹理論少有發明，重在資料彙集，因此，它自然也是一部瞭解唐前道教科技不可或缺的重要文獻。總而言之，九鼎丹經訣對於道教和科技史兩個領域的學術研究價值應引起充分重視，以下再挂一漏萬從幾個方面略作强調。

首先，它幾乎彙集了所有的九鼎丹資料，不僅包括九鼎丹經的不同傳本，還包括其他文獻中與九鼎丹有關的記載，以及真人歌、隱文訣等後出訣法，可以比較完整地反映出九鼎丹在漢至唐期間的發展軌跡。

其次，它系統地保存了唐前煉丹操作所有環節的詳細資料，涉及丹經的傳授、合丹祭法、合丹選址及其事項活動、煉丹器具及其附屬藥物的製作、煉丹原料和輔助藥物及其技術處理、煉丹過程各環節的技術要領等。

第三，它爲研究漢至唐初的道教科技提供了珍貴資料，其中很多内容還未引起科技史界注意。九鼎丹經訣涉及的科技史内容非常豐富，涉及化學、礦物學、冶金學、藥物學、食品學以及科學思想等多個領域，例如化學反應器皿的製作和密閉技術、反應過程中的温度控制方法、水法技術、抽砂煉汞技術及朴素的質量守恒觀念、金銀冶煉技術、其他金石藥的煉製技術、醋與酒的製作技術等等。

第四，它具有重要的文獻輯佚、校勘和研究價值。九鼎丹經訣引述的文獻很多，兹舉抄録最多的狐剛子著作、三十六水法、本草經集注和抱朴子内篇爲例多説幾句。其一，九鼎丹經訣引述了狐剛子的多種著作，正是主要依據這些内容，今人挖掘出一位被長久埋没的大煉丹家和大科學家。關於狐剛子及其著作時代的有關討論，詳見下文。其二，今本三十六水法是一個經後人增補的本子，它究竟編訂於何時，哪些内容屬於古法等等，這些問題依據其自身文本難以解開謎底。九鼎丹經訣多處言及三十六水法的内容，還引述了其中很多水法，它們多見於今本前半部分，爲研究其編訂時間提供了重要參考。此外，它還爲研究古本三十六水法源出提供了重要線索。其三，本草經集注是中國古代一部著名本草著作，但其早佚，今僅有輯佚本。九鼎丹經訣中煉丹原料藥物的本草介紹，主要抄録自本草經集注（本經、别録和陶氏注文俱全），儘管抄録不嚴謹，錯漏或删改很多，但畢竟它是目前所存最早大量徵引本草經集注的文獻，故其對校勘本草經集注有相當參考價值。其四，抱朴子内篇版本和校刊雖然多，但九鼎丹經訣由於時代較早，它對校正今通行抱朴子内篇校釋本仍有參考作用。

我對九鼎丹經訣一書的關注始於多年以前，瞭解愈多，愈感覺有必要對其進行深入研究，但前提是，文獻本身的很多問題首先需要解決，於是在兩年前開始着手對其進行校理、注釋和研究。道教外丹黄白經訣文義隱晦，科技内容宏富且專業性强，文獻整理向來是一個薄弱環節，幾無先例可循。整理工作自進行以來，雖反復研讀，數易其稿，但仍存困惑難解，不當之處亦在所難免。今承蒙王家葵先生推薦和中華書局信任，不揣淺陋以付梓，祈請讀者批評指正。

五　狐剛子及其著作時代考疑

關於狐剛子的生卒年代，古籍中未見隻言片語記載，僅一些丹經引述其著作或言説時偶有涉及其活動時代，由於這一問題比較重要，這裏作一點補充討論。

一九八二年，陳國符先生最早根據丹經韻文情況判斷狐剛子爲晉人，曾師從漢末左慈，大致與葛洪同時，爲當時最大之外丹黄白師〔一〕。隨後，趙匡華先生從文獻記載角度提出，狐剛子應是東漢末期人，並介紹了他的重要科技成就，稱讚其著述既反映了當時煉丹術成就所達到的高度，也堪稱是我國古代化學中的瑰麗篇章〔二〕。二〇〇二年，容志毅也考證認爲狐剛子是東漢末年煉丹家，並對其科學

〔一〕陳國符：道藏經中外丹黄白法經訣出世朝代考，陳國符道藏研究論文集，頁九四。
〔二〕趙匡華：狐剛子及其對中國古代化學的卓越貢獻，自然科學史研究，一九八四年第三期。

成就進行了綜合介紹〔一〕。上述研究結論不盡一致，到底哪一種符合史實，由於狐剛子及其著作牽涉很多重要的科技史問題，若對其時代認識不當，會造成嚴重錯誤。實際上，現存諸丹經引述的狐剛子著作或言説情況很複雜，有的是託古之作，有的摻雜有晚出内容，而且彼此有抵牾，所以這些史料不能輕信，需要細加甄别。由於這個問題在以往研究中没有引起重視，爲了穩妥起見，我們有必要首先對歸諸狐剛子的著作進行考辨，在這個基礎上再來推測狐剛子的活動時代。以下從四個方面來分析，嘗試提出不同看法。

第一，書目著録。歷代書目著作中，狐剛子著作最早見於隋書經籍志著録，僅兩種，其一爲狐剛子萬金决（訣）二卷，題葛仙公撰，其二爲狐子雜决（訣）三卷，不題撰者。石藥爾雅卷下叙諸經傳歌訣名目著録狐剛子粉圖經和狐剛子河車經兩種，均不見於隋志。舊唐書經籍志著録同隋志，但第一種書名誤作狐子方金訣。新唐書同舊唐書，惟第一種之作者改爲「葛仙公録」。至南宋，通志藝文略著録增至六種，除狐剛子粉圖四卷（崇文總目誤作孤剛子粉圖四卷）以外，其餘五種皆爲新見，包括外丹類四種和冥異類一種，即剛子丹訣一卷，題張道陵撰；狐剛子五金訣疏一卷；四家要訣一卷，集劉向、陵陽子、抱朴子、狐剛子所記煉丹事；金石還丹術一卷，狐剛子撰；感應類從譜一卷，狐剛子撰。宋史藝文志著録三種，即狐剛子粉團（圖）五卷、狐剛子感應類從譜一卷、狐剛子靈圖感應歌一卷，最後一種爲新

〔一〕姜生、湯偉俠主编：中國道教科學技術史漢魏兩晉卷，科學出版社，二〇〇二年，頁三八二—三九一。

見者。由上可以看出，時代愈晚，狐剛子著作愈多，託名現象愈明顯。

第二，九鼎丹經訣引述。九鼎丹經訣引述狐剛子著作的内容最多，例如卷三的萬金訣、五金粉圖訣、伏玄珠訣，卷七的仙釜法、和釜泥法、合服仙藥禁慎，卷九的出金鈔圖録，卷十的狐子歌，卷十一的出伏水銀法，卷十二的鉛丹法，卷十五的煉曾青、金精法，等等。書中除稱狐剛子爲「先賢」、「古者狐剛子」、「上聖」外，更在卷三云狐丘先生授葛仙公萬金訣，卷七云左元放所授狐剛子七寶未央丸，這裏涉及狐剛子的活動時代，從中不難推斷狐剛子曾師從左慈，葛玄師從狐剛子。然而，這兩則材料難以爲信，因爲抱朴子内篇所記丹經傳授線索是左慈→葛玄→鄭隱→葛洪，從未提到有狐剛子其人，也没有提及萬金訣等任何一部狐剛子著作。另一方面，九鼎丹經訣所引狐剛子著作中發現有晚出内容。如卷三引玄珠訣文，其中既有狐剛子言，又假託葛洪言，且葛洪提到粉圖訣，明顯説明這兩種書出於葛洪之後。而卷九引出金鈔圖録，其中金鈔法使用騏驎竭和紫鈔，這兩種藥均爲新修本草新附外來藥物，漢末無有。

第三，太古土兑經等引述。唐太古土兑經中涉及狐剛子的地方主要有四處，除「狐罡子粉圖流傳三卷」一句外，其餘三處引文均不見於此前的九鼎丹經訣。首先，卷上引狐剛子關於五金的歌文，其部分内容又見正統道藏容字號無名氏周易參同契註卷下「欲作服食仙宜用同類者」句注文，稱出自五金訣，陳國符先生遂認爲此即狐剛子五金訣，疑自粉圖析出，並根據用韻情況判斷訣文出於晉代。其次，卷上有狐剛子伏雄法，卷下有狐罡子玄珠法，但是二者標題下均有小字注，前曰「一本無狐岡子字」，後曰「吴(本)無此法」，此表明這兩種方法是否出自狐剛子當時即有不同意見。

第四，其他丹經引述。有多種唐宋丹經記載狐剛子言説，例如太清玉碑子中有五金歌，又見於大丹記，内容乃狐剛子(前者寫作「胡罡子」)與魏伯陽問答。丹論訣旨心鑒亦有内容相類的五金歌，問者寫作「胡剛子」。龍虎元旨、龍虎還丹訣頌等書中亦有狐剛子和魏伯陽的問答。顯而易見，這些内容都是託名之言，是當時煉丹家討論的熱門話題，非漢代煉丹觀念。此外，約出於南北朝時期的太清經天師口訣篇末附有赤松子肘後藥訣，很可能是後人摻入之内容，其中赤松子云：「此五膏三散，是昔天仙乾元子授胡沖子(胡剛子)，胡沖子授真華子，吾至真華子邊受得。」這段話將狐剛子置於赤松子之先，更不足爲信。

綜上所論，關於狐剛子的活動時代，諸書莫衷一是，没有一種説法有可靠依據，且其著作言説大多見於唐宋丹經引述，因此對這一問題我們不能輕下論斷。在這種情況下，我們不能依據不可靠的狐剛子活動時代來確定其著作時代，而應當反過來思考，至少也要將這兩個問題區别對待。對九鼎丹經訣引述的狐剛子著作而言，上文已经指出，萬金訣與抱朴子内篇的記載不合，而玄珠訣、粉圖訣和出金鉔圖録皆有晚出證據，它們在葛洪之後出世幾無疑義，萬金訣既首見於隋志著録，其餘幾種也應當撰於南北朝或隋，而且它們可能與狐子雜訣有關。由此而言，狐剛子的活動時代當不會早至漢末或葛洪時代，而應在東晉至南北朝期間，除非其著作係後人託名。與魏伯陽的情況類似，狐剛子的形象在唐代道教中始流行，以至被奉爲神靈〔一〕，唐宋時其著述增多的情況即與此有關。

韓吉紹

二〇一三年九月撰於山東大學千佛山校區寓所

〔一〕太平廣記卷四百五十一引唐廣異記中長孫甲的故事云：「唐坊州中部縣令長孫甲者，其家篤信佛道。異日齋次，舉家見文殊菩薩乘五色雲從日邊下，須臾，至齋所簷際，凝然不動。合家禮敬懇至，久之乃下。其家前後供養數十日，唯其子心疑之，入京求道士爲設禁，遂擊殺狐。令家奉馬一匹，錢五十千。後數十日，復有菩薩乘雲來至，家人敬禮如故，其子復延道士，禁呪如前。盡十余日，菩薩問道士：法術如何？答曰：已盡。菩薩云：當決一頓。因問道士：汝讀道經，知有狐剛子否？答云：知之。菩薩云：狐剛子者，即我是也。我得仙來，已三萬歲。汝爲道士，當修清浄，何事殺生？且我子孫，爲汝所殺，寧宜活汝耶？因杖道士一百，畢，謂令曰：子孫無狀，至相勞擾，慚愧何言。當令君永無災横，以此相報。顧謂道士：可即還他馬及錢也。言訖飛去。」（頁三六八五—三六八六）。

校釋説明

一、本書之校釋，以文物出版社、上海書店、天津古籍出版社一九八八年聯合影印正統道藏本爲底本。由於無其他版本可據，故校勘主要採用本校，結合他校，參以理校。他校資料包括抄録本書的文獻和本書引述的文獻，前者指上洞心丹經訣（簡稱心訣），後者主要包括九轉流珠神仙九丹經（簡稱流珠經）、抱朴子内篇（簡稱抱朴子）、本草經集注（簡稱集注）、太清經天師口訣（簡稱口決）、三十六水法等幾種。其中，抱朴子據王明校釋本（中華書局，一九八五年），集注據尚志鈞、尚元勝輯校本（人民衛生出版社，一九九四年），其餘據正統道藏本。

二、底本文字有證據表明錯誤或需要補加者，儘量於文中徑予改正或補加，並出校説明；其餘疑誤者，出校説明，但文中不作改動。

三、異體字直接改作通行字，間有例外；可明顯判斷的刻誤字徑改，不出校勘記；避諱字，凡闕筆者一律改正，改字者因情況複雜，一律不作改易，必要時出注説明。

四、注釋目的主要有二：（一）文獻梳理。原書很多内容層次不清，有的段落混亂，儘量予以梳理區分；原書内容出自他書但未作説明的，儘量查出來源；原書中有的小字注文與正文混淆，現雖難以一一甄別，但必要時出注説明。（二）内容釋義與辨誤。注釋採用的方法首先是書中不同卷之間的内證，其次是引用與書中内容相關或與本書時代相近的煉丹文獻和其他古文獻，第三是引用今人相關研究成果。

引用書目

按：該書目僅包括正文校釋部分所引文獻，按照書名拼音順序排列。

抱朴子内篇，晉葛洪撰，道藏第二八册，文物出版社、上海書店、天津古籍出版社，一九八八年。

抱朴子内篇校釋，晉葛洪撰，王明校釋，中華書局，一九八五年。

抱朴子神仙金汋經，道藏第一九册。

備急千金要方，唐孫思邈撰，人民衛生出版社影印本，一九五五年。

本草經集注，梁陶弘景撰，尚志鈞、尚元勝輯校，人民衛生出版社，一九九四年。

本草拾遺，唐陳藏器撰，尚志鈞輯釋，安徽科學技術出版社，二〇〇二年。

陳國符道藏研究論文集，陳國符，上海古籍出版社，二〇〇四年。

重修政和經史證類備用本草，宋唐慎微撰，人民衛生出版社影印本，一九五七年。

楚辭補注，宋洪興祖撰，中華書局，一九八三年。

大洞鍊真寶經九還金丹妙訣，唐陳少微撰，道藏第一九册。

大洞鍊真寶經修伏靈砂妙訣，唐陳少微撰，道藏第一九册。
大廣益會玉篇，梁顧野王著，中華書局，一九八七年。
道典論，道藏第二四册。
道藏源流考，陳國符，中華書局，一九六三年。
登真隱訣輯校，梁陶弘景撰，王家葵輯校，中華書局，二〇一一年。
漢書，漢班固撰，中華書局，一九六二年。
漢語大字典，漢語大字典編輯委員會編，四川辭書出版社、湖北辭書出版社，一九八六—一九九〇年。
鶡冠子彙校集注，黄懷信撰，中華書局，二〇〇四年。
後漢書，宋范曄撰，中華書局，一九六五年。
狐剛子及其對中國古代化學的卓越貢獻，趙匡華，自然科學史研究一九八四年第三期。
華陽陶隱居内傳，宋賈嵩撰，道藏第五册。
淮南子集釋，何寧撰，中華書局，一九八八年。
還丹歌訣，道藏第四册。
還丹衆仙論，北宋楊在集，道藏第四册。
簡帛數術文獻探論，劉樂賢著，中國人民大學出版社，二〇一二年。

晉書，唐房玄齡等撰，中華書局，一九七四年。
九轉流珠神仙九丹經，道藏第一九册。
舊唐書，後晉劉昫等撰，中華書局，一九七五年。
孔子家語，四部叢刊本。
列仙傳校箋，王叔岷撰，中華書局，二〇〇七年。
龍虎還丹訣，唐金陵子撰，道藏第一九册。
龍虎還丹訣頌，道藏第二四册。
吕氏春秋集釋，許維遹撰，梁運華整理，中華書局，二〇〇九年。
馬王堆漢墓帛書〔肆〕，馬王堆漢墓帛書整理小組，文物出版社，一九八五年。
名醫別録，梁陶弘景集，尚志鈞輯校，人民衛生出版社，一九八六年。
南齊書，梁蕭子顯撰，中華書局，一九七二年。
齊民要術校釋，後魏賈思勰著，繆啓愉校釋，中國農業出版社，一九八八年。
全上古三代秦漢三國六朝文，嚴可均輯，中華書局，一九五八年。
三十六水法，道藏第一九册。
三十六水法新證，韓吉紹，自然科學史研究二〇〇七年第四期。
上洞心丹經訣，道藏第一九册。

上清道寶經，道藏第三三册。
上清九真中經内訣，道藏第一九册。
攝生纂録，道藏第一〇册。
神農本草經，清孫星衍、孫馮翼輯，人民衛生出版社，一九六三年。
神仙傳校釋，晉葛洪撰，胡守爲校釋，中華書局，二〇一〇年。
神仙服餌丹石行藥法，道藏第六册。
十三經注疏，清阮元校刻，中華書局影印本，一九八〇年。
十洲記，道藏第一一册。
石藥爾雅，唐梅彪撰，道藏第一九册。
史記，漢司馬遷撰，中華書局，一九五九年。
水經注校證，北魏酈道元著、陳橋驛校證，中華書局，二〇〇七年。
隋書，唐魏徵等撰，中華書局，一九七三年。
舊唐書，後晉劉昫等撰，中華書局，一九七五年。
太白經，道藏第一九册。
太丹篇，道藏第一九册。
太極真人九轉還丹經要訣，道藏第一九册。

太平御覽，宋李昉等撰，中華書局影印本，一九六〇年。
太清金液神丹經，道藏第一八册。
太清金液神氣經，道藏第一八册。
太清經天師口訣，道藏第一八册。
太清石壁記，道藏第一八册。
太清玉碑子，道藏第一九册。
太上八景四蕊紫漿五珠絳生神丹方經，載上清太上帝君九真中經卷下，道藏第三四册。
太上洞玄靈寶大綱鈔，唐閭丘方遠述，道藏第六册。
太上靈寶五符序，道藏第六册。
太上衛靈神化九轉丹砂法，道藏第一九册。
太微靈書紫文琅玕華丹神真上經，道藏第四册。
通幽訣，道藏第一九册。
文選，梁蕭統編、唐李善注，上海古籍出版社，一九八六年。
西溪叢語，宋姚寬撰，孔凡禮點校，中華書局，一九九三年。
新唐書，宋歐陽修、宋祁撰，中華書局，一九七五年。
新修本草，唐蘇敬等撰，尚志鈞輯校，安徽科學技術出版社，二〇〇四年。

玄霜掌上録，道藏第一九册。

顔真卿書干禄字書，施安昌編，紫禁城出版社，一九九二年。

雁門公妙解録，道藏第一九册。

醫心方，日丹波康賴撰，高文柱校注，華夏出版社，二〇一一年。

疑難字續考，楊宝忠，中華書局，二〇一一年。

墉城集仙録，唐杜光庭集，道藏第一八册。

雲笈七籤，宋張君房編，李永晟點校，中華書局，二〇〇三年。

張真人金石靈砂論，道藏第一九册。

真誥，梁陶弘景撰，趙益點校，中華書局，二〇一一年。

枕中記，道藏第一八册。

中古道書語言研究，馮利華，巴蜀書社，二〇一〇年。

中國道教科學技術史南北朝隋唐五代卷，姜生、湯偉俠主編，科學出版社，二〇一〇年。

中國科學技術史化學卷，趙匡華、周嘉華，科學出版社，一九九八年。

中國歷史地名大辭典，史爲樂主编，中國社會科學出版社，二〇〇五年。

中國伊朗編，美勞費爾著、林筠因譯，商務印書館，一九六四年。

中國外丹黄白法考，陳國符，上海古籍出版社，一九九七年。

中華字海，冷玉龍、韋一心主編，中國友誼出版公司，二〇〇〇年。
中醫大辭典，李經緯等主編，人民衛生出版社，二〇一一年。
周易參同契，長生陰真人注，道藏第二〇册。
周易參同契分章通真義，五代彭曉注，道藏第二〇册。
周易參同契解，宋陳顯微注，道藏第二〇册。
周易參同契注（容字號），無名氏注，道藏第二〇册。
莊子集釋，清郭慶藩撰，中華書局，一九六一年。

黄帝九鼎神丹經訣卷之一 同卷二

黄帝受還丹至道於玄女。玄女者，天女也。黄帝合而服之，遂以登仙。玄女告黄帝曰：凡欲長生，而不得神丹金液，徒自苦耳[一]。雖呼吸導引，吐故納新，及服草木之藥，可得延年，不免於死也。服神丹令人神仙度世，與天地相畢，與日月同光，坐見萬里，役使鬼神，舉家昇虚，無翼而飛，乘雲駕龍，上下太清[二]，漏刻之間，周遊八極，不拘江河，不畏百毒。黄帝以傳玄子，誡之曰：此道至重，必以授賢者。苟非其人，雖積金如山，地方萬里，亦勿以此道洩之也[三]。得一足仙，不必九也。傳受之法，具以金人一枚重九兩，金魚一枚重三兩，投東流水爲誓[四]。金人及魚皆出於受道者也。先齋沐浴，設一玄女座於水上無人之地，燒香上白：欲以長生之道用傳某甲，及以丹經著案上[五]，置座在此，今欲受道[六]。向北伏，一時之中若天晴無風，可受之。受之[七]共飲白雞血爲盟，並傳口訣合丹之要，及投金人金魚於水。萬兆無神仙骨之者，終不得見此道也。

【校釋】

〔一〕「凡欲長生而不得神丹金液徒自苦耳」，抱朴子金丹引述九鼎丹經文没有這句話，但葛洪在篇首説：「故老子之訣言云，子不得還丹金液，虚自苦耳。」（頁七一）

〔二〕「太清」，該詞先秦時已出現。莊子天運曰：「行之以禮義，建之以太清。」成玄英疏云：「太清，天道也。」（莊子集釋，頁五〇二—五〇三）鶡冠子度萬曰：「唯聖人能正其音，調其聲，故其德上及太清，下及泰寧，中及萬靈。」陸佃注：「太清，天也。泰寧，地也。」（鶡冠子彙校集注，頁一五五—一五六）可見先秦時「太清」已有「天」之義。最遲至西漢，太清與神仙思想結合起來。楚辭載劉向九歎遠遊曰：「譬若王僑之乘雲兮，載赤霄而淩太清。」王逸注：「譬若仙人王僑乘浮雲載赤霄，上淩太清，游天庭也。」（楚辭補注，頁三〇九）隨後又出現關於太清天的詳細解釋。抱朴子雜應云：「或用棗心木爲飛車，以牛革結環劍以引其機，或存念作五蛇六龍三牛交罡而乘之，上昇四十里，名爲太清。太清之中，其氣甚罡，能勝人也。師言鳶飛轉高，則但直舒兩翅，了不復扇摇之而自進者，漸乘罡炁故也。龍初昇階雲，其上行至四十里，則自行矣。此言出於仙人，而留傳於世俗耳，實非凡人所知也。」（頁二七五）六朝時期，太清成爲三清天（玉清、上清、太清）之一，居最下層。

〔三〕按本卷所言，九鼎丹經由玄女授黄帝，黄帝授玄子。但卷二云，還丹之九法蓋九天元道君九方之上經，上古真人王喬、赤松子、黄帝受之於玄女。黄帝合服九鼎丹的故事濫觴於漢代頗爲流行的黄帝鑄鼎於荆山而仙去的傳説。據史記封禪書記載，「黄帝采首山銅，鑄鼎於荆山下。鼎既成，有龍垂胡髯下迎黄帝。黄帝上騎，群臣後宫從上龍七十餘人，龍乃上去。餘小臣不得上，乃悉持龍髯，龍髯拔，墮黄帝之弓。百姓仰望黄帝既上天，乃抱其弓與胡髯號，故後世因名其處曰鼎湖，其弓曰烏號。」（頁一三九四）該傳説本出於武帝時方士公孫卿之口，後來被煉丹家篡改附會，遂有黄帝九鼎神丹。關於該丹法的傳授過程，本書記載非常簡單，蓋至漢末已增衍甚多。抱朴子曾言及黄帝「陟王屋而受丹經，到鼎湖而飛流珠」（極言）、「還陟王屋，得神丹金訣記」（地真）等。唐代時更有進一步發展。如雲笈七籤卷一百軒轅本紀云：「黄帝捨帝王之尊，託猳豚之文，登雞山，陟王屋山，開石函，發玉笈，得九鼎神丹注訣……黄帝鍊九鼎丹服之。逮至鍊丹成後，以法傳於玄子，此道至重，盟以誡之。」（頁二一八一、二一八三）又如太白經引黄帝聖記經云：「黄帝又登王屋山，開石函，發玉笈，得九鼎神丹飛雪爐火之道。黄帝復到峨嵋山見天真皇人，禮請神仙之道。皇人曰：子豈不知天有玄一，生於太陽，名爲流珠，爲衆妙之門，得而修之，可令子長生，昇雲飛朝玉帝。黄帝拜受，於荆山鑄金鼎，修合流珠大還神丹，令傳後人，而於鼎湖服而上昇。時有大臣七十二人，得丹服者，亦從黄帝上昇。先是黄帝恐金丹道絶，授與元子（即玄子）九鼎神丹，令傳後人，而誡之曰：此道至重，必以授賢。苟非其人，自招災咎。元子則齋於東明山，以金魚投於東流水，歃血而盟。後元子又傳東山子，自此以聖傳聖，

以賢傳賢，以仁傳仁，得道者不可勝計。」（頁三三七）

〔四〕「投東流水爲誓」，太極真人還丹經要訣云，師受盟誓信物，「當營散以施山栖之寒學，不得自割以爲身用，所以明天約也，示無私矣」（頁一二）。投信物於流水的含義蓋與此類似。將盟誓信物投於流水春秋時已有之。如史記晉世家記載「文公元年（前六三六）春，秦送重耳至河。咎犯曰：『臣從君周旋天下，過亦多矣。臣猶知之，況於君乎？請從此去矣。』重耳曰：『若反國，所不與子犯共者，河伯視之！』乃投璧河中，以與子犯盟。（頁一六六〇）另外，東流水不僅用於丹法傳授盟誓中，合丹亦須用東流水，它是丹屋選址的重要因素之一。如合金液當「於名山之側，東流水上，別立精舍，百日成」（抱朴子，頁八三）。爲此甚至可以人力開鑿得之。真誥卷十一陶弘景注文云，「……復有一穴，湧泉特奇，大水大旱，未嘗增減，色小白而甘美柔弱，灌注無窮。但恨在山西，自不得東流耳。亦别開決，作東流用之。」（頁一九九）不過本書卷五又指出，合藥時若「大山無東流水，西流亦得」。按對東流水的使用並非創始於煉丹家，馬王堆出土的西漢初期帛書養生方中制藥便用「東行水」（馬王堆漢墓帛書〔肆〕，頁一一五）。

〔五〕「及以丹經著案上」，心訣作「及丹經盟信之物著案上」。

〔六〕「受道」，原文作「夾道」，心訣作「受道」，下句作「受之」，故「夾」字當誤。據心訣改。

〔七〕「受之」，心訣無此二字。

黄帝曰：欲合神丹，當於深山大澤，若〔一〕窮里曠野無人之處。若於人中作之，必於高牆厚壁，令中外不見，亦可也。結伴不過二三人耳〔二〕。先齋七日，沐浴五香，置加精潔，勿經穢汙喪死嫁女〔三〕之家相往來。

【校釋】

〔一〕「若」，心訣作「或」。「若」亦可作連詞，相當於「或」、「或者」。

〔二〕「結伴不過二三人耳」，流珠經云：「合藥不過二人至三人，二人同心，其利斷金。」「二人同心，其利斷金」語出易系辭上。

〔三〕「嫁女」，心訣作「嫁娶」。

黄帝曰：欲市其神藥，必先齋七日，以子丑日沐浴，以執日〔一〕市之，當於月德〔二〕地坐，勿與人争貴賤〔三〕。

玄女曰：作藥以五月五日大良，次用七月七日，始以甲子，丁巳開除〔四〕之日爲善，甲申、乙巳、乙卯次之。作藥忌日：春戊辰、己巳，夏丁巳、戊申、壬辰、己未，秋戊戌、辛亥、庚子，冬戊寅、己未、癸卯、癸酉，及月殺〔五〕、反支〔六〕、天季〔七〕、四孟仲季〔八〕、月收〔九〕、壬午、丙戌、癸亥、辛巳、月建〔一〇〕、諸朔望，皆凶，不可用以起火合神藥〔一一〕。慎不得與俗間愚人交通，勿令嫉妬多口舌人、不信道者聞知之也，神藥不成〔二〕。神藥成，便爲真人，上天入淵，變化恍惚，可以舉家皆仙，何但一身？俗人惜財，不合丹藥，反〔三〕信草木之藥。且草木藥埋之即朽，煮之即爛，燒之即焦，不能自生，焉能生人？可以療病益氣，又不免死也。還丹至道之要，非凡所聞。

【校釋】

〔一〕「執日」，「執」爲建除十二神之一。建除十二神，又稱建除十二客、十二直，即建、除、滿、平、定、執、破、危、成、收、開、閉，建除家以之與十二地支相配，以占日辰的吉凶。如淮南子天文訓曰：「寅爲建，卯爲除，辰爲滿，巳爲平，主生。午爲定，未爲執，主陷。申爲破，主衡。酉爲危，主杓。戌爲成，主少德。亥爲收，主大德。子爲開，主太歲。丑爲閉，主太陰。」（頁二六二）

〔二〕「月德」，叢辰名，月中之德神。如攝生纂録推月德法云，正月德在丁，二月在坤，三月在壬，四月在辛，五月在乾，六月在甲，七月在癸，八月在艮，九月在丙，十月在乙，十一月在巽，十二月在庚（頁七一二）。

〔三〕卷十亦有市藥法，内容與本卷有所不同。

〔四〕「開除」，見上「執日」條。

〔五〕「月殺」，陰陽家、選擇家所謂的每日當值兇惡神煞之一。

〔六〕「反支」，原文誤作「及支」，心訣同誤。反支，陰陽家所謂的凶日。後漢書王符傳云「明帝時，公車以反支日不受章奏」，注曰：「凡反支日，用月朔爲正。戌、亥朔一日反支，申、酉朔二日反支，午、未朔三日反支，辰、巳朔四日反支，寅、卯朔五日反支，子、丑朔六日反支。見陰陽書也。」（頁一六四〇）

〔七〕「天季」，醫心方卷二「針灸服藥吉凶日第七」引湛餘經云：「天季日：正月子、二月卯、三月午、四月酉、五月子、六月卯、七月午、八月酉、九月子、十月卯、十一月午、十二月酉。右日不可用。」又有按語：「耆婆方云：天獄日也。太清經云：不得和藥、服藥。」（頁七一—七二）有學者認爲，「天季」乃「天李」之訛，後者在出土秦漢簡書中有記載（劉樂賢簡帛數術文獻探論，頁二六八—二七二）。

〔八〕「四孟仲季」，即四孟、四仲、四季，分别指四季中的第一、二、三個月。

〔九〕「月收」，見上「執日」條。

〔一〇〕「月建」，叢辰名，陽建之神。正月建寅，順行十二辰爲月建，其所在之方被認爲不宜戰鬥攻伐，所值之日宜封建視事，不宜興造。

〔一一〕本書所載作丹忌日多數與太清金液神丹經所載忌日相合，後者爲：春戊辰、己巳，夏丁巳、戊申、壬辰、己未，秋戊戌、辛亥、庚子，冬戊寅、壬戌、己卯、癸酉，及月殺、反支干、孟仲季、月收閉、丙戌、丁亥、壬戌、癸亥、辛巳、月建、諸晦朔、上朔、八魁、往亡日，皆凶不成。

（頁七四八）

〔二〕抱朴子金丹云：「合此金液九丹，既當用錢，又宜入名山，絶人事……第一禁，勿令俗人之不通道者，謗訕評毀之，必不成也。鄭君言所以爾者，合此大藥皆當祭，祭則太乙元君老君玄女皆來鑒省。作藥者若不絶跡幽僻之地，令俗間愚人得經過聞見之，則諸神便責作藥者之不遵承經戒，致令惡人有謗毀之言，則不復佑助人，而邪氣得進，藥不成也。必入名山之中，齋戒百日，不食五辛生魚，不與俗人相見，爾乃可作大藥。」（頁八四—八五）

〔三〕「反」，原作「及」，據文意及抱朴子改（頁七四）。

黄帝曰：起火時，當於釜邊施祭。以好白酒五升，牛羊脯各三斤，黄粱米飯二升〔一〕，大棗三升，梨一斗，熟雞子三十枚，鯉魚三頭，各重三斤。凡用皆三案，案皆用二杯燒香，再拜，祝曰：小兆臣某共誠惟大道君、老君、太和君，哀小兆臣某貪生樂道，某令藥不飛不亡〔二〕，皆使伏火，藥已好善，隨手變化，黄白悉伏，服藥飛仙，朝於紫宫，命長無極，得至真人。行酒起，再拜畢，諸赤菓木〔三〕橘柚皆上之訖，然放火如法〔四〕。

【校釋】

〔一〕「二升」，心訣作「三升」。

〔二〕「哀小兆臣某貪生樂道，某令藥不飛不亡」，此句疑有脱字，心訣作「哀小兆臣某貪生樂道，轉鍊神丹，願祈使某令藥不飛不亡」。

〔三〕「赤菓木」，卷二十作「赤色木果」。

〔四〕「然放火如法」，心訣作「然後造藥行火如法」。

黄帝曰：欲作神丹，皆先作玄黄〔一〕。玄黄法：取水銀十斤，鉛二十斤，納鐵器中，猛其下火，鉛與水銀吐其精華，華紫色，或如黄金色，以鐵匙接取，名曰玄黄，一名黄精，一名黄芽，一名黄輕。當納藥於竹筒中百蒸之，當以雄黄丹砂水〔二〕和飛之。雄黄丹砂水在三十六水中〔三〕。

【校釋】

〔一〕「玄黄」，語出易坤卦：「上六，龍戰於野，其血玄黄。」文言曰：「夫玄黄者，天地之雜也，天玄而地黄。」此藥由煉丹術最重要的兩種藥物水銀（陽）和鉛（陰）合煉而成，是諸丹至爲關鍵之物，故有玄黄之稱。周易參同契「雄陽播玄施，雌陰化黄色」句題陰長生注曰：「坤文言曰玄黄者，天地之雜色，天玄地黄，即是陰陽相交也。雄陽者，武中之武；雌陰者，陰中之陰。猛武之氣既施，弱水之姿潛轉，一寒一暑，變化黄色之芽，即此謂也。」（頁六八——六九）玄黄有時直接稱天玄地黄，簡稱天玄，如太清金液神氣經卷上太皇君合神丹之要云，

「如是治藥畢，又用天玄地黄以薦覆之……」（頁七七七）。

〔二〕「雄黄丹砂水」，指雄黄水和丹砂水。此處未言用量，卷二十九鼎丹隱文訣云各一斤。

〔三〕玄黄法又見卷十七，且有訣法。

黄帝曰：又當作六一泥〔一〕。泥法：用礬石、戎鹽、鹵鹹、礜石四物，先燒，燒之二十日〔二〕，東海左顧牡蠣〔三〕、赤石脂、滑石，凡七物分等〔四〕，多少自在，合擣萬杵，令如粉，於鐵器中合裹〔五〕，火之九日九夜，猛其下火，藥正赤如火色，可復擣萬杵，下絹篩，和百日華池以爲泥，當開，以泥赤土釜〔六〕。土釜令可受八九升，大者一斗，塗之令内外各厚三分，暴之於日中十日，令乾燥。乃取胡粉燒之，令如金色，復取前玄黄各等分，和以百日華池，令土釜内外各三分〔七〕。暴之十日，令大乾燥，乃可用飛丹華矣。又法，作藥釜及六一泥訖之時，著瓮内蓋口陰乾，瓮去地三四尺，勿令濕。

【校釋】

〔一〕「六一泥」，六一合作七，丹家秘之，故稱六一泥。亦有稱五二者。六一泥種類繁多，原料也不僅限於七種，正如卷七所言，「諸丹用者皆云六一，亦有不皆七種，各自有法，唯有取牢密耳」。

〔二〕「先燒燒之二十日」，卷七「六一泥法」與流珠經均作「先燒之二十日」，此句或衍一「燒」字。

〔三〕「東海左顧牡蠣」，神農本草經載牡蠣，陶弘景注云：「今出東海，永嘉、晉安皆好。道家方以左顧者是雄，故名牡蠣；右顧則牝蠣爾。生著石，皆以口在上，舉以腹向南視之，口邪向東則是。或云以尖頭爲左顧者，未詳孰是。例以大者爲好。又出廣州，南海亦如此，但多右顧不用爾。丹方以泥釜，皆除其甲口，止取朏朏如粉處爾。」（集注，頁四〇七）

〔四〕抱朴子金丹引九鼎丹經所記六一泥法與本卷之方不同，其法云：「用雄黄水、礬石水、戎鹽、鹵鹽、礜石、牡蠣、赤石脂、滑石、胡粉各數十斤，以爲六一泥。」（頁七四）

〔五〕「合裹」，流珠經無此二字。「裹」疑爲「裹」之誤。

〔六〕「當開，以泥赤土釜」，流珠經的操作爲：「……下鮮支篩，和以善百日醯，以和諸藥，名曰六一泥，以塗兩赤土釜内外……」鮮支即絹帛，如太上靈寶五符序卷中云：「真人曰：文用朱兒，帛用鮮支，盛用鮮支囊。古人名丹砂爲朱兒，絹帛爲鮮支也。」（頁三三二）

〔七〕「和以百日華池，令土釜内外各三分」，此句當有脱字，流珠經的記載完整，云：「和以百日華池，令如泥，治之萬杵，以塗兩赤土釜裏厚三分，復塗其外厚三分。」

第一神丹名曰丹華。作之法：用真砂一斤，亦可二斤，亦可十斤，多少自在，隨人富貧，納釜中，云以鹵鹹覆擣之〔一〕。以六一泥塗釜口際會〔二〕，無令泄也。謹候視之，勿令有拆〔三〕，如髮則藥皆飛失其精華，但服其糟滓無益也。塗訖，乾之十餘日，乃可用。不乾燥，不可火之也。先以馬通糠火〔四〕去釜五寸，溫之九日九夜；推火附之，又九日九夜；釜著火上，復九日九夜；以火擁釜半腹，又九日九夜。凡三十六日，可止火〔五〕。一日寒之，藥皆飛著上釜，如五彩琅玕，或如奔星，或如霜雪，或正赤如丹，或青，或紫。以羽掃取，一斤減四兩耳〔六〕。若藥不伏火者，當復飛之，和以玄水液、龍膏澤〔七〕，拌令浥浥〔八〕，復置玄黄赤土釜中，封其際如始法，猛火飛之，三十六日藥成，凡七十二日畢矣。欲服藥，齋戒沐浴五七日，焚香，乃以平旦東向禮拜，長跪服之如大黍粟，亦可如小豆。上士服之，七日乃升天；中士服之，七十日得仙；愚人服之，以一年得仙成。以其丹華釜飛第一之丹，及九丹一切神丹，大善也。

玄女曰：作丹華成，當試以作金，金成者，藥成也，金不成者，藥不成。藥未伏火而不可服也，或塗釜不密，或是犯禁所致，云更准前飛之。試之龍膏〔九〕，丸之如小豆者，致猛火上，鼓囊吹之，食頃即成黄金。又以二十四銖丹華點粉汞一斤，亦成黄金〔一〇〕。黄金成，以作筒盛藥。又以一銖丹華投汞一斤，若鉛一斤，用武火漸令猛吹之，皆成黄金也〔一一〕。

斤與銖慎勿多，多則金剛，少則金柔，皆不中摴也。又云：金若成，世可度，金不成，命難固，徒自損費，何所收護也〔一二〕？

【校釋】

〔一〕「云以鹵鹹覆擣之」，此句前當脱「一」字。

〔二〕「釜口際會」，即釜口合縫處。

〔三〕「拆」同「坼」，裂縫。

〔四〕「馬通糠火」，馬通與糠擇其一用之。流珠經云無馬屎，用糠火，可見馬通較糠爲佳。

〔五〕以上步驟原文有脱漏，僅有三九二十七日，本無「釜著火上，復九日九夜」一句，現據流珠經補入：「煴之九日九夜，推火附之九日九夜，釜著火上復九日九夜，火壅釜半復九日九夜，凡火之四九三十六日。」

〔六〕「一斤減四兩耳」，流珠經「於此句之後云」：「藥伏火不起，名曰丹華。」（頁七五五四）。

〔七〕「龍膏澤」，流珠經云龍膏液及龍膏澤即桑上露。太清金液神丹經亦云龍膏澤即桑上露。

〔八〕「浥浥」，浥，濕潤。陳國符云，「令浥浥」即使藥能團如雞子（中國外丹黄白法考，頁一五八——一五九）。

〔九〕「試之龍膏」，指丹華和以龍膏。龍膏，抱朴子金丹引九鼎丹經作玄膏。本書卷二十云，經中或單言龍膏，或言土龍膏，無二義也，皆是白項曲蟮也。於器中以鹽塗覆之，皆消爲水，以溲飛精。陶弘景集注白頸蚯蚓條云：「白頸是其老者爾，取破去土，鹽之，日暴，須臾成

水，道術多用之。」（頁四四六）

〔一〇〕「此試金法與抱朴子」金丹引九鼎丹經文不同，後者爲：「又以二百四十銖合水銀百斤火之，亦成黄金。」（頁七四）

〔一一〕抱朴子神仙金汋經卷上注文引述有九鼎丹的試金法，云：「今依九丹經試作金銀法小試之耳，九丹一銖丹華，投水銀一斤，即成金也。人以丹華投鉛一斤，亦成。依此爲例。其法當取水銀若鉛，内鐵器中燒，使水銀若鉛大沸良久，乃以藥投中，以鐵耗之，須臾下地凝成也。」（頁二〇五）

〔一二〕本句與流珠經引文稍有不同，後者爲：「金可作，世可度。金不可作，但自誤。」

第二神丹名曰神符也。取無毒水銀〔一〕，多少自納在六一泥釜中〔二〕，封之乾訖，一如調治丹華法也，飛之九上下。寒發掃取，和以鯉魚膽〔三〕，復封塗如初，復飛之九上下。寒發掃取，和以龍膏，名曰神符〔四〕。

取鉛黄華十斤〔五〕置器中，以炭火之，即又取水銀七斤投鉛中，猛火之，須臾精華俱上出，狀如黄金，又似流星、紫赤流珠、五色玄黄。即以鐵匙接取之，得十斤，即化九轉〔六〕，名曰丹華之黄，一名玄黄之液，一名天地之符。即擣治汞化爲丹，名曰還丹〔七〕。聖人祕之，非凡俗道士之所知見也，非殊達者不能知也。火名子明，汞亦名子明。一者，鉛精也，一名太陰，一名金公，一名河車，一名姹女，一名立制石。下愚治調，直用山中立制石，實非也。真人曰：石膽皆出鉛中，凡人愚昧，治調神藥反用羌里石膽[八]，非也。去道萬里，爲藥故不成也。真人曰：以丹砂精化爲流珠霜雪，鉛精化爲還丹，黃白乃成，服之神仙矣。不用此二物調治藥，雖得丹，服之猶候死矣。太陰者鉛也，太陽者丹也。

取汞九斤，鉛一斤，合置赤土釜中，猛火上從平旦至日午上晡[九]，一云日下時[一〇]，水銀與鉛精俱出，如黃金色，名曰黃精，一名黃芽，一名黃輕，一名黃華[一一]。以井華水火之，名曰黃華池，一名黃龍，一名黃服，一名立制石[一二]。取玄黃和以玄水液，合如封泥，丸之納赤土釜中，以六一泥內伏之[一三]，令各厚三分，令乾十日，無令泄，以馬通若糠火火之八十日[一四]，當成金藥[一五]。取玄黃一刀圭[一六]，納猛火，以鼓囊吹之，食頃皆消成黃金。黃金若不成，藥仍生，未可用也，當更納赤土釜中，如前封泥，火之八十日[一七]，藥乃可用服矣。玄黃一名伏丹，一名紫粉。欲服之，當以甲子日平旦向東[一八]再拜，服如小豆，吞一丸，日一，百日神仙，萬病皆愈，大癲大癩並愈，無所不瘥。

即服以百日華池和玄黃[一九]，令如泥，以置苴[二〇]兩赤土釜中，內外各厚三分。納水銀一斤[二一]，亦可十斤，作藥多少任意，三斤可以仙一人耳，可得玄黃精十兩[二二]。取汞三斤[二三]納土釜中，復以玄黃覆其上，厚二寸許，以一土釜合之，封以六一泥，外內固濟，無令泄，置日中暴令大乾，乃火之。濕者不可，得火即拆破。如調丹華法，以馬通若糠火火之九日夜，寒一日，發之，藥皆飛著上釜，狀如霜雪，紫紅朱緑，五色光華，厚二分寸餘〔二四〕。以羽掃取之，和以黄狗大膽。亦可以河伯餘，魚者，訣云是鯉魚膽，和之。一云以此玄黄令如封泥，注云「其所丸之物，訣云是水泉也」，復丸納土釜中，已下同〔二五〕。丸納土釜中，復以玄黄覆之，令厚一寸，一云釜合蓋之〔二六〕，以六一泥封之如初法，暴十日，令大燥，乃火之〔二七〕。濕者不可也，得熱釜即拆也。復火九日夜可止。一日寒之，發開，以羽掃取著上釜精飛，若但紫〔二八〕，名曰神符還丹。和以龍膏，丸如小豆，常以甲子平旦東向〔二九〕再拜，長跪服之，百日與仙人相見，玉女來至，於是從諸神方而飛行矣。欲渡大水，和神符以龍膏，若河伯餘，以塗足下，行水上足不没溺也。欲入火，服一丸即不熱也〔三〇〕。服藥百日，三尸九蟲〔三一〕皆自敗壞，長生不死也〔三二〕。

【校釋】

〔一〕「無毒水銀」，流珠經無「無毒」二字。按東漢初煉丹家已認識到某些金屬有毒，並發明了去毒法，如神農本草經云，水銀「殺金銀銅錫毒，鎔化還復爲丹」。但尚無證據表明當時煉丹家認識到水銀有毒。至南北朝，金石毒性及去毒法成爲煉丹術的一項重要内容，幾乎所有的金石藥包括水銀都被認爲有毒，必須去毒方可用於煉丹，九鼎丹經訣卷十一即述水銀長生及調鍊去毒之術。

〔二〕「多少自納在六一泥釜中」，本書其餘各處均言「多少自在」，「納在」疑爲「在納」之誤。

〔三〕「鯉魚膽」，神農本草經云，鯉魚膽「主治目熱赤痛，青盲，明目。久服强悍，益志氣」。陶弘景注曰，鯉魚「最爲魚之主，形既可愛，又能神變，乃至飛越山湖，所以琴高乘之」（集注，頁四三三）。

〔四〕本卷神符法與流珠經有所不同，流珠經法爲：「取水銀，多少自在，置赤土釜中，飛之九上九下，和以鯉魚膽，復取水銀，多少自在，封塗閉固如法丹華法，復九上九下，和以龍膏，名曰神符。」

〔五〕「十斤」，流珠經作「一斤」。

〔六〕「即化九轉」，卷十二談及此丹云「三作九轉」，卷二十第二丹文曰「本經云三作九轉」，流珠經作「即三化九轉」，此處疑脱「三」字。

〔七〕「名曰還丹」，流珠經又云「乃名曰仙藥神丹」。另抱朴子金丹引九鼎丹經云：「第二之丹名曰神丹，亦曰神符。」但本書卷二引抱朴子文無「曰神丹亦曰」五字。三化九轉以及治汞化爲丹的詳細方法本卷没有記載，可參見卷二十九鼎丹隱文訣第二丹訣中的第一法。

〔八〕「羌里石膽」，名醫别録云：「石膽……生羌道、羌里句青山。」（頁五）

〔九〕「日午上晡」，日午，中午。晡，申時，午後三時至五時，上晡即三時。

〔一〇〕「二云日下時」，流珠經云「從平旦至日落下時」。

〔一一〕該法實際上也是玄黄法，其異名中流珠經無「黄華」，「黄精」作「玄黄精」。太清金液神丹經中亦載此法，異名略有差異，云：「復取水銀九斤、鉛一斤，置土釜中，猛其火，從旦至日下晡，水銀鉛精俱出，如黄金，名曰玄黄，一名飛輕，一名飛流。」（頁七五一）

〔一二〕「以井華水……一名立制石」，流珠經文與此有較多差異，云：「以丹華水（火）之，名曰黄池，一名黄華，一名黄龍，一名玄制石。」井華水，宋嘉祐本草云，「此水井中平旦第一汲者」。（證類本草，頁一三〇）

〔一三〕「以六一泥内伏之」，流珠經作「封以六一泥」。

〔一四〕「八十日」，流珠經作「八十一日」。

〔一五〕「當成金藥」，流珠經作「當庚辛」，並緊接着説：「庚辛者，黄金之名也。真人祕之，不言黄金，故字金爲庚辛。」

〔一六〕「刀圭」，集注序録云：「凡散藥有云刀圭者，十分方寸匕之一，准如梧子大也。方寸匕者，作匕正方一寸，抄散取不落爲度……一撮者，四刀圭也。十撮爲一勺，十勺爲一合……凡丸藥有云如細麻者，即今胡麻也，不必扁扁，但令較略大小相稱耳。如黍粟亦然，以十六黍爲一大豆也。如大麻者，即大麻子准三細麻也。如胡豆者，今青斑豆也，以二大麻子准之。如小豆者，今赤小豆也，粒有大小，以三大麻子准之。如大豆者，二小豆准之。如梧

子者，以二大豆准之。一方寸匕散，蜜和得如梧子，准十丸爲度。如彈丸及雞子黄者，以十梧子准之。」（頁三八—三九）

〔一七〕「八十日」，流珠經作「九九八十一日」。

〔一八〕「向東」，流珠經作「東向日」。

〔一九〕「即服以百日華池和玄黄」，「服」當通「復」。流珠經文作「即復取玄黄和以百日華池」。

〔二〇〕「苴」，可釋爲布、鋪墊，相當於「塗」，如本卷第八丹有「以玄黄華苴其土釜」之語，卷十七「玄白法」云「九鼎第八服丹法訣，以玄黄若玄白一斤布釜底。」

〔二一〕「一斤」，流珠經取三斤。

〔二二〕「可得玄黄精十兩」，此句對應「納水銀一斤」一句。流珠經云「飛一斤可得十兩飛玄黄」。

〔二三〕「三斤」，流珠經取一斤。

〔二四〕對所得產物的描述，流珠經與本卷不同，其文爲：「水銀皆飛上著釜裏，狀如雪霜，紫赤鴻生，五色也，故言『五色光顏厚寸餘』。」「厚二分寸餘」當作「厚二寸餘」。

〔二五〕「一云……已下同」，爲撰者所加注文，其内容與流珠經不同（流珠經僅云合如封書泥），顯然來自另外一種九鼎丹法傳本，「注云」、「訣云」透露出這種傳本又包含注訣。

〔二六〕「一云釜合蓋之」，流珠經云「以一赤土釜合蓋之」。

〔二七〕「令大燥乃火之」，流珠經强調用微火加熱：「大乾燥，乃可熅之。熅者，不可燒也，稍熱釜坼也，失大藥也。」

〔二八〕「精飛若但紫」，流珠經作「飛精鴻紫」。「精飛」疑爲「飛精」之誤。

〔二九〕「甲子平旦東向」，流珠經僅言「平旦東向日」。

〔三〇〕「欲入火，服一丸即不熱也」，流珠經與抱朴子金丹引九鼎丹經文皆無入火不熱之功效。

〔三一〕「三尸九蟲」，抱朴子微旨云：「按易内戒及赤松子經及河圖記命符皆云，天地有司過之神，隨人所犯輕重，以奪其算，算減則人貧耗疾病，屢逢憂患，算盡則人死，諸應奪算者有數百事，不可具論。又言身中有三尸，三尸之爲物，雖無形而實魂靈鬼神之屬也。欲使人早死，此尸當得作鬼，自放縱遊行，享人祭酹。是以每到庚申之日，輒上天白司命，道人所爲過失。」（頁一二五）

〔三二〕第二丹的内容比較混亂，實包括多種藥物的制法。如第一和最後一種爲神符（後者遠較前者爲詳），第二種爲丹華之黄，第三種爲玄黄，第四種爲玄黄精。這些制法之間似乎缺乏銜接，或許出自不同的文本。甚至有的文字很突兀，讓人覺得不知從何而來，如真人云云，如對「子明」、「一者」的解釋等等，事實上它們與流珠經第二丹之歌文注釋内容相合，但有較多省略，或出自該書。

第三神丹名曰神丹也。先以六一泥泥兩赤土釜内外，令厚各三分〔一〕。又取牡蠣、赤石脂、磁石。法無磁石，存本不改〔二〕。凡三物分等，調治之萬杵，令如粉，和以百日華池，令浥。一云以苴釜中，塗釜內，服〔三〕又以玄黃華著此苴上，令厚一寸許〔四〕。乃取帝男二斤，雄黃也。帝女一斤，雌黃也。先以百日華池小沾之濡之〔五〕，乃即上不敢飛。乃鐵臼中調擣之萬杵，令如粉，上釜中，復蓋以玄黃粉〔六〕，令厚一寸許，以一釜合之，封以六一泥，勿令泄氣。乾之十日，乃以馬通糠火火之九日夜，火去釜邊五寸也；以推火擁之，九日夜也；推火至釜下〔七〕，猛火九日夜；以火〔八〕壅至釜半腹，火之九日夜止，凡三十六日。一日寒之，以羽掃飛精上著者，和以龍膏，通納釜中也，復泥封之乾之，復火之三十六日，一云二十七日止〔九〕。一日寒發之，以羽掃取之，名曰飛精，治之者曰神丹。上士服之一刀圭，日一，五十日神仙；中士服之，百日；愚人服之，一年乃神仙矣。凡夫男女小兒奴婢六畜以與服之，皆仙而不死矣。辟五兵，帶繫之，夫神多所衛護辟兵。服丹百日，諸神仙來迎之，即玉男即玉女即玉童山卿澤尉皆來侍從，見形如人。度代無種，事在人耳〔一〇〕。

【校釋】

〔一〕「令厚各三分」，意思即令各厚三分。

〔二〕「法無磁石，存本不改」，此句當爲撰者所加注文誤入正文，句首當脫一「一」字。

〔三〕「服」，通「復」。

〔四〕據以上所言，第三神丹使用三種泥，首先用六一泥塗釜内外，次用牡蠣、赤石脂、磁石泥塗釜内，其上再塗以玄黄華泥。流珠經也提到這三種泥，但塗抹順序與本書不同，後兩種顛倒。

〔五〕「小沾之濡之」，陳國符謂「沾」字當誤，應作「沾」（中國外丹黄白法考，頁一六六）。濡，沾濕，浸漬。

〔六〕「玄黄粉」，原文作「黄粉」，流珠經作「玄黄粉」，據改。

〔七〕「下」，原文作「一日」，據流珠經改。

〔八〕「火」，原文作「大」，據流珠經改。

〔九〕「一云二十七日止」，流珠經即云二十七日。

〔一〇〕「服丹百日……事在人耳」，流珠經的内容較此詳細，更容易理解，其文云：「坐使諸神，言服神丹百日，諸仙下迎，真人玉女玉童素女青腰諸百鬼山卿澤尉皆來侍從。道人度世無種，事在人耳，奴婢雞狗皆可得仙，凡人服藥亦皆然。」「種」是東晉中期以降道教終末論的一個重要概念。在道教終末論中，那些能夠從天地大劫災中存活下來的一小部分善人稱爲種民或種人。服神丹者不論身世皆可成仙，很明顯是煉丹家針對道教終末論之言。

第四神丹名曰還丹。取礬石、礜石、代赭、戎鹽、牡蠣、赤石脂、土龍矢、雲母、滑石，凡九物，皆燒之一日一夜，猛其火，皆合治擣令如粉，和以左味，令如泥，以苴一釜中〔一〕。納汞一斤，次以帝男，次以曾青，次以礬石、亭脂〔二〕，次以鹵鹹，次以太一禹餘糧，次以礜石〔三〕，礜石在上，而水銀獨在下也。凡七物〔四〕各異器調擣之，令如粉，以水銀一斤獨在下，餘先乃以次納之。以一釜合上，以左味和六一泥泥之，封令密。暴之十日，置鐵弋三柱〔五〕上，令高九寸，以馬通糠火火之〔六〕，去釜底五寸。候其火九日夜没，增火至釜半腹，九日夜。常以濕布加釜上〔七〕，令藥不飛，視布乾，取復濡濕之。凡八十一日止〔八〕。寒之一日，發之，藥皆飛著上釜，釜出五色，飛法一同藥之要也。以雞羽掃取之，合以百草花，以井華水一服之〔九〕，一百日朱雀鳳凰翔覆其上，神人玉女至；二百日登天入地，仙人來侍；一年太一以雲車龍馬迎之矣。服此丹令人不飢不渴百歲，輒飲石泉，食棗栗二十枚〔一〇〕，牛羊脯五寸。又以還丹塗錢用市物，錢即日皆自還至。以還丹書人目匡郭上，百鬼皆走避去。又以藥一刀圭，粉水銀一斤，火之立成黄金。一法以龍膏和藥，火之九日夜，乃成真金也〔一一〕。

【校釋】

〔一〕「以苴一釜中」，流珠經云苴塗土釜内外令各厚五分，陰乾十日。

〔二〕「次以礬石、亭脂」，先礬石，次石亭脂。流珠經作「次以礬石，次以硫黄」。亭脂，即石亭脂，石硫黄之别名。

〔三〕「礜石」，原文作「礬石」。因上文已用礬石，且緊接下文云「礜石在上」，可知「礬石」乃「礜石」之訛。又流珠經亦作「礜石」，據改。

〔四〕「七物」，除汞以外的其餘藥物，即雄黄、曾青、礬石、石亭脂、鹵鹹、太一禹餘糧、礜石。

〔五〕「鐵弋三柱」，流珠經用「鐵五柱」。關於其含義，參見卷七「鐵鑌釴法」注釋。

〔六〕「以馬通糠火火之」，流珠經强調加熱時「微其火」。

〔七〕「常以濕布加釜上」云云，以濕布加到上釜，可以起到促進冷凝的作用。

〔八〕「凡八十一日止」，流珠經云，如治丹華法，凡九九八十一日。

〔九〕「一服之」，即流珠經所謂日一服。

〔一〇〕「服此丹令人……輒飲石泉食棗栗二十枚」，從文意看這段話有脱漏，可參考流珠經文，云：「以井華水服一刀圭，卧石室中，令人不飢渴百歲，渴飲石泉，飢則少食棗栗二十枚。」

〔一一〕「一法：以龍膏和藥，火之九日夜，乃成真金也」，流珠經云：「當用龍膏和之，九日九夜乃成真黄金矣。」

第五神丹名曰餌丹。取汞一斤，置六一釜中，又取帝男一斤，擣之如粉，加汞上，禹餘糧一斤，擣之如粉，加帝男上，以六一釜合之，封其際，以六一泥泥之，令乾。加馬通糠火，火之九日夜止，更以炭火，燒之九日夜乃止火。寒之一日，發之，藥皆飛著上釜，如霜雪。以羽掃取之，和以龍膏、少室天雄〔一〕分等，乃雞子服，一云雞子血〔二〕一刀圭，三十日羽飛仙矣，萬神來侍衛，玉女皆可役，神仙迎之，上昇天矣，百鬼社稷神風伯雨師皆來迎之，可使役。

【校釋】

〔一〕「少室天雄」，天雄，一名白幕，神農本草經始載，云生山谷；名醫別録補充説生少室山谷。

〔二〕「一云雞子血」，此乃撰者所加注文，原來應爲小字。流珠經用雞子不用雞子血。

第六丹名曰鍊丹，取八石而成之。八石者，取巴越丹砂、帝男帝女飛之、曾青、礬石、礜石、石膽、磁石〔一〕，凡八物等分，多少在意，異擣令如粉，和以土龍膏，乃取土龍矢二升，以黄犬肝膽合爲釜；牡蠣、赤石脂各三斤，擣令如粉，以左味和爲泥，塗釜内外，各厚三分，乾之。一法，八味多少自在，以土龍膏、土龍矢一升以和黄狗膽，合土龍矢二升；牡蠣、赤石脂末之如粉，和以爲泥，塗釜内外，各厚三分，乾之〔二〕。八石各異末之如粉者，乃納丹砂在下，次以帝男，次以帝女，次以曾青，次以礬石，次以礜石，次以石膽，次以磁石，磁石獨在上，以六一釜合之，以六一泥封其會際，乾之，如上法，乃以馬通糠火火之，三十六日止。寒之一日，發之，藥皆飛上，著如霜雪。羽掃取之，和以龍膏，丸如小豆，食後服一丸，日一，十日仙矣，鬼神來侍衛之，役使亦可。以作服黄金，非但男子，女人亦得飛仙。

若欲辟穀，常絶房事，但飲水，勿交接也。此丹下滓可療百病。一法，鉛合之成黄金。以鍊丹刀圭〔三〕合水銀一斤，火之，成黄金也。一云，柔丹與鍊餌丹相似，滑澤易食之〔四〕。

【校釋】

〔一〕流珠經八石中無礜石，而將巴砂、越砂作兩味。

〔二〕「一法」的操作與流珠經相似，後者法爲：「凡八物分等，作藥多少自在。和以龍膏、土龍戻一斗，以和黄犬膽，合土龍戻二斗以爲釜。牡蠣、赤石脂各三斤，以左味埏牡蠣、赤石脂，治如粉，左味者，大米醯也，和爲泥，塗土釜内外，厚三分。」

〔三〕「刀圭」，此處當指一刀圭。

〔四〕「一云，柔丹與鍊餌丹相似，滑澤易食之」，流珠經第七丹云：「第七之丹名柔丹，與餌丹相似，滑澤又易食。」

第七丹名曰柔丹。用汞三斤。以左味和玄黄，合如泥，以塗土釜内外，各厚三分，乃納汞，合以一釜，用六一泥塗其際會，乾之十日，乃火之，如太丹華法〔一〕，三十六日止〔二〕。寒之一日，發之，以羽掃取上著釜者，和以龍膏，服如小豆，日三，令人神仙不死。以缺瓫汁〔三〕和之，九十歲老翁服之，更二十日白頭黑，益陽精陰氣，雖交則生子無數。以柔丹畫梧桐，爲人也。以柔丹書字，奴婢終不逃走。八十婦人服之皆有子，長吏服之得遷。與鉛合，火成金銀，一名黄金。

【校釋】

〔一〕「太丹華法」，流珠經作「丹華法」。

〔二〕「三十六日止」，流珠經云二十日止。

〔三〕「鉠瓮汁」，漢語大字典云：鉠，同「缺」。唐慧琳一切經音義卷一云：「鉠，蒼頡篇：虧也。説文：器破也。從垂，從夬。或從缶作缺，亦同。」另外據唐干禄字書，缺、鉠，前通後正。陳國符謂「鉠」當作「甀」（中國外丹黄白法考，頁一九四），此説不確。鉠瓮，本書卷二抄録抱朴子引九鼎丹經文作「覆盆」，抱朴子其餘版本均作「缺盆」，流珠經作「缺盆」，可知「鉠」就是「缺」的異體字。太平御覽卷九百九十三「鉠盆」條云，鉠盆即覆盆也。又引吴氏本草云，鉠盆一名决盆。又神農本草經云：「蓬虆……久服輕身不老，一名覆盆，生平澤。」故鉠瓮即缺盆、覆盆也。

第八丹名曰伏丹，其色頗黑紫，如有五色之彩。取汞一斤，亦可多之。以玄黄華苴其土釜〔一〕，令内外各厚三分。復擣曾青、磁石，令如粉。以著玄黄華，及曾青、磁石末覆汞上〔二〕，以一釜合，以六一泥塗其會際，乾之十日，乃以馬通糠火火之九日夜。轉以上釜爲下釜，復火之九日夜。又復以下釜爲上釜，火之九日夜。如是九上九下乃止。寒之一日，發之，以羽掃之，取其飛著上者，和以龍膏，後還納釜中，更火之一旬乃止。寒一日，發之，以羽掃取飛上著者，擣之如粉，盛以金銀筒，若生竹筒中。常平旦面東向日再拜，長跪以井華水服一刀圭，便爲神仙也。以如棗核大著手中而行，百鬼銷滅。以此伏丹〔三〕書門户，百邪衆精魑魅魍魎不敢前。又辟盜賊，乃至虎狼皆避之。若婦人獨守，賫持如大豆者，百鬼盜賊遠避不敢來。

【校釋】

〔一〕「以玄黄華苴其土釜」，流珠經云以赤土釜若龍戻釜一枚，苴以玄黄華，又云可用玄黄釜，亦可用洛陽赤土釜、胡粉釜。

〔二〕卷十七「玄白法」云：「九鼎第八服丹法訣，以玄黄若玄白一斤布釜底，以水銀置其上。」結合這段話可知，諸藥自下而上的放置順序爲：玄黄鋪底，汞置其上，再覆以曾青、磁石。流珠經云：「四子共養一母，曾青、磁石、礜石、玄黄爲苴，覆頭上也。」

〔三〕「伏丹」，原文作「柔丹」。本段既言伏丹法，且伏丹有避鬼功能，而有柔丹則無，故「柔丹」當爲「伏丹」之誤。

第九丹名曰寒丹。法用赤土釜，以六一泥泥其內外，令各厚三分，乾之，如治丹華法。取帝男、帝女、曾青、礜石、磁石各一斤，異擣之如粉。先以玄黃苴以六一釜，如丹華法，乃內流珠一斤〔一〕於釜中，次以帝男加流珠上，次以帝女，次以曾青，次以礜石，次以磁石，磁石最上，以一釜合之，以六一泥塗其會際，令厚三分。復以土龍矢、黃土各半斤令爲泥。一云以牡蠣、赤石脂塗其上，厚三分，又以土龍矢塗，厚三分〔二〕。暴之十日，令乾，乃微火，先文後武九日夜〔三〕。寒一日，發之，以羽掃取著上者，和以龍膏、黃犬膽，丸如小豆許。平旦以井華水向日再拜，吞一丸，令人身輕，百日百病除愈，玉女來侍，司命消除死籍，名著仙籙，飛行上下，出入無間，不可拘制，坐在立亡，輕舉乘雲，昇於天矣。

【校釋】

〔一〕「流珠一斤」，流珠經云用二斤。

〔二〕「一云」之法見流珠經：「龍屎、黃土各半升合爲泥，去其土，先以牡礪、赤石脂泥塗釜際，厚三分，合復以龍屎黃土塗其上，厚三分。」

〔三〕流珠經云：「第九丹法如治丹華法，土釜皆同，封閉皆同，泥塗火皆同法。火常先文後武者，先微其火，九日後小猛之。釜塗欲極乾燥，久久益善。火之釜有拆如髮者，藥飛去。」

黄帝九鼎神丹經訣卷之二

明神丹之由致取人貴法

臣按：還丹之九法也，蓋九天元道君九方之上經，上古真人王喬、赤松子、黄帝受之於玄女。玄女者，天女也，第一道明真人之道。素女[一]真人者，神仙之主也，天地之師，位曰真人，則神仙皆師焉。真人先天而生，後地而死，水不能漂，火不能燒，毒不能傷，兵不能害，神通變化，任己由心，役使衆仙，靡不成就，曉鑒靈藥，通于神明，故經曰真人焉。服丹者，身則神仙，爲真人矣，能召風伯使雨師也。仙人者，位昇百鬼，身壓萬精，所謂服食小丹雲母八石草芝藥所致也。青腰玉女者，風伯之女也，殊卑於玄女、素女也。玉女者，凡人之女也，學得道，號爲玉女，並神仙之妻妾儀使也。此九丹經本是王喬、赤松子、黄帝受於玄女，非餘小仙之所傳受也[二]。

【校釋】

〔一〕「素女」，東漢高誘淮南子注曰：「素女，黄帝時方術之女也。」（文選，頁六七三）

〔二〕本段所謂九丹經即九鼎丹經，但其所述丹法淵源與傳授與卷一有所不同，蓋出自晚出文獻。按九天元道君當即元君。洞仙傳云：「元君者，合服九鼎神丹得道。著經九卷。」（雲笈七籤，頁二三八七）然而，在東晉以前九鼎丹經與元君無關，而太清丹經與金液丹經皆出於元君，抱朴子金丹云：「復有太清神丹，其法出於元君。元君者，老子之師也……大神仙之人也，能調和陰陽，役使鬼神風雨，驂駕九龍十二白虎，天下衆仙皆隸焉。」「（金液）老子受之於元君。」（頁七六、八三）

臣按：葛洪云〔一〕：按黄帝九鼎神丹經曰，黄帝服之，遂以昇天。若以呼吸導引，及服草木之藥，可延年，終不免於死也。若服神丹，令人壽無窮也，與天齊畢〔二〕，乘雲駕龍，上下太清。故黄帝以傳玄子，誡玄子曰：此道至重，必以授賢者。苟非其人，雖積金如山，勿傳之也。受之者以金人金魚投於流水〔三〕以爲盟誓，歃血爲盟。若無神仙之骨者，亦不可得聞見也。得聞見者，有此道之分矣。夫合丹者，求於名山之中，無人之地，結伴不過三人。先齋百日，沐浴五香，致加精潔。勿經穢污，及俗人往來〔四〕。不信道者勿令知之，此人謗毁神藥，藥即不成。成即舉家皆仙，不但一身。俗人不合神丹，反〔五〕只信草木之藥。且草木藥埋之即腐，煮之即爛，燒之即焦，停之即朽，不能自生，何能生人？不能自堅，何能堅人乎？此九丹者長生之要也，非凡人之所聞見之矣。

【校釋】

〔一〕「葛洪云」，以下至「不可害矣」乃抱朴子金丹引述九鼎丹經的内容（頁七四—七六）。

〔二〕「與天齊畢」，抱朴子作「與天地相畢」。

〔三〕「流水」，抱朴子作「東流水」。

〔四〕「及俗人往來」，抱朴子作「及與俗人往來」。

〔五〕「反」，據抱朴子改。

第一丹名曰丹華〔一〕。丹經云，此丹服之七日得仙〔二〕。以玄膏丸置猛火上〔三〕，須臾成黄金。又以此丹二百四十銖合水銀百斤，火之赤即成黄金〔四〕。金成者藥成也，金不成，更封其藥而火之。日數足，經云无不成也。

第二丹名曰神符。丹經云，服之百日仙也。行大水，以此丹塗足下，即可步行水上，不没溺。服去三尸九蟲皆即自消亡，百病自愈也。

第三丹名曰神丹。經云，服一刀圭，百日仙也。以六畜呑，亦終不老不死。又辟五兵。服之百日，得仙人玉女山川鬼神，視之皆如人形也。

第四丹名曰還丹。經云，服一刀圭，百日仙也，朱雀鳳凰翔覆其上，玉女來侍。以一刀圭取水銀一斤火之，立成黄金。以此丹塗錢物用之，即日卻還。以此丹書凡人目上，百鬼皆走避之矣。

第五丹名曰餌丹。經云，服之四十日神仙〔五〕，鬼神侍，玉女至也。

第六丹名曰鍊丹。經云，服之十五日〔六〕仙也。又合汞火之，成黄金也。

第七丹名曰柔丹。經云，服一刀圭，百日仙也。以秋覆盆汁和服，九十歲翁皆有子。與鉛合之，火即成黄金也〔七〕。

第八丹名曰伏丹。經云，服之即日仙也。以丹如棗核者帶之，百鬼避走。以此丹書門，邪精不敢前，又辟盜賊虎狼也。

第九丹名曰寒丹。經云，一刀圭服〔八〕，百日仙人，玉女來侍，飛行輕舉。

經云凡此九丹，得合一丹便仙矣，不在悉作之，在人所好耳。凡欲服九丹，欲昇天，則亦隨心。如欲且止人間，亦任意便能出入無間，不可害矣。

【校釋】

〔一〕「丹華」，原文作「華」。抱朴子作「丹華」，本書他處言及第一丹之名稱均作「丹華」，故當脱「丹」字，據補。

〔二〕「丹經云，此丹服之七日得仙」，此處引文有較多省略，抱朴子文爲：「當先作玄黄。用雄黃水、礬石水、戎鹽、鹵鹽、礜石、牡蠣、赤石脂、滑石、胡粉各數十斤，以爲六一泥。火之三十六日成，服之七日仙。」（原文標點有誤，引用時做了改動。）

〔三〕「以玄膏丸置猛火上」，抱朴子作「以玄膏丸此丹置猛火上」。

〔四〕「火之赤即成黃金」，抱朴子作「火之亦成黃金」，又本書卷一及流珠經均無「赤」字，可知「赤」當爲「亦」之訛。此試金法所用藥物劑量與卷一不同，後者爲二十四銖丹華點粉汞一斤。

〔五〕「服之四十日神仙」，抱朴子作「服之三十日，仙也」。

〔六〕「十五日」，抱朴子作「十日」。

〔七〕「與鉛合之火即成黃金也」，抱朴子作「與金公合火之，即成黃金」，金公乃鉛之隱名。

〔八〕「一刀圭服」，抱朴子作「服一刀圭」。

臣按〔一〕：金液還丹法合成者，依經服一兩便昇仙。若未欲去代〔二〕，且住世爲地仙者，齋一百日，服半兩則長生不死，萬害百毒不能傷。可以畜妻子，若居官秩，在意所欲，無所禁。若後欲昇天者，乃齋，更服九丹滿一兩〔三〕，便即飛仙矣。凡欲昇天，皆先斷穀過一年，方服之也。

【校釋】

〔一〕本段内容爲抱朴子金丹引述金液經文（頁八三）。

〔二〕「去代」，心訣同，抱朴子原作「去世」，本書爲避李世民諱改字。

〔三〕「乃齋，更服九丹滿一兩」，心訣作「乃齋戒，更服滿一兩」，抱朴子作「乃可齋戒，更服一兩」。本段既言金液還丹，「九丹」二字當誤。

臣又按：真人九昇經〔一〕云：凡服九丹欲昇天者，如正經上法所服日數也。若欲地仙者，可如上之半者以數減之，雖減亦長生無間，不可得害。後若欲昇天者，更服上藥。臣按：此説凡服神丹大藥，依經日數即輕舉昇天，減半服之即長生不死，即是地仙無疑也。

【校釋】

〔一〕「真人九昇經」，其經不詳，不知是否爲真人九丹經之誤。另華陽陶隱居内傳卷中引登真隱訣提到九轉神丹昇虚上經，但其内容爲太極真人九轉還丹法。

臣聞：學道不成，所由有八：一者，偶知一事，便言已足，劬勞鼎火，皓首無成；二者，雖遇[一]奇方，謂非實法，求之不已，遂至蓋棺；三者，真僞不分，無師取訣，意無一定，消棄光陰；四者，恃所聰明，忽略知法，自言已得，不盡師心；五者，真方祕訣，非易見逢，謂在名山，歷險損命；六者，家無擔石，飢寒切逼，得如不得，知如不知；七者，性不專精，復無蓄積，明師已訣，疑而不行；八者，所遇之師，師素狹劣，惜其淺短，不盡教之，云道不多[二]，矯生寶祕，謂以爲實，遂至守株也。夫道不在多，莫謂小法者。即是大丹之中，莫過九鼎之道，出自真人，真人以傳玄女，玄女以傳黃帝，帝得之以傳玄子，自時厥後，得法爲真人。不聞真人更親指授，得至者則爲可尚。後代貴耳賤目，棄近逐遠，則秦皇覩安期而失道，漢武求少君而不盡，别尋方丈，遠涉滄波，卒可成功，虚縻爵賞。善求者不在任用，巧取者不勞蹴迫。軒轅之臨天下[三]，廣成不與焉，德政不以爲損也；唐堯之有四海，而巢由不佐焉，後德不乏也；四皓鳳戢於商洛，而不妨大漢之多士也；周黨驎跱於林藪，而無虧於孝文之刑措也。寵貴不能動其操，心安静默，性惡諠譁，以縱逸爲懽，以榮任爲滯[四]，蕭[五]索繿縷，茹草操耜，以芳林爲臺榭，以峻岫爲大厦，以翠蘭爲茵褥，以緑葉爲帷幄，荷裳以代衮服，葵藿以當嘉膳，匪躬耕不以充腸，匪妻織不以蔽身，守常待終，翫其三樂，不憚速死，不營苟生，辭千金之重聘，忽卿相之貴位，蕩然自縱，無所修爲，咸爲當時稱尚高逸。此輩上不能益國，下無以利人，良史之談，猶稱人物，況有求長生之上道。蓋學神丹之大法，不肯役身於俗，唯以藥物自助，使外患不及，内疾不生，舊身改容，久視不死，精心不怠，校練衆方，得其效驗，審其優劣，必有以後，翫其塵壤，以聲爲朝露，八極之内，將詎幾人？其志遠矣，其益大矣。攻務要藉，不此一二三人。若逼迫之，則不成矣。夫景風起而袠爐息，王化隆而奇士退。今宇内寧謐，休牛放馬，烽燧滅影，干戈載戢，繁弱既韜，盧散停廢，子房〔六〕出玄帷而返閭巷，信布〔七〕釋甲胄而修魚釣，況宇宙之内篤好兹道而能者，萬無一也。

【校釋】

〔一〕「遇」，原文無，據心訣補。

〔二〕「云道不多」，心訣作「告云道不在多」。

〔三〕本段内容採擷抱朴子釋滯多處文字而成（頁一四八—一四九、一五二—一五三）。

〔四〕「以榮任爲滯」，滯，抱朴子作「戚」。

〔五〕「蕭」，抱朴子作「帶」。

〔六〕「子房」，張良，字子房，西漢開國功臣，劉邦重要謀臣。

〔七〕「信布」，抱朴子原文作「信越」，信指韓信，越指彭越，皆劉邦重要武臣。

昔黄帝垂衣裳而理天下，飛流珠而化霜雪，昇平致政，百一十年道成，服餌白日仙去，蓋因廣成、玄女之力，非自然而得之者也。昔吴王伐石以營宫室〔一〕，而於合石之中得紫文金簡之書，不能讀之，使者〔二〕以問仲尼，曰：吴王閑居，有赤雀啣書以置殿前，不知其義，故遠咨呈。仲尼觀之，曰：此是靈寶之方，長生之法，禹之所服，年齊天地。禹將先化，封之名山石函之中。今乃云赤雀啣之，殆天授也。是知自古帝王鋭思於長生者，未有行年不永者也。縱求而不得，猶愈於不求者，亦有之矣。不患心之無道，但患不勤，勤而不已，必有所得。又人之求道，如憂居家之貧，如愁處位之卑者，道豈有不得耶！但患志之不篤，務近忘遠，聞之則悦以前席，未久則忽然若遺。毫釐之益未周，丘山之失已及，安得窮至言微妙，成思極之後匱乎？然雖志勤苦，不遭明師，亦無由成也。夫長生學者在藥，藥之大者在訣，訣在神丹。道同德合，誓以俱取，可以義獲，難以抑求。昔夏禹不迫伯成子高，尊其長也；仲尼不假蓋於子夏，護其短也〔三〕。豐草淺水，廣野深澤，狐鹿所遊；窮巖絶岫，幽徑茅楝，仙士所居也。若以華堂豢狐鹿，是其檻穽矣；若以榮秩羈仙士，是所徭役矣。故覽正經者如對真人，受真訣者如得其身。假使有毒〔四〕競來，安期争至而言異經訣，不可信也，必有小同異者，伏願聖主詳擇從之。臣聞：凡草春剪，芝蓂不秀，傾巢覆卵，鸞鳳不集耳。

【校釋】

〔一〕「吴王伐石以營宫室……殆天授也」，出自抱朴子辯問（頁二二九）。

〔二〕「使者」，抱朴子作「使使者」。

〔三〕夏禹與仲尼一句出自嵇康與山巨源絶交書：「禹不偪伯成子高，全其節（或作長）也。仲尼不假蓋于子夏，護其短也。」（全上古三代秦漢三國六朝文，頁一三二二）伯成子高典出莊子天地，云：「堯治天下，伯成子高立爲諸侯。堯授舜，舜授禹，伯成子高辭爲諸侯而耕。禹往見之，則耕在野。禹趨就下風，立而問焉，曰：『昔堯治天下，吾子立爲諸侯。堯授舜，舜授予，而吾子辭爲諸侯而耕，敢問，其故何也？』子高曰：『昔堯治天下，不賞而民勸，不罰而民畏。今子賞罰而民且不仁，德自此衰，刑自此立，後世之亂自此始矣。夫子闔行邪？无落吾事！』俋俋乎耕而不顧。」（莊子集釋，頁四二三）子夏典出孔子家語致思，云：「孔子將行，雨而無蓋。門人曰：『商也有之（子夏名也）。』孔子曰：『商之爲人也，甚悋於財（悋，嗇甚也）。吾聞與人交，推其長者，違其短者，故能久也。』」（四部叢刊本）

〔四〕「有毒」，蓋指煉丹藥物，因金石藥物多有毒，故如是稱之。

黄帝九鼎神丹經訣卷之三 四同卷

擇明師受訣不藉[一]真人法

臣聞：師無常師，主善而師之。三人同行，必以善者，孔子之道，一以貫之。黄帝省方，無求不往。若以真人道訣非真人不傳，元君之經非元君不授，何異胄子侍宣尼以講習虞政[二]，俟皋陶以弼諧[三]，消失光陰，永無成日。所以九鼎之道，長生之方，若此營之，與取死無異也。生可戀也，死可懼也，日失一日，比速逝川，晨露夕光，吁嗟易盡。今但遇知方之人指摘其意，求而不已，復自參驗，結以良伴，同契不移，此自能成之，固有之矣，則必無真人、玄女借助之也。藥成之後，清腸服餌，即玉女來侍，或青龍將迎；未成之前，不聞有感。故元君曰：慎無以神丹告人，令之笑道謗真，傳丹經不得其人，必受其殃。若有篤信者，可得合丹藥分人，莫以經云傳與。此之真人實以祕惜，與親傳口訣無異也。若言獲見真人及知方士，不爾而得道也，昔殷家之遇彭祖，周室之逢老子，秦皇之覿安期，漢武之任少君，不聞皆得道。

【校釋】

〔一〕「藉」，憑借，依靠。

〔二〕「胄子侍宣尼以講習虞政」，胄，原文訛作「冑」。侍，通「待」，等待。胄子，帝王或貴族的後代。尚書舜典云：「帝曰：夔！命汝典樂，教胄子。」孔氏傳曰：「胄，長也，謂元子以下至卿大夫子弟。」（十三經注疏，頁一三一）宣尼，即孔子。西漢元始元年（一），孔子被追謚爲褒成宣尼公，後因稱孔子爲宣尼（漢書平帝紀）。這句話的意思是：帝王或貴族的後代等待孔子來講習虞之政。

〔三〕「俟皋陶以弼諧」，俟，等待。皋陶，傳説是舜之臣，掌管刑獄。弼諧，輔佐協調。尚書皋陶謨：「允迪厥德，謨明弼諧。」孔氏傳云：「言人君當信蹈行古人之德，謀廣聰明，以輔諧其政。」（十三經注疏，頁一三八）這句話的意思是：等待皋陶來輔佐協調。

夫學道之人，尤惡諠譁，不欲人雜言，不欲見俗人，固〔一〕易路而行，異處而坐，懼貽毁辱，味道獨居。所好不同，必招誹謗，恨不絶迹軌以逃遁，隔千里以嫌疑。況彼真人，何求以至？夫真人者，蹈炎飆而不灼，躡玄波而不傾，鼓翮清虚，雲軒風駟，仰凌紫極，俯栖崑崙。假令或遊人間，匿真隱異，比肩接武，外若庸流俗人，何以察之？安能覺也？自有子晉躬御白鶴〔二〕，黄帝親驚赤龍，或鱗身蛇軀，或金車羽服，非洞視不能覿其事，非徹聽不能聞其聲。俗不見聞，則多疵毁，所以真人嫉之，益潛遁也。常人之所愛，上士之所憎；常人之所賤，至人之所貴。英儒偉器，猶不顧雜風塵，玄女、真人何急遽參人事？俗人怪之，不爾乎謬？凡人目察，百步不能了了，而欲以己所見爲有，己所不見爲無，則天下之不見者實亦多矣，猶如蠡測海〔三〕而云水盡，惑之甚也。真人自不見，不得謂之無也，不得以有之而可求。知法人不可要待真人也，知法者皆知口訣而受〔四〕。

【校釋】

〔一〕「固」，連詞，表示因果關係，相當於「因此」。

〔二〕「子晉躬御白鶴」，子晉即王子喬，典出列仙傳：「王子喬者，周靈王太子晉也。好吹笙作鳳凰鳴。游伊、洛之間，道士浮邱公接以上嵩高山。三十餘年後，求之於山上，見桓良，曰：『告我家，七月七日待我於緱氏山巔。』至時，果乘白鶴駐山頭。望之不得到，舉手謝時人，數日而去。」（列仙傳校箋，頁六五）

〔三〕「蠡測海」，語出漢書卷六十五東方朔傳，云：「語曰『以筦闚天，以蠡測海，以莛撞鐘』，豈能通其條貫，考其文理，發其音聲哉！」張晏曰：「蠡，瓠瓢也。」（頁二八六七、二八六八）

〔四〕本段據抱朴子辯問（頁二二六—二二七）、抱朴子論仙（頁一五）改編而成。

臣聞：丘明之傳春秋，尋經者知褒貶在於一字，仲尼之翼訓周易，觀卦者知吉凶存乎一象。儒書尚非法不明，仙道神丹豈按經能盡？故黄帝登崆峒訪自然之道，涉王屋求説丹之經〔一〕，録在方言，傳之口訣，訣隨口滅，方不逐經，所以求者似牛毛，獲者如麟角。雖曰難得，代不絶人。法既有人得之，身豈非人者矣。上聖念將來之可教爲篤信者，故使思而得之，脱死亡之禍患。凡俗不信，謂爲虚文，此之真人誹議先聖。故欲合神丹，必不使不信者知之，知之藥即不成。此之一忌非小禁也，皆由不得真訣，變化不成，作既無成，謗從此起。由如田家，或水旱不收，謂不可種也。水旱以時，穀稼收矣，經訣若真，神丹成矣。夫訣法有二也：一者文訣，可以文傳者，紙墨能傳；口訣者，非口不宣。故易云：書不盡言，言不盡意。立身行道，可以盡傳也，陰陽變化，不可言詮。朱砂本赤，燒之變成水銀，水銀至白，燒之又成丹色，凡情淺識，自不得知之〔二〕。亦如燒胡粉以如金，白鉛而類火，言無此道，曾不修求者，足皆不及俗人哉。俗人乃防儻其不得，爲凡人之所笑，不知儻至有得，爲智者之所嗤，皆曰不得真經正訣之所致也。傳不得人，復貽咎累，所以法之隱没而不可聞也。故葛洪云：一代之中不過二三人得之。又云：八極之内，將詎幾人見知？祕訣難聞，得之者少，必立盟誓，方事相傳。

【校釋】

〔一〕「黃帝登崆峒訪自然之道，涉王屋求説丹之經」，抱朴子地真云：「昔黃帝東到青丘，過風山，見紫府先生，受三皇内文，以劾召萬神，南到圓隴陰建木，觀百靈之所登，採若乾之華，飲丹巒之水；西見中黃子，受九加之方，過崆峒，從廣成子受自然之經；北到洪隄，上具茨，見大隗君黃蓋童子，受神芝圖，還陟王屋，得神丹金訣記。到峨眉山，見天真皇人於玉堂，請問真一之道。」（頁三二三—三二四）

〔二〕「朱砂本赤」至「自不得知之」，抱朴子金丹云：「凡草木燒之即燼，而丹砂燒之成水銀，積變又還成丹砂，其去凡草木亦遠矣。故能令人長生，神仙獨見此理矣，其去俗人，亦何緬邈之無限乎？世人少所識，多所怪，或不知水銀出於丹砂，告之終不肯信，云丹砂本赤物，從何得成此白物。又云丹砂是石耳，今燒諸石皆成灰，而丹砂何獨得爾。」（頁七二）

長生神仙之藥〔一〕，千方萬術，所不得此訣，終不能成也。神祕至重，萬金不傳。若有傳者，依本經一二〔二〕口授，不得頓以文也〔三〕。傳之法，依於盟經〔四〕，用黃金八兩，黃布四十尺，白銀八兩，白絹四十尺爲信，限百年内得傳一人，歃血爲盟。若後爲識傳至人違負漏泄〔五〕，天帝謫譴〔六〕，永謝玄路，太玄仙都〔七〕使盟者心迷意亂，所傾敗死〔八〕，即仙君〔九〕

使精神昏濁，所學不成，太一司録、三天司命減筭伐年〔一〇〕，所作不成，受罰於太玄都。此太清諸丹等張天師訣文。

【校釋】

〔一〕本段内容抄録自太清經天師口訣（頁七八七），其中所謂「本經」，指太清丹經。又段末太清諸丹等張天師訣即太清經天師口訣，不過今本似乎不完備，且篇末所附赤松子肘後藥訣似爲後人摻入之内容。

〔二〕「一二」，口訣作「一一」。

〔三〕「不得頓以文也」，原文作「不得頓以」，意思不完整。口訣作「不得頓以文也」，據改。口訣只能口口相傳，故不能以文傳之。

〔四〕「法依於盟經」，口訣作「依科盟書」。

〔五〕「若後爲識傳至人違負漏泄」，心訣作「若於至人違負漏泄」，口訣作「若一朝違科傳非其人違負漏泄」。

〔六〕「謫譴」，心訣作「譴謫」，口訣作「擯仙」。

〔七〕「太玄仙都」，即太玄都，十洲記云：「玄洲在北海之中，戌亥之地，地方七千二百里，去南岸三十六萬里。上有太玄都，仙伯真公所治。」（頁五一）

〔八〕「所傾敗死」，心訣同，口訣作「萬向傾敗」。

〔九〕「仙君」，心訣同，口訣作「九老仙君」。

〔一〇〕「太一司録、三天司命減筭伐年」，口訣作「太一司録不上生録，三天司命減筭伐年」，以此知太一司録和三天司命職責不同。

狐剛子〔一〕曰：吾昔慕長生之道，數十年中飢苦寒凍，莫問遠近，曾無一得，心恒不變，學志轉深。太極感吾之心，遂以此訣就未央谷授吾，得之依按合作，無不成者。吾道從此起。吾常祕之玉函，藏之名山。若俗中有人得吾此訣，不問賢愚，但精專，按而合作，無不成，必得道也。葛洪曰：「余雖生於末代，頗慕古風，考集仙經八十餘歲，雖聞此訣，目未曾覩，求亦不已。余師鄭君也，始授余此訣。余自得之，精思清齋，齋滿百日，依按合作，無不成者。吾始轉清氣息，服餌之五神泉，即得住命法後，敢憑驗者，方道術自在。若後有人同余得此訣者，必須心知口默，不得輒授人，及告不是心腹之人，即反受其殃，衆神不護，作者不成。」余今所以誓告後生，必無妄傳，此是領帶之中歷代神要祕密之道，貴在質，不能廣説，使俗人知也，其傳授法在粉訣〔二〕中。此是玄珠訣〔三〕文也。

【校釋】

〔一〕「狐剛子」，其介紹見本書前言。

〔二〕「粉訣」，見下文「粉圖」條注釋。

〔三〕「玄珠訣」，即下文所言之伏玄珠訣，玄珠指水銀。按，「玄珠」一詞首見於莊子天地，云：「黄帝遊乎赤水之北，登乎崑崙之丘而南望，還歸，遺其玄珠。使知索之而不得，使離朱索之而不得，使喫詬索之而不得也。乃使象罔，象罔得之。黄帝曰：『異哉！象罔乃可以得之乎？』」（莊子集釋，頁四一四）

狐剛子曰：五金神粉，非獨服餌長生，用以摩〔一〕身，俗疾不能干，衆灾莫由害也。此法本出玉皇祕藏隱文，非俗所有，自非稟其仙籙者終不能見。吾本故訣隱文〔二〕，以開後聖。若得此訣者，必須依傳授法受之，不得輕吾告，授非其人也。非所受，作不成，亦萬劫，學仙道，永不得成也。粉圖〔三〕云：授法不得輕告。傳法日取王相日〔四〕，結齋立壇，師與弟子並在壇前，日夜恒燒寶香，奏帝祈請所願長生药録名目，稱：某少好長生上道，萬劫以來，常蒙道福，今得奉恩〔五〕聖允，蒙師慈念，許受訣文，某今不敢許納，一一奏請皇君。師言：弟子某求道日夜無怠，某今欲授某訣文，不敢自許，一一奏請皇君。如此謹心滿七日夜，然香，登壇，飲血爲盟，分金鐶，投於東流水中。請師傳授諸神金丹及口訣圖籙〔六〕，皆同此法傳授。若不依傳法，諸受師與弟子所造不成。是粉圖中訣文也。

【校釋】

〔一〕「摩」，心訣作「浴」。

〔二〕「吾本故訣隱文」，心訣作「吾留此訣文」。

〔三〕「粉圖」，即上文之粉訣，全名爲五金粉圖訣，卷十二又略作五粉圖。除本書外，唐宋典籍著録或引用粉圖的很多，但版本記載不一。石藥爾雅卷下「叙諸經傳歌訣名目」列有狐剛子粉圖經，未注卷數（頁六四）。太古土兑經卷下云，「狐罡子粉圖流傳三卷」（頁三九二）。通志藝文略著録狐剛子粉圖四卷。崇文總目作孤（狐）剛子粉圓（圖）四卷。宋史藝文志作狐剛子粉團（圖）五卷。宋唐慎微證類本草卷十六引狐剛子粉圖云：「將麝香一臍安於枕合中，枕之亦能除邪辟惡。」（頁三六九）宋姚寬西溪叢語卷下引狐剛子粉圖，云：「青消石，一名北帝玄珠。」（頁一一〇）

〔四〕「王相日」，包括王日和相日，皆爲良辰吉日。按清代所編協紀辨方書所言，王日爲四時正王之辰，四正之位，所謂帝王之象，具體指春寅日、夏巳日、秋申日、冬亥日。相日爲四時官日之所生，相氣之辰，所謂宰相之象，具體指春巳日、夏申日、秋亥日、冬寅日。

〔五〕「奉恩」，原文作「奉思」，不通，據心訣改。

〔六〕「及口訣圖籙」，心訣作「若及傳口訣圖籙」。

狐丘先生授葛仙公曰：命屬仙星，名録繼我，今故授汝萬金訣〔一〕等及修仙法，汝依而用之。汝若傳之，自非决志山巖不規俗利者，歃血分鐶，立壇爲誓，終不得妄傳。傳非其人，名削福簿，殃及累代，慎之勿妄傳也。此是萬金訣也。

【校釋】

〔一〕「萬金訣」，隋書經籍志首次著録，作狐剛子萬金决二卷，葛仙公撰。舊唐書經籍志仍存，但書名誤作狐子方金訣，新唐書藝文志則改作「葛仙公録狐子方金决二卷」。心訣卷中引本段文字稱「此是神丹萬金訣」。又本書卷十七有玉燭萬金訣。陳國符認爲，「萬金」之意源於「神祕至重，萬金不傳」。

臣按：五金三汞九鉛八石〔一〕皆有毒，若不得古人舊訣，假有新知方者，口傳三數十句，終無成理。故狐子云：五金盡火毒，若不調錬其毒作粉，假令變化得成神丹大藥，其毒未盡去者，久事服餌，少違誡禁，即返殺人，是故具訣圖録錬煞并作粉法〔二〕，以示將來。

【校釋】

〔一〕「五金三汞九鉛八石」，就本書而言，五金指金銀銅鐵錫，三汞指雄汞、雌汞、神飛汞，九鉛疑指九轉鉛，八石指丹砂、雄黄、雌黄、曾青、礬石、礜石、石膽、磁石。八石有多種説法，如流珠經中無礜石，而將巴砂、越砂作兩味。又太谷土兑經云：「金銀銅鐵錫，謂之五金。雌雄硫毗，名曰四黄。朱汞鵬硇硝鹽礬膽，命云八石。」（頁三八七）

〔二〕「具訣圖録鍊煞并作粉法」，「圖録」即出金鈔圖録。卷九「明用金銀善惡服鍊方法」云：「是以狐剛子立五金盡有毒，若不鍊，令毒盡作粉，假令變化得成神丹大藥，其毒若未去，久事服餌，小違禁戒，即反殺人。是故狐剛子其有出金鈔圖録，今取其要者，列之如左。」另，陳國符解此句爲「具（五金）訣（出金鈔）圖録鍊煞并作（金）粉法」（中國外丹黄白法考，頁三八〇）。這一解釋當誤。所謂「鍊煞」及「作粉法」均非單獨著作，而指金銀去毒及冶煉法，詳見卷九。「具訣」一詞又見卷二十九鼎丹隱文訣「其玄水液自具訣如後」句，「具」乃陳述、開列之意。

狐子萬金訣、五金粉圖訣、伏玄珠訣、張天師口訣。

臣按：上件四訣皆是先賢寶重，流俗有真能見之，假令或逢一卷，亦終不知其初終之意。其文錯亂，間厠諸法〔二〕，假令俗人悉得，莫知用處，所以萬劫誡傳授之。受口訣儀法：先敷儀，置坐訖，以白絹四尺五寸爲籍，清酒一斗，鹿脯若牛羊脯七朐〔三〕，朐方三寸，酒杯七枚，置槃案上，脯各置杯後，以信物置酒杯左邊，燒香，長跪曰：謹請太清玉陛下、太上大道君、太微天帝君、太玄仙都九老仙君、太一司録、司命神君下降某郡某里人某甲就坐尚饗，尚饗一作嘗香。某雖凡愚，宿有道缘，遇蒙先師受大訣，祕之在心，未曾發泄。雖知天禁至重，又不可使神道永祕。今有某甲，雖處世俗，心慕道門，不貴金玉，不尚榮華，仰希玄路，志登紫雲，故減削自身，以備信物，詣臣某請受大訣，某不敢自專，輒敢啓白，唯願照知。一云照明。爲之訖，乃再拜，上香酒三。上香酒訖，乃曰：勞屈玄尊，來臨下土，枉蒙降顧，心喜意悦，當聽某所陳，慈恩相愍，君以醉飽，持其酒食，請收餘福，見物永書。訖，乃再還取酒脯，共所受人飲食之，勿與他人食矣。

【校釋】

〔一〕「其文錯亂間厠諸法」，厠，間雜，插置。這句話表明，撰者看到的狐子萬金訣、粉圖訣、伏玄珠訣、張天師口訣已參雜有其他内容，正如今本太清經天師口訣雜以赤松子肘後藥訣等，蓋古已如此。

〔二〕「朐」，屈曲的乾肉。

黄帝九鼎神丹經訣卷之四

明防辟惡邪魅守神保身

臣按〔一〕：凡學長生，須事神丹。若不得金丹大藥，而但能餌草木之藥者，可以賒死，不得仙也。或但服藥而不得房中之要，則終無久生之理矣。或曉帶神符行禁，加思神守真一，則止可内疾不起，風濕不犯。若卒有惡鬼彊邪山精水毒害之，則便死也。或不得入山，令山神爲之作禍，則妖魅試人，猛獸傷之，蛇蝮螫之矣。

【校釋】

〔一〕本段節録自抱朴子極言（頁二四二）。

臣按〔一〕：房中陰陽之道，高可以愈小疾，次可以免虚損，必不能移災解罪，去禍召福，安身全神，長生久視者也。人間謂黄帝以千二百女昇仙，便以黄帝單以此事長生也，而不知黄帝於荆山之下、鼎湖之上飛九鼎神丹，成乃乘龍登天也。黄帝自可有千二百女耳，而非得仙之所由也。凡養性之保命者，雖服千味之藥，三牲之膳，而不知房中之要者，亦無所益。若縱情肆慾，不知能節宣，則伐命本也。是玄素喻之水火，水火殺人，又能生人，在於用也。

【校釋】

〔一〕本段主要節録自抱朴子微旨（頁一二九）。

明自古合作神丹必依名山

臣按〔一〕：昔者黄帝受丹經於王屋，訪至道於崆峒，然後於荆山之下、鼎湖之上飛化九轉，道成仙去。又昔之左元放於天柱山中精思而感神人，授之以金丹仙經。會漢末大亂，不遑合作，而避地江東，志造名山，以修此道，乃以九鼎神丹經等授弟子葛仙公，又以其法授弟子鄭君。鄭君家貧，無以買藥。而葛洪者，鄭君之弟子，親事勤苦矣，鄭君乃於馬迹山中立壇，盟授洪丹經並具諸口訣，訣不書也。洪得此道二十餘年，資無擔石，無以爲之。始鄭君謂洪曰：吾承先師左君之誡，曰諸小山中不可居作金及神丹也，且小山之中無有正神，皆是木之精，千歲老物，血食之鬼，此輩皆是邪氣，不念爲人修道作福，但欲於禍人也。夫齋潔之士，雖以術數辟身，而鬼魅或能壞人藥也。今合醫家佳藥好膏，皆尚不欲令雞犬及婦人小兒等見之，如藥被見者，用便不驗。又染綵物者，遇惡目見之，皆失其色也。況神仙長生之大藥乎？是[二]以古之道士合作神藥，必入名山無人之地，終不止於小小凡山中，正爲此也。又按仙經，可以精思合於仙藥山者[三]，有華山、泰山、霍山、恒山、嵩高山、少室、太白、終南等山，此中皆有正神，其中有地仙，又生芝草，可以辟大難大水，不但堪合藥也。若有道者登之，則此山神必助之爲福也，至藥必成。

【校釋】

〔一〕本段主要節録自抱朴子金丹（頁七一、八五）。

〔二〕「是」，原文無，據抱朴子補。

〔三〕「合於」，心訣同，抱朴子作「合作」。

臣按[一]：天地之情狀，陰陽之吉凶，實難詳也，不可謂之必無，是以黄帝、太史皆所信伏也。又經傳有政曆明時[二]，剛柔之日[三]，吉日惟戊[四]，有自來矣，所以王者立太史官，封置拜立，有事宗廟，郊祀天地，皆擇良辰。而有近才[五]庸夫，自許脱俗，舉動所居[六]，耻簡[七]善日，不亦偏見者也？凡登山不擇時日，校有其驗，不可輕入也。夫山大小皆有神靈，山大則神大，山小則神小，無防避之道，必有患〔八〕害也。或被疾病，或遭驚怖，或患傷刺，或聞異聲，或逢變異，或見光景，或大木不風而摧折，或巖石無辜而自墮，或令人迷亂狂走墜落坑谷，或猛獸毒蛇犯傷人，故不可輕入也。凡入山，當擇四時王相支干相生之日，吉也；又依遁甲良時，佳也；又當擇其月中吉日佳時也。若至急不得徐待吉日，要須此月者，但少選日時。東嶽歲月忌，不可以甲乙寅卯之歲，正月二月入也。南嶽歲月忌，不可以丙丁巳午之歲，四月五月入也。中嶽歲月忌，不可以戊己辰戌丑未〔九〕之歲，四季之月入也。西嶽歲月忌，不可以庚辛申酉之歲，七月八月入也。北嶽歲月忌，不可以壬癸亥子之歲，十月十一月入也。右不必五嶽忌此歲月，但所之此山，屬其嶽之方面者〔一〇〕，皆悉禁此歲月也。靈寶經云：入山當以保日及義日、專日大吉，若以制日、伐日必死也。保日者，謂支干上生下之日，若甲午、乙巳是；甲者木，午者火，乙者木，巳者火，火生於木故也。義日者，謂支干下生上之日，若壬申、癸酉日是；壬者水，申者金，癸者水，酉者金，金生於水故也。制日者，謂支干上剋下之日，若戊子、己亥日是；戊者土，子者水，己者土，亥者水，土剋於水故也。伐日者，謂支干下剋上之日，若甲申、乙酉日是；甲者木，申者金，乙者木，酉者金，金剋於木故也〔一一〕。他皆倣此。入名山當以甲子開除日，以五色綵繒各五寸懸石上，所求必得。入名山亦癸之時，此謂天心日〔一二〕，必得仙道度世也。

【校釋】

〔一〕以下三段均節録自抱朴子登涉（頁二九九—三〇四）。

〔二〕「政曆明時」，易革卦象辭云：「澤中有火，革，君子以治厤明時。」孔疏曰：「正義曰：澤中有火革者，火在澤中，二性相違，必相改變，故爲革象也。君子以治厤明時者，天時變改，故須厤數，所以君子觀兹革象，修治厤數，以明天時也。」（十三經注疏，頁六〇）

〔三〕「剛柔之日」，禮記曲禮上云：「外事以剛日，内事以柔日。」孔疏曰：「外事，郊外之事也。剛，奇日也。十日有五奇五偶，甲丙戊庚壬五奇爲剛也。内事，郊内之事也。乙丁己辛癸五偶爲柔也。或云外事指用兵之事，内事指宗廟之祭。」（十三經注疏，頁一二五一）

〔四〕「吉日惟戊」，「戊」，原文作「成」，據抱朴子改。語出毛詩小雅吉日：「吉日維戊，既伯既禱。」（十三經注疏，頁四二九）

〔五〕「近才」，原文作「賢才」，與文意相左，據抱朴子改。近才，指才識淺陋者。

〔六〕「居」，抱朴子作「爲」。

〔七〕「簡」，抱朴子作「揀」，「簡」通「揀」。

〔八〕「患」，原文及心訣均作「思」，據抱朴子改。

〔九〕「辰戌、丑未」，心訣同，抱朴子無此四字。

〔一〇〕「屬其嶽之方面者」，原文作「屬其嶽之者方面」，據心訣改，抱朴子作「其嶽之方面」。

〔一一〕此處心訣有關於專日的解釋，云「專日者，支干比和也，如甲寅、乙卯是也」。但本卷及抱朴子皆無。

〔一二〕「入名山亦癸之時，此謂天心日」，心訣同，但抱朴子云，「求仙道入名山者，以六癸之日六癸之時，一名天公日」。又云，天心日乃上元丁卯日，「以上元丁卯日，名曰陰德之時，一名天心」。

入山良日，謂甲子、甲午、甲寅、乙亥、乙卯、乙巳、丙戌、丙午、丙辰，皆大吉，必安隱得道。大月忌日，謂三日、十一日、十五日、十八日、二十四日、二十六日、三十日。小月忌日，謂一日、五日、十三日、十六日、二十六日〔一〕、二十八日。若犯此日入山，既爲山神所試，所求不得，所作不成。不但道士忌之，凡人此日入山皆凶，與虎狼毒蟲喜相見遇。入山宜知六甲祕訣，呪曰：臨兵鬬者皆陳列前行。凡九字，當密呪之，無不辟惡。要道不煩也，此之謂矣。又入山月忌之日，正月午，二月亥，三月甲〔二〕，四月戌〔三〕，五月戌〔四〕，六月申卯〔五〕，七月甲子，八月甲午〔六〕，九月寅，十月辰〔七〕，十一月乙〔八〕，十二月丑〔九〕。

【校釋】

〔一〕「二十六日」，心訣無此四字。

〔二〕「甲」，心訣同，抱朴子作「申」。
〔三〕「戊」，心訣同，抱朴子作「戌」。
〔四〕「戌」，心訣同，抱朴子作「未」，但道藏本抱朴子「未」字後有小字注，曰「一作戌」。
〔五〕「申卯」，心訣作「申」，抱朴子作「卯」。
〔六〕「甲午」，心訣同，抱朴子作「申子」。
〔七〕「辰」，心訣同，抱朴子作「辰未」。
〔八〕「乙」，心訣同，抱朴子作「己丑」。
〔九〕「丑」，心訣同，抱朴子作「寅」。

凡欲辟鬼，受符等法皆宜知之〔一〕。山精或如鼓，赤色一足，其名曰輝；如人，長九寸〔二〕，衣裘戴冠笠，名曰金潔〔三〕；或如龍，五色赤角，名曰飛龍，以名呼之，不爲害也。山中大樹精，此樹能語，名曰雲陽，非樹之語，呼之則吉。山中大吉木精，夜見火光，是其所作，勿怪之。山中銅鐵精，見爲胡人勿怪，是其所作，不爲害也。山中百歲木精，夜見秦人，是其所作，不能爲害也。山川之間夜見爲精者，名曰激，呼之即止也〔四〕。山中大蛇精，見大蛇著冠幘者，名曰計鄉〔五〕，呼之吉也。山中見吏，若但聞聲不見形，呼人不止者，以白石擲之則息。又一法，以葦爲釾〔六〕以刺之，吉。山中見來喚人求食不止者，以白茅投之即死。山中見虎或人決失道逕者，以葦杖打之即死。寅日山中見稱虞吏者，虎也；山中稱當路君者，狼也；稱令長者，狸也。卯日山中稱丈〔七〕者，兔也；山中稱東王父者，麇也；稱西王母者，鹿也。辰日山中稱雨師者，龍也；山中稱河伯者，魚也；稱無腸公子者，蟹也。巳日山中稱寡人者，社中蛇也；山中稱時君者，龜也。午日山中稱時三公〔八〕者，馬也；山中稱仙人者，老樹精也。未日山中稱主人者，羊也；稱吏者，麞也。申日山中稱時令君〔九〕者，猴也；稱九卿者，猨也。酉日山中稱將軍者，雞也；稱賊捕〔一〇〕者，野雉也。戌日稱人姓字者，犬也；稱城陽翁者〔一一〕，狐也。亥日山中稱臣〔一二〕者，豬也；稱婦人姓〔一三〕者，金玉也。子日山中稱雅君〔一四〕者，鼠也。丑日山中稱書生者，牛也。有知其怪物，則不能爲害。

【校釋】

〔一〕以符辟鬼亦爲抱朴子登涉的重要内容，撰者這裏僅提到一句，而將詳細内容置於卷五。

〔二〕「九寸」，抱朴子作「九尺」，但太平御覽引抱朴子「尺」作「寸」。

〔三〕「金潔」，抱朴子作「金累」。

〔四〕「山川之間夜見爲精者，名曰激，呼之即止也」，此句不見於抱朴子。

〔五〕「計鄉」，抱朴子作「升卿」。

〔六〕「鈃」，玉篇曰此爲古文，抱朴子作「矛」。

〔七〕「丈」，抱朴子作「丈人」，此處當脱「人」字。

〔八〕「時三公」，抱朴子作「三公」。

〔九〕「時令君」，抱朴子作「人君」。

〔一〇〕「賊捕」，抱朴子作「捕賊」。太平御覽卷八百八十六亦作「賊捕」。

〔一一〕「稱城陽翁者」，原文作「巳日山中稱城陽翁者」，衍「巳日山中」四字，因上文已言及巳日；抱朴子亦無此四字。「城陽翁」，抱朴子作「成陽公」。

〔一二〕「臣」，抱朴子作「神君」。

〔一三〕「婦人姓」，抱朴子作「婦人」。

〔一四〕「雅君」，抱朴子作「社君」。

臣按：自古仙人及西王母皆得道，皆自山中成。而今山中鹿馬之精乃偷此號，合丹之士忽有所見，妄爲感應，總敗神藥。自餘怪物不可不知，若擾亂人，須明遺法，故修如右遺法文，兼符數道，最驗，故以符法後卷次之。

黄帝九鼎神丹經訣卷之五 六同卷

明朱[一] 成神丹必藉資道之緣

臣聞：欲求長生久視[二]，與天地相畢，若未得其至要之大者，則小者不可不知，蓋道之共成長生也[三]。大而喻之，猶人主之治國焉，文武相代，無一不可也；小而喻之，亦如爲車焉，轅軸輞轄，莫可虧一也。所謂道[四]者，内修形神，使延年疾愈，外攘邪惡，使禍害不干。比之琴瑟，不可以一絃求音也；方之甲胄，不可以一扎待鋒也。養生者，欲令多聞而貴要，博見而擇善，偏[五]修一事，不足必賴也。又患好事之徒，各從所長。言玄素之術者，必曰唯房中可以度世也；明吐納之道者，必曰唯行氣可以延年矣；知屈伸之法者，必曰導引可以難老矣；知草木之方者，必曰其藥可以無窮矣。學道之不成者，皆由偏恃之。若此大丹一就，則一切無復用也，未就之間則無不須也。譬如田家作事家業者，事不俟用多物者，謂有金銀珠玉在于懷抱之中，自量足以供累代之費，故自安之。苟至無此，何可不廣播百穀，多儲菜蔬？是以斷穀辟兵，厭劾[六]鬼魅，集[七]禦百毒，救病療疾，入山則使猛獸不犯，涉水則令蛟龍不害，蛇不能螫，疫不能加，此皆小事，而攝生者不可不知，況過此者乎？神丹者，長生之大事，可緩之哉？昔黄帝涉王屋而授丹經，登崆峒而問廣成子，求道養生則聞玄素之説，覈窮神怪則記以白澤之詞〔八〕，故窮盡道真，畢該祕奥，飛伏九轉於荆山之下，變化流珠於鼎湖之上，服神丹之力，久視之功，遂勒昇龍高躋，與天地乎罔極。道成之後始無所爲，未成之前無不爲者，自古莫不由多識博達至勤而成者也〔九〕。

【校釋】

〔一〕「朱」，即朱砂。

〔二〕「欲求長生久視」以下至「況過此者乎」主要節録自抱朴子微旨（頁一二四—一二五）。

〔三〕「蓋道之共成長生也」，這句話應根據抱朴子原文來理解：「蓋藉衆術之共成長生也。」

〔四〕「道」，抱朴子作「術」。

〔五〕「偏」，原文作「編」，意思不通，據抱朴子改。

〔六〕「剋」，抱朴子作「剋」。

〔七〕「集」，抱朴子作「禁」。

〔八〕「覈窮神怪則記以白澤之詞」，雲笈七籤卷一百軒轅本紀云，黄帝「巡狩東至海，登桓山，於海濱得白澤神獸，能言達於萬物之情。因問天下鬼神之事，自古精氣爲物、遊魂爲變者，凡萬一千五百二十種。白澤言之，帝令以圖寫之，以示天下」（頁二一七七）。隋書經籍志著録有白澤圖一卷，其書三國時已出世，可見其説頗古。

〔九〕以上所記黄帝事言語多與抱朴子極言相近（頁二四一）。

明道家三皇文、五嶽真形圖

臣聞：按上古〔一〕入山合丹，求道潔静，賫三皇文及五嶽真形圖所召山神，及按鬼録召里社及山卿澤尉，問之則知木石之怪，山川之精，不敢來試人也。亦如釋法中有般若經所置之處，當知此則爲是塔，凡諸邪物自然遠匿。道士有此文，專主攝效。故云：道書之至重者〔二〕，不輒授也，受之者四十年乃一傳之，傳者歃血爲盟，委質爲誓。名山五嶽皆有此書，但藏於石室幽隱之地，應得道者入山精誠〔三〕，則山精自開出令見之。若有此書，當置之處〔四〕，凡有所爲，必先知如奉君父焉。其經曰：家有三皇文，辟一切邪惡鬼，毒疫瘟氣，横殃飛禍。若有困病垂死而令信道者至心〔五〕，以此書賫之即活也。夫道士欲求仙，賫此書入山，辟虎山精，五毒百邪，皆不敢近人，可以涉江海，卻蛟龍風波〔六〕。其法可以變化起功〔七〕，不問宜便，无咎殃也〔八〕。有此文而求驗者，當潔齋百日，乃可依法召諸神司命太歲，日游五嶽四瀆，社稷之神皆見形如人，可得問吉凶安危，及病者禍出爾之所由也。道士之中如有得之者〔九〕，若不能仁義慈心，而不清正者，雖得之，必速禍其身，不可輕也。故昔黄帝東到青丘，過風山，見紫符先生，受三皇内文，以劾召萬神，即此書也〔一〇〕。

【校釋】

〔一〕「上古」，原文作「上」，據心訣改。

〔二〕「道書之至重者」以下至「雖得之必速禍其身不可輕也」節録自抱朴子遐覽（頁三三六—三三七）。

〔三〕「精誠」，抱朴子作「精誠思之」。

〔四〕「當置之處」，抱朴子作「常置清潔之處」。

〔五〕「信道者至心」，抱朴子作「信道心至者」。

〔六〕「卻蛟龍風波」，抱朴子作「卻蛟龍止風波」。

〔七〕「起功」，抱朴子作「起工」，指動工立新宅冢墓等。

〔八〕「不問宜便，无咎殃也」，抱朴子作「不問地擇日，家無殃咎」。

〔九〕「道士之中如有得之者」，此句前有省文：「又家有五嶽真形圖，能辟兵凶逆，人欲害之者，皆還反受其殃。」

〔一〇〕黄帝受三皇内文幾句出自抱朴子地真（頁三二三）。

明符致神驗

臣按：入山合丹，欲辟山川廟社百神鬼之法，最以符爲切要。神丹大藥，亦資符力而辟衛也。符法者，出于老子〔一〕，皆天文也，老子于神人授之者也。今人用之而少驗者，由出于不歷，文傳寫多誤〔二〕，又信心不篤，徒施用之。且俗經文同字，識春秋之錯，杜預非之以五門〔三〕，史記之謬，則子夏正之爲己亥〔四〕。故諺曰：書三寫，魚成魯，帝成虎〔五〕。七與士〔六〕，但以音相涉，長短之間輒致舛也。況符上點畫非字，錯不可識，誤不可覺，故莫知其定與不定也。然凡求長生，制之在藥，不由符力而能致之仙也，然不可廢者，藉其卻鬼辟邪，以丹之漸。

【校釋】

〔一〕「符法者，出于老子」，此句至段末主要據抱朴子遐覽（頁三三五—三三六）改編而成。此句原文脱「出」字，據抱朴子補。

〔二〕「由出于不歷，文傳寫多誤」，此句疑有誤。心訣文略，僅作「由於傳寫多誤」，抱朴子原文爲「由於出來歷久，傳寫之多誤故也」。

〔三〕「識春秋之錯，杜預非之以五門」，左傳襄公九年「閏月，戊寅，濟於陰阪」句杜預(二二二一—二八四)注曰：「以長麻參校上下，此年不得有閏月戊寅，戊寅是十二月二十日。疑『閏月』當爲『門五日』。『五』字上與『門』合爲『閏』，則後學者自然轉『日』爲『月』。」(十三經注疏，頁一九四三)

〔四〕「史記之謬，則子夏正之爲己亥」，吕氏春秋卷二十二云：「子夏之晉，過衛，有讀史記者曰：『晉師三豕涉河。』子夏曰：『非也，是己亥也。夫『己』與『三』相近，『豕』與『亥』相似。』至於晉而問之，則曰『晉師己亥涉河』也。辭多類非而是，多類是而非。是非之經，不可不分，此聖人之所慎也。」(吕氏春秋集釋，頁六一九)

〔五〕「帝成虎」，抱朴子作「虚成虎」。

〔六〕「七與士」，原文作「七學士」，據抱朴子改。

入名山賫召高山君符

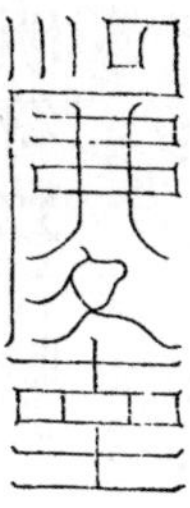

此符齋十日，召高山君使，除虎狼之害。其符以丹書繒上一尺二寸，長亦如之。若書

時，不得中息而語也。書畢，燒香，夜於静室〔一〕之中隨月建立，著新衣服而召之，其字向下。凡用符，以大字著左右心前，恒正思慕其象之宜，旁在〔二〕六甲直符并玉女名字，賫所召之書仰視面，想思八方之外，存神長五尺，衣服如六甲經。

【校釋】

〔一〕「静室」，心訣作「浄室」。

〔二〕「在」，心訣作「召」。

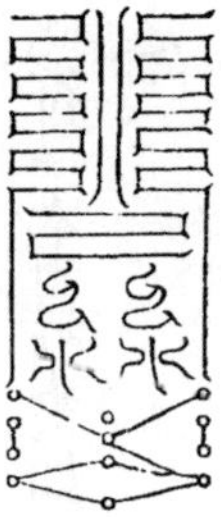

此登山符。仙人陳安世〔一〕入山，甲寅日書白素上。夜向北斗，祭以酒脯，自説姓名，以著衣領中，辟邪精百鬼老物虎狼毒蟲。帶之置案上，面向北斗。

【校釋】

〔一〕「陳安世」，抱朴子勤求云：「陳安世者，年十三歲，蓋灌叔本之客子耳，先得仙道。叔本年七十皓首，朝夕拜安世曰，道尊德貴，先得道者則爲師矣，吾不敢倦執弟子之禮也。由是安世告之要方，遂復仙去矣。」（頁二五五）其事蹟詳見神仙傳（頁七六—七七）。另，抱朴子登涉有陳安世所授入山辟虎狼符及陳安世符，與本卷不同。

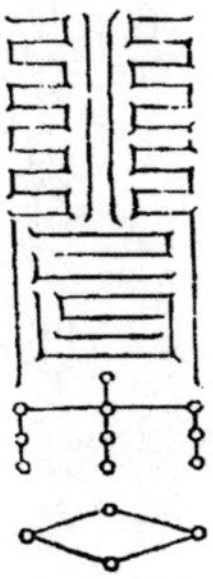

此符一本書點畫如此，用法如前同，只點畫大同小異，與前不別，其功效一種〔一〕，故兩存之。

【校釋】

〔一〕「其功效一種」，心訣作「其功效一種無別」。一種，一樣，同樣。

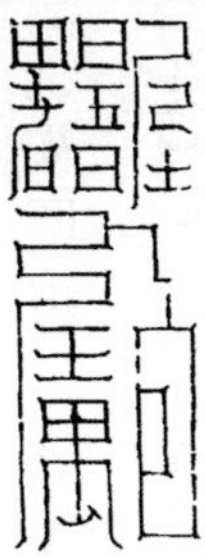

此符以丹書絹書各異之〔二〕，帶著肘後，男左女右。亦可以書白素帶之。可以著所住

處，四方各四枚〔二〕。若移徙，當先令人拔取。此符大神，勿妄傳之。

【校釋】

〔一〕「此符以丹書絹書各異之」，心訣作「此符以丹書絹素各異之」，絹素即白絹。

〔二〕「四方各四枚」，心訣作「四方各一枚」。

此符亦是登山，功效不異，是老君黄庭三十九真祕符〔一〕，辟百鬼。

【校釋】

〔一〕「老君黄庭三十九真祕符」，抱朴子有老君黄庭中胎四十九真祕符，其登涉篇云：「有老君黄庭中胎四十九真祕符，入山林，以甲寅日丹書白素，夜置案中，向北斗祭之，以酒脯各少少，自説姓名，再拜受取，内衣領中，辟山川百鬼萬精虎狼蟲毒也。何必道士，亂世避難入山林，亦宜知此法也。」（頁三〇八）又，遐覽篇有四十九真符。

合仙藥和合之處，住必須名山極深之處，無人畜行跡，仍有東流水，大石巖室之中。若無巖石室，可於深林之中無人迹處作室，恒須近水。非其處，勿措意合作神藥。大山無東流水，西流亦得。

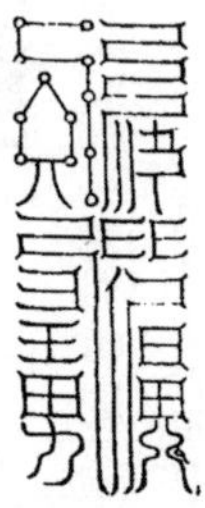

此符居山住處安，以丹書柏板上，大文書，令彌滿其板上。著門上四方四隅，及所行道之處，安之并五十步，辟諸精也。

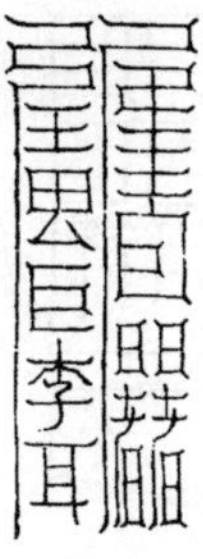

此符是去虎狼之符，與前同移徙板，將辟山精，道側用。

臣按：爲道者多在山林之間，乃是虎狼毒蛇精怪魍魎之窟穴也，不深防辟，損害藥也。昔者圓丘多大蛇，又生好藥。黃帝將登山而求好藥，是蛇爲毒。廣成子教黃帝佩雄黃，而衆蛇皆去〔一〕。故入山之士欲合大藥〔二〕，不知入山之法，多虞〔三〕患害。諺曰：太華之下白骨狼藉者，以其偏知一事，不能博備，雖欲求生，而反速趨死也。而道士徒知大方〔四〕，不曉入山辟禁之法，亦非小事也。蛇雖種類至多，唯蝮蛇及青蛞〔五〕二蛇中人最爲至急，一日不救則殺人。救者以刀割去其所傷處瘡肉，投之於地，狀如火炭，須臾焦盡，人得活也。然此二蛇至秋是毒盛之月〔六〕，不得物齧，乃以其牙吸咬其大竹木，即皆焦枯，此是自欲洩其毒。故所以上入山，懼蛇可畏，必預止家中，先學禁法，思存日月及朱鳥玄武青龍白虎，以衛其身。乃到山草中，左取三氣而閉之，以吹〔七〕山草，而意思令屯氣赤色，如雲霧彌滿數十里中。若同伴從人，無限三五人，皆令羅列，皆令以氣吹之，則雖踐蛇，蛇不能動，又亦略不逢見。又令帶雄黄五兩已上入山，亦不畏蛇。若中人，以雄黄末塗之即愈。又帶乾雄黄〔八〕、附子於肘後，或燒牛羊鹿角以熏，或以野猪耳中垢及麝香丸之於足爪中著，皆有效也。

【校釋】

〔一〕黄帝佩雄黄辟蛇的記載出自抱朴子登涉（頁三〇四），文字改動較多。

〔二〕「故入山之士欲合大藥」至「而反速趨死也」，出自抱朴子登涉（頁二九九），文字改動較多。

〔三〕「虞」，憂慮，憂患。抱朴子作「遇」。

〔四〕「而道士徒知大方」至本段末，出自抱朴子登涉（頁三〇四—三〇五），文字改動較多。

〔五〕「青蛞」，抱朴子作「青金蛇」。按「蛞」字亦可讀若蛇（集韻食列切，入薛船），故此處「蛞」當同「蛇」。

〔六〕「二蛇至秋是毒盛之月」，抱朴子云七八月乃此蛇毒盛之時。

〔七〕「吹」，原文作「次」，抱朴子作「吹」，本卷下文亦有「以氣吹之」之語，可知「次」字當爲「吹」之訛，據改。

〔八〕「乾雄黄」，抱朴子作「乾姜」，上文已言雄黄，且雄黄無所謂乾濕，疑「乾雄黄」乃「乾姜」之誤。

辟百蛇印及能卻虎狼不犯符

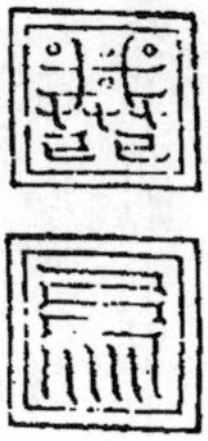

此二神印，取棗心剋之，方之二寸。畢設祭再拜，請佩帶之，甚有效。

此黄首朱宫玉女簡房教導之印，而卻虎狼不敢前。此亦可爲符，朱書，吞之入山，辟虎狼。亦可爲印。出玉胎經也。

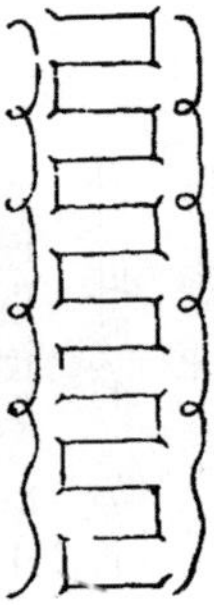

此符卻鬼，合藥時懸安四面，制諸鬼，大神驗。

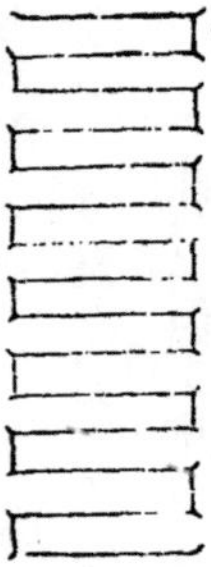

一本中心有七曲，餘並同，不知誤者。

此山居符，書之於柏板上，安門四角，虎狼不至。

已上三符並朱書。

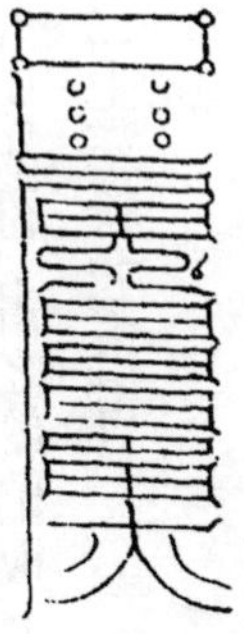

此符有一本下如此

此開山符，以千歲虆爲之，長尺二寸。以丹書此符，以印大石，名山山門即開，寶書出，亦金玉皆見我之〔一〕。千歲虆〔二〕者，天慈也，如鼠耳，卻鬼制魅也。

【校釋】

〔一〕「寶書出，亦金玉皆見我之」，心訣作「寶書亦出，金玉皆見」。抱朴子登涉（頁三一〇）提到此符，但文意似有脱漏，可據本書補正。

〔二〕「千歲虆」，名醫别録載千歲虆汁，陶弘景云：「今俗人方藥都不復識用此，仙經數處須之，而遠近道俗，咸不識此，非甚是異物，正是未研訪尋識之爾。」新修本草指出，此即蘡薁藤汁，此藤有千歲者，莖大如碗，冬惟葉凋，莖終不死。藤汁味甘，子味甘、酸，苗似葡萄，其莖主噦逆大善，傷寒後嘔噦更良（頁一〇四）。

右於深山静處作丹屋，四角懸鈴子，并作卻鬼藥卻鬼符安四面，然後可合藥。若不然者，鬼神吸其藥精華盡，或變卻，是以須作符厭禳之。卻鬼藥法，以光明砂〔一〕、雄黄、雌黄、麝香、附子、白朮、鬼臼、鬼箭各二等，蜜丸之帶。

【校釋】

〔一〕「光明砂」，品質最好的一種丹砂。集注已提到丹砂中光明瑩澈者爲佳，云：「……此二處並好，惟須光明瑩澈爲佳。」新修本草明確提出光明砂之名：「丹沙大略二種，有土沙、石沙……其石沙便有十數種，最上者光明沙，云一顆別生一石龕内，大者如雞卵，小者如棗栗，形似芙蓉，破之如雲母，光明瑩澈，在龕中石臺上生，得之者，帶之辟惡爲上。」（新修本草，頁四六）唐前期諸煉丹家對光明砂最爲推崇，對其形狀産地功能等有很多記載。如陳少微大洞鍊真寶經修伏靈砂妙訣序云：「只如丹砂之體數種，受氣不同，唯三種堪爲至藥。上者光明砂，中者白馬牙砂，下者紫靈砂。餘有溪土雜類之砂，不中入至藥，服餌所用。且光明砂一兩，服之力敵白馬牙砂四兩。白馬牙砂一兩，服之力敵紫靈砂八兩。如溪砂土砂之力，不可比量也……言光明砂者，受太陽清通澄朗正真之精氣降結，而紅光曜曜，名曰光明砂……且如光明砂一斤，伏鍊而得十四兩，伏火鼓得至寶七兩。白馬牙砂一斤，伏鍊而得十二兩，伏火鼓得至寶六兩。紫靈砂一斤，伏鍊而得十兩，伏火鼓得至寶四兩。溪砂土砂雜色之砂一斤，伏鍊可得六七兩，伏火鼓得至寶一二兩。」（頁一三—一四）

黄帝玉台篇圖符

臣按：昔黄帝到峨嵋山，見皇人〔一〕於玉堂，請問真道，又求長生〔二〕。故皇人，昔黄帝之師也。皇人曰：凡道士求仙，欲造大藥，鎔鑄五石〔三〕，要祕居山，無容得在俗間穢污之處。若違者，所合之藥終不可成。又不得吾玉台祕符者，縱使有他法，一切不成。皇人曰：凡道士求仙，得吾此文者，不久獲道。凡欲入山求仙學道，合丹起火，造長生藥，皆齋一百五十日，乃然後以王相日五合日，日辰不相剋，以之香湯、井華水、白糧粉一斗二升、朱砂一兩、白蜜一斗、桑薪灰一斗。先取五香湯一斗，然後以粉朱砂、蜜、灰并合之，以牡荆杖子長三寸，順楊杖攪之三七遍，然後置之静室。取台符，以静解明者，隨方座新筆畫之，置湯盆邊，當相方面。又取銅器一枚，以中央符懸湯上，去水三尺。置之訖，調息出户，作禹步，閉氣，還入室中，至湯盆徐徐放氣，調息使定，閉目合掌，正立端身，先向東方符禮七拜，次南方符禮二七拜，次西方符禮三七拜，次北方符禮五七拜，正向户並足立，面向湯盆上符禮七七拜，然後以湯水從頭至足沐浴，令内外香潔。向湯使盡，然後便著新衣。取東方符左臂佩之，西方符置右臂上，南方符心前著，北方符背上，中央符吞之，然更潔齋七日，安身静室，必五雲神威降，光照室，遍耀内外。慎勿驚恐，守一不移。神人見形，必有逼迫，須臾影没，此爲上驗。或隨人語問道訣，直爾光明爲證。但有此徵，必便合得道，從此已後，任意皆成。凡欲求長生度世、變鍊五石、服奇異藥、還年卻老、飛騰羽化者，不依符法，一切所作必不得成，徒喪其功，萬無一就，於是誹謗反生，謂無仙法。雖種種别術雜法，或用禁呪，或欲單符，或服諸藥，不得此法，一切不得成，無有疑也。又所造之藥，不求道養真，欲俗利榮華，而造黄白，亦無成理，致使靈祇不祐，鬼神忽恚，枭横加多，以致不祥，非但徒棄藥物，更置貧窮，何足爲益，夭枉〔四〕傷年，深宜慎之。諸道士不得妄傳非人，亦不得談説向人也。非同志者，不得輕出洩之也。

【校釋】

〔一〕「皇人」，即天真皇人，簡稱皇人。

〔二〕按抱朴子地真亦有黄帝向天真皇人問道之事，本書卷七「明守一閉邪及釜鼎丹屋」有節録，但其内容與本節完全不同。

〔三〕「五石」，其指各書主張不一。如本書與太清石壁記指丹砂、磁石、曾青、雄黄、礜石。抱朴子有兩種觀點，金丹篇同本書，登涉篇云雄黄、丹砂、雌黄、礬石、曾青五種。流珠經則云雄黄、雌黄、曾青、礜石、磁石五種。

〔四〕「天柱」，心訣作「天横」。

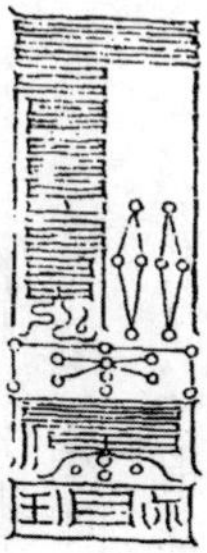

此第一皇老玉台神符，主南方，用緋爲地，白華爲文。

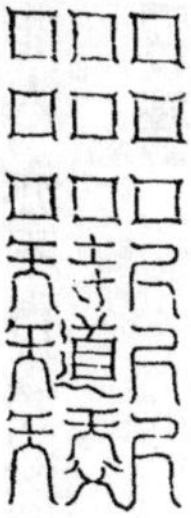

第二皇老玉台神符，主西方，素爲地，黄華爲文。有一本中心下乂字作此爻，餘並同。

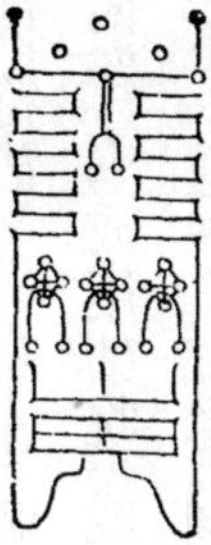

第三皇老玉台神符，主北方，皂爲地，青華爲文。

第四皇老玉台神符，主中央，以黄爲地，黑華爲文。已上符。

第五皇老玉台神符，主東方，以青爲地，朱華爲文。

皇人曰：凡道士欲事此符，以五色爲座，隨方置之，各須解潔，唯中央神丹置銅湯盆，以黄爲座，懸之湯盆上，去水三尺，一云七尺。凡座法，各令方圓一複面等，隨座爲囊之帶如上法，中央一方并座燒之爲灰，和水服之。皇人曰：山中合丹及修爐火，要須得吾此符，求道即成。山中置爐竈者，以王相支干不相剋日，去爐四面各三尺，入地五寸埋之。又取中央符埋之爐下，入地七尺，然後於上置爐處，兼中央符吞之。然後帶隨身符，則靈仙祐助，祕之。諸大名山皆有神芝靈草神仙妙藥，如無祕法，取之難得，設使見之，亦須臾變化。道士求仙此藥者，當齋戒沐浴香湯，帶此玉台五色神符，所逢神芝，隨意所欲。諸神芝靈草皆有虎狼龍蛇大蟒百毒護之，道士出入皆須帶，則一切山神百靈皆悉隱没，轉視其人，亦增加衛護。

黄帝九鼎神丹經訣卷之六

明神丹功能求皆有益之道

臣聞〔一〕：肖形天壤，人最爲貴，限以速老則死，善養則生。生可惜也，死可畏也，是以道家至祕而重也〔二〕，莫過此長生之方也。若長生之藥方法，莫過此神丹之道也，若此道修而不長生，則古無長生矣。夫生之在己，其利實大，論至貴賤，雖爵爲公侯，不足以論，比其輕重，雖賞有封畿，不足以易。百年之壽，三萬餘日，幼弱則未有所知，衰邁則歡樂無味，童蒙昏耄除數十年，平和喜笑八九千日，飆飛電激，顧盼以盡。今百年者，萬中一焉，假或終之，哀憂迫擾。所以上士之務，先營長生，事定可以任意，不祈羽化，取樂人間，同彭祖之享年，比少君之遐壽，可以畜妻子，可以居官秩，無虧上下之節，不失人理之歡，實盛事矣。

【校釋】

〔一〕本段内容主要節録改編自抱朴子多處文字，如勤求（頁二五二—二五四）、地真（頁三二二六〉、極言（頁二四三）、道意（頁一七一）等。

〔二〕「也」，心訣作「者」。

然長生之道，必資於藥，藥之上者，訣在神丹，百不易之法，黄帝所云。而學者錯學，求者妄求，謂道在文字之方，丹在生飛之藥，率心按造，百無一成。此由神無方，非神藥，恚道之不成。要道不書，故劉向不成於漢朝，陶明〔一〕靡驗於梁代。自非聰明大智，才堪贊務，累歷勤苦，積之艱危，内解修身，外善調鍊，有始有卒，不傾不邪，不朝爲夕待其成，不坐而立望其效，不廢敗於讒嫉，不厭怠於時長，受至苦於初勞，成久視於終逸。譬如人君理國，戎將待敵，外以武略剋定，内以謨猷〔二〕經緯。故一人之身，一國之象，胸腹猶宫室也，四支之列猶百官也，神猶君也，血猶臣也，氣猶人也。修身之道，猶理國也，愛其人，所以保其國，固其氣，所以全其神。全其神者，不可使氣竭，保其國者，不可使人散。人氣難養而易危，難清而易濁也，故審威德以保社稷，割嗜慾以固血氣，乃能有剋終義，成長生之功，百害卻焉，年壽長焉。故欲與長生，務内養之，失理不免喪生。比夫木槿楊柳易生之物，倒之所生，横之所生，生之易者，莫過斯木。然埋之既淺，栽未得久，乍剋乍剥，或搖或拔，雖壅以膏壤，浸以春澤，而不免枯，以其根朽，不暇吐其萌芽，津液不得結其生氣也。

人之爲體，易傷難養，方之二物，不及遠矣。攻毁之者非一條，過剋剥〔三〕劇乎摇拔，精靈固於燋擾，榮衛消於數用，煎熬形器，剋削平和，飲食失宜，榮逸〔四〕過度，當風卧濕，變起膏肓，方託命於草木之醫，或投誠於祭祀之助，猶渴穿井於高阜，若飢起耕於石田，草木之藥，何所補之？神鬼之力，曷能濟之？若命可以草木延，病可以祭祀除，則醫人悉長生，巫師永不病。故經云：不在祭祀事鬼神，不在誓願多語言〔五〕，長生之道，唯在神丹〔六〕。知之不易，行之實難。而學道之人，少進多退，競知者衆，克終者鮮，如井不達泉猶不進〔七〕。故非長生難聞，道行之爲難〔八〕；非行之難，終之難也〔九〕。非至明不能察也，非勤至不能學也。若易得，則漢武遇少君已得之矣；易明，則劉向按枕中已明之矣。故黄帝登崆峒訪道，夏禹封金簡於玉函，或功就而上昇，或道成而仙去，事昭故實，法茂前修者。

【校釋】

〔一〕「陶明」，指陶弘景，字通明。

〔二〕「謨猷」，謀略。

〔三〕「過剋剥」，心訣作「過於尅剥」。

〔四〕「榮逸」，心訣作「榮衛」。

〔五〕「語言」，心訣作「言語」。

〔六〕「不在祭祀事鬼神」至「唯在神丹」，抱朴子金丹引太清丹經云：「長生之道，不在祭祀事鬼神也，不在道引與屈伸也，昇仙之要，在神丹也。」（頁七七）

〔七〕「井不達泉猶不進」，心訣作「井不達泉終爲棄井」。

〔八〕「道行之爲難」，心訣作「若聞道行之爲難」。

〔九〕「故非長生難聞」至「終之難也」，抱朴子極言云：「故曰非長生難也，聞道難也；非聞道難也，行之難也；非行之難也，終之難也。」（頁二四〇）

長生之法，唯有神丹，以丹爲金，以金爲器，以器爲貯，服食資身，漸漬腸胃，霑溉榮衛，籍至堅貞，以駐年壽。〔一〕然金之爲物，雖稱土寶，優劣之品，損益不同。一者金帶毒，生成必傷人也；二者鉟金之本性剛毒，亦損人也；三者丹金神化妙力致延年，但上品諸石多含毒氣，成物必致傷人。譬如渴飲鴆漿，飢餐毒脯，欲益反損，爲害實徑。今時多士，異人間出，容成宧炎之日，彭祖司主藥之年，所見不同，或未盡善。有金而不知去毒，而不解成金，縱其有成，成亦無用，若不精加詳擇，一切無益。時不可失，不俟終日，生前之一切，唯有長生可重，伏願聖聰營之，與天地相畢。九丹目開列如後：

第一名丹華，第二名神符，第三名神丹，第四名還丹，第五名餌丹，第六名鍊丹，第七名柔丹，第八名伏丹，第九名寒丹。

右九丹，此略録名，其義解釋並在後卷耳。

【校釋】

〔一〕以丹金作器具飲食長生，其法最早見於西漢。據史記封禪書記載，方士李少君謂漢武帝曰：「祠竈則致物，致物而丹沙可化爲黄金，黄金成以爲飲食器則益壽，益壽而海中蓬萊仙者乃可見，見之以封禪則不死，黄帝是也」（頁一三八五）。其後丹經多有記載，除本書外，如抱朴子金丹云，將金液與水銀合煮成丹，「取此丹一斤置火上扇之，化爲赤金而流，名曰丹金……以此丹金爲盤椀，飲食其中，令人長生」（頁八三）。又抱朴子神仙金汋經卷上曰：「以丹金作盤椀，飲食其中，長生不死。」注云：「可作土形範，以火銷丹金而鑄器仗，大小在人意也。飲食其中者，爲常人不服立仙之藥者，以器飲食，但不得神仙，可以久壽耳，得仙者與天地相畢也。」（頁二〇五）

黄帝九鼎神丹經訣卷之七 八同卷

明守一閉邪〔一〕及釜鼎丹屋

臣按：昔黄帝受丹經於玄女〔二〕，訪真一於皇人，故云長生仙方則唯有金丹，守形卻惡獨有真一，以古人尤重焉。仙經曰：九轉金丹經、守一訣〔三〕皆在崑崙五城之内，藏以玉函，刻以金札，封以紫泥〔四〕，印以中章。此蓋上聖寶祕之法也。夫人所以死者，其害有六也：一者損也，二者老也，三者百病所加，四者毒惡所中，五者邪氣所傷，六者風冷所犯。今凡欲卻惡之者，導引行氣，還精補腦，食飲有度，興居有節，欲服藥物，思神守一，帶佩符印，不觸禁忌，此可以去邪惡而杜不祥，必不能延壽而消萬疾也。若遇暴鬼狂惡横夭〔五〕，疫毒之流行，大藥未成，則非此以卻之矣。譬除甲胄積蓑笠〔六〕者，爲兵爲雨也。若時無攻戰，天不陰沉，則有之與無正同也。若矢石霧合，鋒刃烟交，則如赤體者之同〔七〕；若洪雨傾注，素雪彌天，則知露立者之凍也。身疾未愈，神丹未就，年命未定，衆邪未遣，守一之道不可不知也。入山守一，則百毒不敢近人，不須諸法，百邪自去。其法如後，爲其法在皇人三一法〔八〕卷中，故不抄録。

【校釋】

〔一〕「閉邪」，義同辟邪。

〔二〕「昔黄帝受丹經於玄女」至「此蓋上聖寶祕之法也」，節録改編自抱朴子地真（頁三二四）。

〔三〕「九轉金丹經、守一訣」，心訣同，抱朴子作「九轉丹、金液經、守一訣」。

〔四〕「紫泥」，原文作「紫芝」，按函札當用封泥印章，「紫芝」當誤，據抱朴子改。

〔五〕「若遇暴鬼狂惡横夭」至「則知露立者之涷也」，出自抱朴子道意（頁一七七）。

〔六〕「除甲冑積蓑笠」，抱朴子作「儲甲冑蓄蓑笠」。「除」，通「儲」。

〔七〕「則如赤體者之同」，該句有誤字，抱朴子作「則知裸體者之困矣」。

〔八〕「皇人三一法」，此爲内煉方法。抱朴子地真云：「道起於一，其貴無偶，各居一處，以象天地人，故曰三一也。」（頁三二四）唐太上洞玄靈寶大綱鈔云：「至軒轅黄帝時，天真皇人是前劫成真，於峨嵋山洞中，授黄帝及守三一法，黄帝赤書一篇，靈寶部中皆天書古篆。黄帝道成，封此法於鍾山，在西北，然後於仙都山升天。」（頁三七六）雲笈七籤卷七十三古龍虎歌注云：「三者准上三丹田，各有歸魂守一之法，論至藥門中四氣，筋骨血肉相承之法，不差毫釐，勿令其陰陽時候差錯。每月初發火，從一日數九九之法，此三一法並是内三一之法，用十二箇月火候，管十二時，配十二位，行九宫，象八卦，合五行。黄帝於皇人處請問三一之門，因此流傳口訣受之，如世世有仙士付之，亦勿令載於書，方訣止以口付之。若不依此三一規矩，縱解萬般小法，能變黄白救世，財寶如積山，亦未免身死矣！終不是保命之法，學而知之者爲善矣！」（頁一六四八）

飛丹作屋法〔一〕

先擇得深山臨水懸巖静處，人畜絶迹，施帶符印，清心潔齋，除去地上舊土三尺，更納好土，築之令平。又更起基，高三尺半，勿於故丘墟之間也。屋長三丈，廣一丈六尺，潔修護，以好草覆之，泥壁内外，皆令堅密。室正東正南開門二户，户廣四尺，暮閉之，視火光〔二〕及主人止室中，以其竈安屋中心央。密障蔽，施籬落，令峻也〔三〕。舍若不峻，不辟天大雨，籬落亦然。此皆舊法，今意不然。若嶮絶懸崖，流水勝地，既是深山，不可多得人功，恐只除其朽壤，實以好土，當釜下埋符訖，堅築令實，即後充得。又丹經〔四〕云：欲合神丹，當於深山大澤，若窮里廣野〔五〕無人之處。若人中作，必須作高墻厚壁，令中外不相見聞。其間亦可結侣，不過二人至三人耳。先齋七日，沐浴五香，致加精潔，勿經穢汙喪葬之家往來耳〔六〕。

【校釋】

〔一〕「飛丹作屋法」，煉丹之屋又稱精舍、神室、竈屋、神竈屋等。此法及下文「作竈法」與南北朝太微靈書紫文琅玕華丹神真上經（陳國符謂不早於南齊）的記載非常相近，後者法爲：「竈屋起基，先鑿地，去除穢土三尺，更納好土，築以滿之。又更於平土之上起基，高令二尺五寸。勿在故塚墓之處，及故居家之墟間爲竈而止也。竈屋令成巾長三丈，廣一丈六尺，高一丈六尺。潔盛治護，以好草覆之。泥壁内外，令堅密。正東正南門二户，户廣四尺，暮閉之，視火人及主人止室中。以竈安屋下中央，竈口令向東，以好塼石繕作之，以苦酒及東流水擣和細白土並牛馬麞鹿毛爲泥，泥竈。竈内安鐵鐃，以藥釜著鐃上。使釜在竈中央，釜四邊當去竈土各三寸半，令竈高於釜上二尺，釜下去地一尺八寸。以好糠火於下燒之，令去釜一尺許。」（頁五五五—五五六）

〔二〕「視火光」，太微靈書紫文琅玕華丹神真上經作「視火人」。陳國符指出，「光」當作「人」，即視炭火者（中國外丹黄白法考，頁三〇）。

〔三〕「施籬落令峻也」，籬落，即籬笆。峻，這裏指陡峭。太清金液神丹經卷上亦有類似要求，云：「合神丹宜索大巖室，足容部分處。若無巖室，乃可於四山之内，叢林之中，無人跡處，作屋長四五丈，密障蔽，施籬落，令峻，避天雨。」（頁七五〇）

〔四〕「丹經」，實即黄帝九鼎神丹經，内容出自卷一。

〔五〕「廣野」，卷一原作「曠野」，「廣」通「曠」。

〔六〕早期竈屋的營造法式諸丹經記載不盡相同，略舉兩例。太上八景四蕊紫漿五珠絳生神丹方經云：「當在無人處先作竈屋，長四丈，南向。開屋東頭爲户，屋南向爲紗窗，屋中央作竈。」（頁四二）太極真人九轉還丹經要訣：「當在名山無人跡之處，臨東流水上，作神竈屋，屋長四丈，廣二丈，起基四尺。又當先掘基下土三五尺深，如無故坮井冢瘞埋之所，然可築基蓋屋。開南户東户西户三户門也。」（頁一〇）關於開户不同的原因，陳國符認爲：「在北方終年四季多西北風，故丹屋或竈屋僅開南户東户。在南方，則不然，故開南户東户西户也。」（中國外丹黄白法考，頁三一）

居山辟邪鬼惡賊蟲獸法

凡住山居止〔一〕，怖懼邪鬼，當以左手取青龍上草〔二〕，折半置蓬星〔三〕下，歷明堂，入陰中，禹步，步畢祝曰：諸臯〔四〕，太陰將軍，獨開曾孫某甲，勿開外人，使見甲者以爲束薪，不見甲者以爲非人。即折所將草物置地，於是左手取土以傳人中，右手持草自蔽，左手著心前，禹步而行，到六癸下〔五〕立，閉氣而住，令鬼不能見。六甲爲青龍，六乙爲蓬星，六丙爲明堂，六丁爲陰中。

凡合仙藥，用四時王相日，日辰不相剋，見天晴，日月精明，氣色静，可起手。凡服丹藥時，勿以天陰雪寒風雨大露五日，服藥須在静處，得力大速。服藥須慎口味，五辛葷臭，房中污穢，臨喪視孝，並大禁也。此是狐剛子造大藥禁慎。

【校釋】

〔一〕本段乃抱朴子登涉引遁甲中經文（頁三〇二）。

〔二〕「草」，原文作「物」，據抱朴子改。按下文言「草物」，故此物即草無疑也。

〔三〕「蓬星」，抱朴子作「逢星」，「逢」通「蓬」。蓬星又名王星，是古代被稱爲妖星的天象之一。

〔四〕「諸皋」，神名。宋姚寬西溪叢語卷上云：「段成式酉陽雜俎有諸皋記，又有支諸皋，意義難解。春秋左氏傳襄公十八年：『秋，齊侯伐我北鄙。中行獻子將伐齊，夢與厲公訟，弗勝，公以戈擊之，首墜於前，跪而戴之，奉之以走，見梗陽之巫皋。他日，見諸道，與之言，同。巫曰：今兹主必死，若有事於東方，則可以逞。獻子許諾。』疑此事也。」（頁一一六）

〔五〕「下」，原文作「丁」，據抱朴子改。

符室法

庭前其室方十二步，高二丈四尺，南門著扉，門前使有東流水，東日西月，表裏香泥泥之，四方各作主丹符也。於室中立五嶽三台。西方壁下别立層壇，置諸藥草，及神丹經訣目録並布於上，即有生藥使者護之，萬邪[一]不能干也。

【校釋】

〔一〕「萬邪」，心訣作「萬靈」。

作竈法

屋下中央作竈，口令向東，以好塼石繕修之，以苦酒及東流水擣和細白土并蒱臺泥[一]泥之。竈内安鐵三脚，其脚器以生鐵爲之佳。以藥釜置三脚上訖，使釜置在竈中央，勿傾邪[二]也，四邊去竈壁各三寸半，令竈出釜上二寸。繞釜四邊宜恒下糠，續火增之，恐火之彊弱不均也[三]。

【校釋】

〔一〕「蒱臺泥」，蒱臺，或即「蒲臺」。水經注卷五云：「商河又分爲二水，南水謂之長叢溝，東流傾注于海。溝南海側，有蒲臺，臺高八丈，方二百步。三齊略記曰：鬲城東南有蒲臺。秦始皇東游海上，于臺上蟠蒲繫馬……」（水經注校證，頁一四七）隋開皇十六年（五九六）因置蒲臺縣，屬棣州，治所在今山東濱州市東南蒲城鄉（中國歷史地名大辭典，頁二六五六）。陳國符認爲「蒲臺」指蒲臺縣（中國外丹黄白法考，頁三〇）。

〔二〕「傾邪」，即「傾斜」。按「邪」古有傾斜、歪斜之義，後來作「斜」。

〔三〕竈的建造在唐初以前也有很多法式。如太上八景四蕊紫漿五珠絳生神丹方經云：「屋中央作竈。竈令四方，四面開口。以大鐵鐃施四脚，以著竈之中央，使上下相遠，高下之法，以意裁量，好安隱之。」（頁四二）太極真人九轉還丹經要訣云：「乃立竈於屋中央。竈口向西，竈窠内須令安得鐵鐃，容坐得土釜。竈子四邊，令去釜凡九寸。以磚並細土泥構立之，亦勿令有穿坼也。」（頁一〇——一一）孫思邈太清丹經要訣較早使用鐵灶，云：「右其門高六寸，闊五寸，以鐵爲之。其竅勿令向上，宜下開之，可高三寸半許，闊二寸半。若向上開者，火則微翳，向下開之爲佳也。」（雲笈七籤，頁一五七四——一五七五）

五嶽三台法〔一〕

先立五嶽形，當中別三台，以瓦器石壘之，以香泥泥之。諸經亦有作法。若令鍊丹，不能立五嶽三台，即須符室。符室中立竈，四周廣七尺，以瓦石壘之，黄丹爲泥，泥表裏也。〔二〕

【校釋】

〔一〕「五嶽三台法」，趙匡華認爲，五嶽三台象徵嵩、泰、華、衡、恒五大名山和御用之「三台」，如許慎五經異義載：「天子有三台：靈台以觀天文，時台以觀四時施化，囿台以觀鳥獸魚鱉。」（中國科學技術史化學卷，頁三九一）

〔二〕本節内容似乎表明五嶽三台可以代替符室與竈。不過上文「符室法」指出，於符室中立五嶽三台。因此，五嶽三台的作用實際上僅相當於竈。又太清經天師口訣中有五嶽三台法：「四方立四墼，中央立一墼，名曰五嶽。亦可三角豎三墼，名三台。以安土釜其上……。」（頁七八八）該法與本節不同，五嶽與三台建其一即可，而本節五嶽三台是一套設備，三台建於五嶽内。

鐵鐃釴〔一〕法

量釜大小，周圓一等，著三脚，高一尺六寸。

【校釋】

〔一〕「鐵鐃釴」，鐃，中華大字典：音義未詳。中華字海：音待考，一種鐵器。楊寶忠認爲，雲笈七籤中的「鐃」字，四庫全書本並作「鎊」，「鐃」字疑即「鎊」字之變，「鎊」之形制未詳（疑難字續考，頁三一二）。馮利華認爲，鐃是六朝時期道士煉丹時用來擱置土釜的鐵器，有四脚，脚的形狀似鏊脚，脚的高度在九寸至三尺不等，鐃的上部圍束成一圈，煉丹時放在丹灶中央，然後施展其脚，再將土釜安置於上（中古道書語言研究，頁一三二一一三三）。按「鎊」同「鉼」，集韻豪韻曰：鉼，廣雅：鉼鑪，鏑也。一曰鏂鉼，銅器。或從勞。釴，本指附耳在脣外的方鼎。本書所言之鐃釴乃鐵器，用以放置土釜，其大小周圓與釜一致，三脚。又早期丹經常用「鐵鐃」，當即此物。如太清金液神丹經「以釜置鐵鐃上令安」（雲笈七籤卷六十五同），太清金液神氣經「乃安釜於鐵鐃之上，令鐃脚高二尺五寸」、「乃可納之（釜）於四鐃，高二尺」，太上八景四蕊紫漿五珠絳生神丹方經「以大鐵鐃，鐃施四脚，以著竈之中央」（雲笈七籤六十八同），太極真人九轉還丹經要訣「竈窠内須令安得鐵鐃，容坐得土釜」、「然後安（釜）在鐵鐃上閣之，鐵鐃脚四，脚如鏊脚狀，但令高九寸也」等。此外，本書卷一第四丹之鐵弋（釴）三柱、卷七作竈法之鐵三脚均屬同類器具。由上可以斷定，鐵鐃釴是煉丹過程中放在竈中用以放置土釜的鐵架子，三脚四脚均可，其上爲一鐵圈，周長據釜而定，通高則與竈有關。四庫全書本雲笈七籤「鐃」作「鎊」、「鐃」乃「鎊」字之變的看法均誤。

土釜法

臣按：飛藥合丹，神器〔一〕以土爲釜，不用鐵者。古豈不知模立圖樣，一鑄便成？特以五金有毒，不可輒用，故丹大法未有一處用鐵器者。又以土爲釜，其法最難，毛髮參差，藥總奔洩。自古施功，積累年歲，終老而不成者，莫不由此物也，古人重之不傳授。然作土釜用六一泥者，六與一合爲七也，聖人祕之，故云六一〔二〕。

【校釋】

〔一〕「神器」，語出老子：「將欲取天下而爲之，吾見其不得已。天下神器，不可爲也。爲者敗之，執者失之。」煉丹家常稱丹釜爲神器。

〔二〕以下土釜法對土釜泥法述之較詳，土釜則僅介紹了赤土釜一種，而且還出自太清丹法。實際上，唐前煉丹術使用的土釜有南北兩個系統，産地來源較多。魏晉以來，由於政權長期割據，不同地區的煉丹家往往過於强調其所在區域土釜的重要性，統而觀之，我們才可以瞭解煉丹家使用土釜的整體狀況。相關資料如抱朴子黃白云：「唯長沙、桂陽、豫章、南海土釜可用耳。彼鄉土之人，作土釜以炊食，自多也。」（頁二八九）抱朴子神仙金汋經云：「黄土甌者，意是土釜也，出在廣州及長沙、豫章、臨川、鄱陽者皆可用之。又此諸郡皆作黄土堥，亦可用之，皆耐火不破。他處出者，如似瓦器，不堪用，得火便破也。南方黄土器者亦可，馬毛若江籬合黄土搗之千杵，以作甌器，陰乾使佳，乃燒令堅。」（頁二〇四）登真隱訣云：「欲合九轉，先作神釜，當用滎陽、長沙、豫章土釜，謂瓦釜也。」（太平御覽引，頁二九九〇）流珠經云：「土釜滎陽、河南、洛陽及穎川郡者，大多一枚直十四五錢耳。」

六一泥法

礬石、礜石、戎鹽、鹵鹹，先燒之二十日，又取東海左顧牡蠣、赤石脂、滑石，凡七物，或多少者自在，搗一萬杵，細篩下之，以百日苦酒和爲泥丸。諸丹用者皆云六一，亦有不皆七種，各自有法，唯有取牢密耳。〔一〕

以左元放所授狐剛子七寶未央丸，其泥釜藥乃用紫石英、白石、赤石脂、牡蠣粉、白滑石各二十斤爲泥，搗溲法亦妙，録付於六一數內，唯用三味〔二〕。且六一之目雖充泥用，論其功力，堪助年壽。礬石乃輕身堅骨，增年不老；礜石則明目下氣，益肝止渴；戎鹽則能去毒蟲，使堅肌肉；鹵鹹則去藏中留熱，除嘔喘滿；赤石脂則益聖智不飢，輕身延年；白滑石則輕身年長，耐飢止渴。以此爲釜，直取釜氣之藥，已有長生之功力焉，故古人用之不无意，全賴作釜。先成赤土釜爲骨體，次以六一泥重塗之，又以玄黄華傅之，故編之其次第相類如後。

【校釋】

〔一〕這裏撰者强調六一泥未必都用七種材料，各自有法，只要牢密即可。從現存煉丹文獻來看，六一泥的配方的確很多，性能不一，關於這個問題的詳細研究可參見中國道教科學技術史南北朝隋唐五代卷（頁三八九—四一八）。

〔二〕後文「狐剛子和釜泥法」與本泥法相近，用料爲紫石英、白石脂、牡蠣粉、白滑石各一斤，無赤石脂。本法中「白石」疑爲「白石脂」之誤。

作赤土釜法〔一〕

取雞肝赤土黄色者〔二〕，細擣絹篩，蒸之，從旦至日中下之，取薄酒〔三〕和之爲泥，擣令極熟，以作土釜三合六枚〔四〕者，正用數也。又别作三合六枚者，旁試乾與不乾之作也。隨藥多少，任意作之，通令厚五分許，陰乾三十日，小者容八九升，大者容一斗半。亦云厚三分，曬燒極令大乾。次用槲〔五〕樹白皮三十斤，細剉〔六〕，以水三石煮之一日，去滓，煎取一升〔七〕，其色赤黑，名曰槲漆。釜數若多，隨數若多少加增，塗土釜表裏，即堅勁不破，入火不裂。此是神丹土釜祕訣。

【校釋】

〔一〕「作赤土釜法」，此法實爲太清丹釜法，見太清經天師口訣中的「銀雪法」，並稱此釜可爲包括九鼎丹在内的多種丹法使用。（頁七八八）又本書卷二十九鼎丹隱文訣第一丹使用和太清丹完全相同的土釜：「又當先作二釜，一如太清丹白雪土釜法，備在上秩第六卷（當爲第七卷）釋訖，此不重載。」

〔二〕「雞肝赤土黄色者」，太清經天師口訣作「雞府土赤黄色者」。「雞肝赤土黄色者」疑應作「雞肝土赤黄色者」。下文「狐剛子仙釜法」用「南方赤黄土」，蓋此類土也。

〔三〕「薄酒」，太清經天師口訣作「薄醋」。薄，淡。

〔四〕「三合六枚」，即三對上下釜共六枚。

〔五〕「槲」，太清經天師口訣作「斛」。槲樹，古名朴樕、槲樕等，今稱槲櫟、柞櫟。

〔六〕「剉」，砍，鍘切。

〔七〕「去滓，煎取一升」，太清經天師口訣作「去滓，煎其汁可得一斗許」。

造丹爐六一泥法

取東海左顧牡蠣三百斤，剥取肉於大鐵臼中擣，絹篩於盆中，水澆如白飲狀，攪數百遍。停一宿，去下滓，先傾卻水也，接取細淀，曝乾，其下麤者更擣篩如前法。納鐵器中，加露竈上，木柴猛火燒之二十日，常與火同色。寒之一日，更以絹篩之，以百日華〔一〕池和之爲泥，以羊鬚筆染取以塗土釜表裏。次取特生礜石、礬石、滑石、赤石脂、戎鹽、鹵鹹各分等，合擣不篩，亦燒之二十日，乃分取向牡蠣粉合七種，醋和爲泥，以塗釜表裏。牡蠣粉可一百斤，此七種各用二斤耳。

【校釋】

〔一〕「華」，原文誤作「藥」。

中黄密固泥法

取好黄土如脂臘者，曝乾，擣篩水汰，如作牡蠣粉法，曝乾，破之如梅李大，猛火燒之三日，令通赤如丹。畢寒之，更擣篩，三斤納黄丹一斤，紙一斤，漬令爛，以酒和煮阿膠五斤汁足，以紙土爲泥，擣三千杵，於瓷器中蒸之半日，以塗六一泥上也。

泥丹釜法

取赤土釜，先以牡蠣泥泥其兩赤土釜表裏，表厚五分，裏厚三分，陰乾十日，令極燥。又次以六一泥塗之，厚二分，表裏各厚五分也。據此則是六一泥塗裏不塗表也。

塗釜法

當稍塗，十日中令厚五分耳，塗訖更陰乾十日，乃曝之十日。此内外各厚五分，於例亦薄，只二十日耳。

塗牡蠣法

亦當一塗六一之日數也。

丹爐固濟法

納藥訖，先以六一泥塗兩釜口，乃合之，乃以六一泥塗外際，以漸增之，乾燥復塗之，令厚寸餘，務令堅密也。又以中黄神泥通塗，上厚六七分乃佳，封令釜形如覆盆，此形當正鵝卵形也。此謂密固法。若不爲此，則六一泥得火力，其精皆散，則裂踈〔一〕，疏則丹精奔洩也。昔安期師廣成丈人三十餘年，雖得丹經及注説衆訣，而未傳此要，九鍊不成，重更請乞，乃賜此神泥之要，一合便成，上昇太清也〔二〕。

臣按：此説有理。常疑諸丹用馬羊毛爲泥〔三〕，毛得火便焦，焦則其處空虚，虚則泥不密，藥氣洩出也。更詳之，所塗須泥極乾，乃可起火，若猶小濕，得熱即坼。亦可以屯泥別塗他物，如釜節度〔四〕。時作復剥其別試之釜，視之看其徹裏燥與不燥。亦可時試燒之，以爲釜候〔五〕也。此法最要，前陰乾後須更曝之十日已，燒之者訣須如是。瓦物雖經陰乾數百日後，得火及必帶柔潤，令泥中有醋彌，是潤物必須塗小釜，數燒試之。

【校釋】

〔一〕「踈」，不密。

〔二〕唐末杜光庭集墉城集仙録卷四「太真夫人」條云：「安期曰：『諸但恐道淺術薄，不足以訓授耳。下官昔受此方（指金液丹方）於廣成丈人。先師爲道德至妙，窈冥其心，無視無聽……動之若叩地而不言，求之輒移載而莫宣。不知所以得其術，不解何緣造其根，當此之時，實復罔然矣。以四五十年中勤守匪懈，久修奴役以奉顔色，遂蒙顧盼，漸見告悟，令越湯池而入生地，時開朱顔以對問見，示以求道之難易，於時乃賜與金液之要言也。』」（頁一八四）

〔三〕「諸丹用馬羊毛爲泥」，相關例證如抱朴子神仙金汋經云：「南方黄土器者亦可，馬毛若江離合黄土擣之千杵，以作甌器，陰乾使佳，乃燒令堅。」（頁二〇四）太微靈書紫文琅玕華丹神真上經云：「作神泥法：東海左顧牡蠣六分，蚡蝼土三分，馬脱落細毛一分，滑石三分，赤石脂三分，羊細毛二分，大鹽半分，合七物。」（頁五五五）又本書卷十一「雄汞長生法」以羊毛稀泥泥際口。

〔四〕「節度」，規則，法則。

〔五〕「以爲釜候」，即試燒之，觀察釜外塗泥是否有裂紋，致使藥氣泄出。

行泥法

先塗裏，乃泥外。别作欄格安處之，并爲尺度模樣，知其厚薄，若作圓規之。取泥令調，當於欲乾未乾之時恒以手摩，將令就手乾，不得一直放乾，宜停置，停即拆開。若天雨陰於屋中，然火使暖，日數既有准限，不得待其自乾，則失期候。

和泥法

當令淳淳〔一〕，以羊鬚爲筆，取泥塗之。〔二〕當以灰沐洗浄鬚，安管作數枚用之。

【校釋】

〔一〕「淳淳」，形容濕潤的樣子。

〔二〕以羊鬚爲筆塗泥，如太極真人九轉還丹經要訣云：「勿令有細坼如絲髮，即不可用，隨以羊鬚爲筆，和泥塗縫，令密塞之。」（頁一〇）又如太微靈書紫文琅玗華丹神真上經云：「若外復細坼者，更以羊鬚爲筆，染泥泥之。」（頁五五五）

用和泥酢法

和六一等泥直用好淳酢，不須華池。若作金沙，當依諸經作之，此不須也。經云百日者，不可不滿日也，若得多日多年者彌佳。

搗藥法

凡搗藥之細篩者，好絹篩爲佳，不須研也。

狐剛子仙釜法

取南方赤黄土，澄沙惡物〔一〕令盡，調理使熟，剛柔得所。先作釜，令深七寸，廣一尺二寸，勿令際會不均，四周不等，厚一寸，上下一等〔二〕。自餘丹釜亦准此作，大小隨所藥多少，並一時作訖，著陰中乾一月。然後作陶鑪，内釜著中，先文後武候也。稍微罷火，冷出之，置净室，不得穢矣。其釜不燒用時，將息稍難也。

【校釋】

〔一〕「惡物」，指土中渣滓。本書多次使用該詞。如卷九「出水金鈔法」云「以荆杖掠去惡物」，卷十八有「去銅惡物法」及「去鍮石及鐵惡物法」等。

〔二〕「上下一等」，即上下釜尺寸一致。

狐剛子和釜泥法

紫石英、白石脂、牡蠣粉、白滑石各一斤，此是仙丹大藥釜也，各異擣下篩，然後和陰獸玄精汁〔一〕爲泥，各團之如雞子，暴乾，然壘鑪燒之十日夜。火盡，更蓋十日罷矣。冷便團，更納鐵臼中，各異擣令粉細，以戎鹽下鹵鹹以水和令浥浥，復和華池煎爲泥，泥釜。乾更上之，每上率以一分爲度，三遍即罷也。土釜裹玄黄泥泥之，每泥一遍厚只一分，最是神妙。常看視泥上，勿令有毛髮開裂，謹固使密爲要耳。

【校釋】

〔一〕「陰獸玄精汁」，據卷十一「鍊雌汞法」和卷十二「出神飛鉛法」，陰獸玄精汁或謂玄精汁，皆指牛糞汁。

作仙釜中玄黄藥法

狐剛子用玄銀十斤，鉛白一斤，三轉鉛黄華五斤藉覆，升置土釜中，猛火從旦至日没，鉛精俱出，如黄金，名曰玄黄，一名飛輕，一名飛流。取胡粉亦鐵器中熬之如金色，與玄黄分等，搗萬杵，和以左味，搗令成泥也。

右此仙釜泥藥等法[一]，非九丹正訣所用。臣以各試，是至妙，故存之，一切別法莫過此最上耳。

【校釋】

〔一〕「右此仙釜泥藥等法」，指狐剛子仙釜法、和釜泥法及玄黄藥法。

黄帝九鼎神丹經訣卷之八

明化石爲水并硝石法

明化石序

臣聞：凡合大丹，未有不資化石神水之力也，此水之法雖自黄帝，至於周備，則是八公三十六水之道也。八公〔一〕者，漢淮南王安之師。劉安者，漢高祖之親孫，其父厲王也。於時天下貴人莫不以都邑畋獵犬馬爲事也，王獨愛仙道，偏崇祕術論仙之道，聞有變化道術之士，雖遥千里，卑辭厚幣請致之，莫不集之如雲，數千人也，所撰内書二十一篇，中篇八卷，鴻寶方三卷，而又布遠近，遂降八公，感之願爲之師也〔二〕。初門吏不納八公，八公現以老少之質，門人以聞之。王足不暇履，肘步而前，延公登思仙之臺，設錦綺之帳，進金玉之机，執弟子之禮，請長生之訣。八公曰：修學仙道，先作神丹，乃可長生不死耳。我能煎泥成金，凝汞成銀，水漬八石，飛騰流珠，轉化五金，凝變七寶，服之者能乘雲龍，浮游太清，出入紫闕，宴寢玄都矣。此是雲騰羽化之妙事也，王宜修之。安重叩頭流涕，乞長生之訣。公遂哀矜，授五靈神丹上經及三十六水法與安。安即登壇立盟，歃血跪金，以受神丹方，起爐火也，遂獲藥成。安爲五利所譖於帝〔三〕，帝怒，乃遣宗正〔四〕執節收安。八公難曰：阿安今可去矣。夫有神仙之籍者，謀之者死，犯之者滅門〔五〕。其五利未幾是八公言也。謂安曰：天遣如此，王足爲恨。公乃與安登山大祭，即日昇天。所踐大石人馬之迹千古見存焉，是以雞鳴天上，犬吠雲間矣。

【校釋】

〔一〕「八公」，淮南鴻烈高誘撰叙目云，天下方術之士多往歸劉安，「於是遂與蘇飛、李尚、左吴、田由、雷被、毛被、伍被、晉昌等八人，及諸儒大山、小山之徒，共講論道德，總統仁義，而著此書（指淮南鴻烈）」。今人多據此認爲上述八人即神仙八公，但本書的記載表明並非如此（如左吴即非八公之一），下引太清石壁記的記載亦同本書。

〔二〕關於劉安招致賓客作黄白書之事，漢書如是記載：「淮南王安爲人好書，鼓琴，不喜弋獵狗馬馳騁，亦欲以行陰德拊循百姓，流名譽。招致賓客方術之士數千人，作爲内書二十一篇，外書甚衆，又有中篇八卷，言神仙黄白之術，亦二十餘萬言。」（淮南王傳，頁二一四五）

「上復興神仙方術之事，而淮南有枕中鴻寶苑秘書。書言神仙使鬼物爲金之術，及鄒衍重道延命方，世人莫見。」（楚元王傳，頁一九二八）

〔三〕「安爲五利所譖於帝」，漢書和太平廣記引神仙傳皆云劉安被伍被等人告發。另漢武帝曾封欒大爲五利將軍。

〔四〕「宗正」，官名，掌管王室親族事務。

〔五〕「夫有神仙之籍者」，心訣云：「仙經曰，有仙籍者，謀之者死，犯之者滅門，憎之者亡。」

昔太極真人以此神經及水石法授東海青童君，君授金樓先生，先生授八公，八公授淮南王劉安，安昇天之日授左吴〔一〕。左吴者，安所念也，臨去告左吴曰：欲求長生，當作神丹，神丹若成，恣意所爲也。然此諸仙傳神丹乃是五靈神丹也，合之謹慎，揀藥石亦與九鼎相似，至於功用，乃劣於黄帝九鼎神丹力〔二〕。但化石水法出自八公，故具列由致如後〔三〕。

【校釋】

〔一〕「左吴」，劉安謀臣，曾協助安謀反。

〔二〕五靈丹法抱朴子金丹有記載，云：「其次有五靈丹經一卷，有五法也。用丹砂、雄黄、雌黄、石硫黄、曾青、礬石、慈石、戎鹽、太乙餘糧，亦用六一泥，及神室祭醮合之，三十六日成。又用五帝符，以五色書之，亦令人不死，但不及太清及九鼎丹藥耳。」（頁七八）本卷云五靈丹藥石與九鼎丹相似，但功用稍劣，其言與抱朴子記載相合。該法又見太清石壁記卷中，名曰「五石丹方」，其異名之六爲「五靈」，可知此即五靈丹。該方云：「五石丹者，淮南王劉安好道，感仙人八公來授之，安以此方錫（賜）左吴，故得傳之人世。其藥飛五石之精，服之令人長生度世，與群仙共居。」據此可知，所謂五靈即五石，此方中指丹砂、磁石、曾青、雄黄、礜石五物。太清石壁記共記二法，可與抱朴子相互補充。又太清石壁記卷中有名曰「五靈丹方」者，其五靈乃汞霜、雄黄、石硫黄、丹砂、雌黄五種（頁七六七）。

〔三〕本卷所記劉安與八公的故事與四庫全書本神仙傳所記差異甚大，與太平廣記所引神仙傳倒是有不少地方相合，僅比較簡略，蓋出自古本神仙傳。另外本卷以及卷十九引用的水法大多見於今本三十六水法前半部分，因此該書是判斷今本三十六水法成書年代的重要依據。

黄礬石水法

造九鼎神丹，所用水銀皆須去毒，去毒之法，不得礬石水，其毒不盡。今作按諸法皆以五十日成〔一〕，存古依舊，日數不輒加也。

取礬石一斤，無以馬齒者〔二〕，盛於青竹筒中，薄削其筒表，以硝石四兩覆薦〔三〕上下，係漆固其口，納華池中，四十日成水〔四〕。以華池和塗鐵，鐵銅色。諸法皆用。每十筒得斗許水，計藥數作之，加石膽三兩者。

又法：礬石三斤，置生竹筒中，薄削其表，以紬約筒口〔五〕，埋之濕地，五日成水〔六〕。

又法：先以淳酢溲礬令浥浥，乃盛之，以硝石二兩，漆固口，埋地中深三尺，十五日成水。

【校釋】

〔一〕按以下諸礬石水法大都不是五十日成。

〔二〕「無以馬齒者」，三十六水法作「無膽而馬齒者」。陶弘景云，礬石「色青白，生者名馬齒礬」（集注，頁一三八）。

〔三〕「薦」，藉也，墊也。

〔四〕「四十日成水」，三十六水法作「三十日成水」。

〔五〕「以紬約筒口」，三十六水法作「以紬綿纏筒口」。「紬」，粗綢，原文作「細」，據三十六水法改。

〔六〕「五日成水」，三十六水法作「四五日成水」。

玄珠法

礬石一斤，石膽三兩薦覆上下，納筒中，以漆固口，納華池中，五十日成水。三法同用玄珠一之〔一〕。

【校釋】

〔一〕本法爲礬石水法之一，不解何以名曰玄珠法。最後一句表明本法似有脱文。

三精六液法〔一〕

白礬石一斤，納青竹筒中，薄削其表，以硝石二兩覆薦上下，漆固口，納華池中，四十日成水矣。

又造九鼎神丹第一之丹丹華之法，先作玄黄訖，即須雄黄水、丹砂水和玄黄竹筒中，薄削其表。

【校釋】

〔一〕「三精六液法」，石藥爾雅卷下「顯諸經記中所造藥物名目」中有此法。陳國符云，疑三精指礬石雄黄丹砂，六液指礬石水、二法制雄黄水、三法制丹砂水（中國外丹黄白法考，頁四〇五）。

爲百蒸九飛法〔一〕

雄黄一斤，納竹筒中，即加硝石四兩，漆固如法，納華池中，四十日成水〔二〕。

又法：用硝石二兩〔三〕，塘㖒盛苦酒筒内中〔四〕，塞蓋，埋中庭，入土三尺，二十日成水。

其水甘美，其色黄濁也。

【校釋】

〔一〕「爲百蒸九飛法」，該句上文「薄削其表」操作似乎不完整，而該標題與下文雄黄水法又似乎不銜接。本書卷一云，九鼎丹第一丹先作玄黄，然後「當納藥於竹筒中百蒸之，當以雄黄丹砂水和飛之」。據此推測，「爲百蒸九飛法」是一個誤句，疑是「爲百蒸九飛雄黄水法」脱字所致，其中「爲百蒸九飛」當緊接上文「薄削其表」一句之後，而「雄黄水法」則是下文的標題。這一判斷可進一步在卷二十中找到根據，其九鼎丹隱文訣第一丹撰者按語中介紹了玄黄、雄黄水、丹砂水百蒸法與九飛法的詳細操作。

〔二〕「四十日成水」，三十六水法作「三十日成水」。

〔三〕「用硝石二兩」，三十六水法作「加礬石硝石各二兩」。

〔四〕「塘㖒盛苦酒筒内中，」三十六水法作「以甀瓶瓶盛苦酒納筒中」。塘㖒即甀瓶瓶。陳國符認爲，「甀㖒」蓋源於唐前三十六水法寫本，正統道藏本三十六水法作「甀瓶」，蓋據元藏，而元藏出自唐、宋、金藏，是唐以前尚無「甀瓶」二字，故借用「塘㖒」也。他進一步考證認爲，甀指瓷器中之大盆、大瓶，而㖒、瓶等皆有小盆、小瓶之義（中國外丹黄白法考，頁一九二—一九三）。

作丹砂水法

丹砂一斤，納生竹筒中，加石膽、硝石各二兩，塘㖒盛苦酒筒内中，覆蓋，埋中庭，入地三尺，二十日成水。其水甘美，其色黄濁也。

又法：丹砂一斤，納生竹筒中，加石膽二兩，硝石四兩，漆固如上，入華池中，三十日成水。

又法：加石膽、硝石各二兩，塘㖒盛，埋如上法，三十日成水。其味苦，其色赤。

臣按：礬石、雄黄、丹砂化之爲水，一依八公三十六水正經〔一〕，其法皆用硝石乃成之。又化丹砂即須石膽，諸大丹中有戎鹽。當今四海清通，諸藥皆足，唯硝石一藥不能得之。俗人乃有不假硝石成水者，亦有假以别藥合成硝石，仍云變化成者，其力乃神。臣竊尋究其方，必恐不及真者，故疏出，假以别藥，合成如左〔二〕。

【校釋】

〔一〕「三十六水正經」，即三十六水法正經。

〔二〕南北朝時，政權割據對藥物流通造成嚴重影響，一些原本平常之藥也變得難得而珍貴，爲此煉丹家發明了藥物合成方法，假别藥合成某種難得藥物以代真者，本卷以下内容便是對這方面材料的匯輯。除本書外，其他丹經也有零星記載，如太清金液神丹經卷上云：「無戎鹽者，河東大鹽可用。無滷鹹者，取好清酒微火煎之，令如飴糖之堅者，然後令與礬石、礜石等分而用之。此二物不可得，而當代之耳，直自不及真物之堅密也，但當小厚其泥也，以此代之者，是窮極也。」卷中作霜雪法云：「霜雪所用曾青、戎鹽、凝水石皆貴藥，不可用交代，非真則藥不成也。」（頁七五三、七五四）

假別藥作礬石水法〔一〕

礬石三斤擣末。以桑薪木盤一面，取炭燒浄地，可盤面經宿燒之，以苦酒灑熱地上，布礬石末，可盤下合之，著地四邊，以白灰擁之。待地熱盡，去四邊灰，開盤取著上者出，羽掃之。納三斗苦酒中〔二〕，率一斤華料一斗苦酒，漬之七日，急用火好，待一百日始大佳也。作法斤兩與苦酒如前，臨時任人。

【校釋】

〔一〕「假別藥作礬石水法」，此法又見卷十六之「礬石鍊之入長生藥用法」，文字稍有差異，可結合起來閱讀。

〔二〕「納三斗苦酒中」，卷十六云用三年苦酒。

作朴硝硝石法〔一〕

假別藥成，此謂芒硝石也，非硝石也。取朴硝硝石〔二〕，無用擣篩，麤研，以暖湯淋朴硝，取汁清澄者，煮之，多少恒令減半，出置净小盆〔三〕中，以冷水漬盆中，經宿即成，狀如白石英，大小皆有楞角。起作之，勿令污，若雜人臨視，則損精氣，變化不成。唯换冷水漬水盆中，成即疾也，不得使不冷。此變化諸水立效〔四〕。

【校釋】

〔一〕「作朴硝硝石法」，此法即卷十六之「鍊芒硝法」，乃以朴硝煉製朴硝硝石，也即芒硝之法。

〔二〕「取朴硝硝石」，既云朴硝硝石即芒硝石，本卷謂「取朴硝硝石」當有誤，原料應是朴硝。

〔三〕「小盆」，卷十六作「木盆」。

〔四〕這種用朴硝製作芒硝的方法，集注芒消條陶弘景注文有記載，惟文較略，云：「練之以朴消作芒消者，但以暖湯淋朴消，取汁清澄煮之減半，出着木盆中，經宿即成，狀如白英石（白石英），皆六道也，作之忌雜人臨視。」（頁一三九—一四〇）

假别藥作戎鹽法

用明浄石鹽，多少安在鐵器中，復鎔使沸〔一〕，投於白礬石末中復鎔，投著鹵鹹中復鎔，投著乾鹽末中覆之。如是三鍊，成戎鹽也，變化與真同不異也。

此鹽衆藥之主。若作五色神鹽〔二〕，五帝精〔三〕投之即成〔四〕。

【校釋】

〔一〕「多少安在鐵器中，復鎔使沸」，卷十六「作戎鹽法」作「多少無在鐵器中鎔使沸」。

〔二〕「五色神鹽」，隋書西域傳記載，隋煬帝曾派遣使者出使安國，得五色鹽而返（頁一八四九）。據勞費爾介紹，古代波斯地區確實産五色鹽（中國伊朗編，頁三四〇）。

〔三〕「五帝精」，龍虎還丹訣頌詩云：「莫辭寒暑終陽九，鍊出靈光五帝精。」注曰：「節候既定，則五行精氣變化而成大丹也。」（頁一六六）另太清石壁記卷中「五石丹方」又方云：「曾青者，東方青帝木行青龍之精。丹砂者，南方赤帝火行朱雀之精。白礜石者，西方白帝金行白虎之精。磁石者，北方黑帝水行玄武之精。雄黄者，中央黄帝土行黄龍之精。」陳國符謂五帝精疑即上述五味藥（中國外丹黄白法考，頁三一〇）。

〔四〕戎鹽法又見卷十六，但其「此鹽衆藥之主……五帝精投之即成」一段作爲五色神鹽法單獨列出，文字稍有差異，並且前有「彭君曰」三字。

假別藥作石膽法

青礬石二斤，黄礬一斤，白山脂一斤，大鐵器銷鑠使沸，即下真曾青末二斤，急投攪瀉出作鋌，成好石膽。看礬石等剛鎔不盡，即投曾青末，和苦水使相得，瀉著礬石中消鎔，瀉出作鋌亦得也。

假別藥作硝石法〔一〕

石脾一斤，朴硝一斤，芒硝一斤，三物各擣研作末。取苦水三斗，於銅鐺中煎十沸，即下三物末，煮之半在，澄取清，緩火煎之，文圞〔二〕起即罷，瀉著瓷器，著冷水中漬經一宿，即成硝石，如霜雪。成如凍淩，以水投之，立即爲水，復以火煎之文圞起，還瀉瓷器中，還以冷水漬之，即作硝石。如此之轉鍊之，其力即微。不得穢處作，又勿使風日觸之。

其石脾者，陰陽結氣，五鹽之精，因礬而長，託石而生，峨嵋山中有之，俗人無一識者。所處小，人亦不見〔三〕，唯有求道之士時須要用也。古人以四方分隔，覓不可得，使作代用，乃勝真者〔四〕。

【校釋】

〔一〕假別藥作硝石法　此法即卷十六之「石脾硝法」。

〔二〕「圞」，漢語大字典：見文。玉篇口部：圞，音莫，見文。篇海類編人事類口部：圞，舊注

「見文」，未詳。該字在本書中出現數次，用法都相同，均是在煎溶液時要煎之「文園」起。陳國符曰，煎溶液，溶質濃度增加，溶液表面起一層溶質之薄膜，此之謂文園，疑文，紋也；園，膜也（中國外丹黄白法考，頁一八五）。此解合理。舊注「見文」，即「見紋」。

〔三〕所處小人亦不見　此句有誤字，卷十六作「用處少人不覓」。

〔四〕集注云，石脾「味甘，無毒。主治胃寒熱，益氣，癢瘀。令人有子。一名胃石，一名膏石，一名消石。生隱番山谷石間，黑如大豆，有赤文，色微黄，而輕薄如棊子，採無時。」（頁五一九一五二〇）但實際上陶弘景並不識此藥，不僅將其放入有名無實類，而且在芒硝條引述三國魏晉著名醫學家皇甫謐用芒硝和石脾煉製硝石之方後説，「但不知石脾復是何物？本草乃有石脾、石肺，人無識者，皇甫既是安定人，又明醫藥，或當詳。」（頁一三九）這一情況反映出石脾在當時確實用之殊少，兼通醫道及煉丹術的陶弘景竟然都不識。陳藏器本草拾遺云：「按石脾、芒消、消石，並生西戎鹵地，鹹水結成，所生次類相似。」（頁四六〇）

假別藥作石脾法

真白礬石一斤，戎鹽一斤，二物各擣末。取苦水二升著銅鐺中，煎四五沸，即下二物，煎令半在，以物除卻滓後煎令盡，即鐺中沸沸起石脾，色白如雪。用此作硝石，無不效，神驗之道畢矣。

彭君曰：其硝石、戎鹽、石膽、芒硝，真者雖有陰陽正質，作者變化功效乃神，若有求仙不得此道，徒損萬金，終無一就。其石脾一種流俗莫能辯識，所造之代用并出其性，庶以濟事。葛洪長生之神藥，功效變化道極寶重者，莫先此訣也。洪今撰録，示之後同志，非其人，乃至父子，萬金不傳耳。

太一曰：余聞三十六水患在硝石，黄白之中礙乎戎鹽，今具得之，道無以妄傳之，後學共寶守，勿示非人。

假別藥作東野硝石法

此藥入河車〔一〕用，不關丹所用也。恐合鍊之際見現，俱別藥成，謂便通用，今故別疏出，唯入河車。若作河車，此硝石其藥無力。今作之法，取鹵鹹末五斗，取三年不食井水七斗半，煮之十沸，漉取清三斗，加芒硝十兩，煎至一斗，再以朴硝二斤末之投此汁中，朴硝皆消，乃下火，澄去滓，取上清煎，令水盡，皆著器中霜雪，即成矣。用此合河車，乃諸藥皆有效驗耳。訣曰：言東野者，東野鹹味所出河東〔二〕之地也。河車法中言「晉硝」者，是此東野物也。此東野法亦是太一於元君邊聞八種硝石法中一法也。行各偶對，不得錯以河車之藥，誤者是神丹之硝石也。

【校釋】

〔一〕「河車」，此指河車法，也即下文説的東野（河車）法。石藥爾雅卷下「顯諸經記中所造藥物名目」中有「東野河車法」，爲八種河車法之一。又石藥爾雅與太清石壁記均言「東野」爲朴硝之異名。

〔二〕「河東」，秦漢時指今山西省西南部，唐以後泛指今山西全省，因黄河自北向南流經本地區西界，故有河東之稱。

速成水法

狐剛子注珠經〔一〕末云，其神泉〔二〕亦中。

【校釋】

〔一〕「狐剛子注珠經」，陳國符認爲，「珠經」即「玄珠經」，「玄」字脱漏，狐剛子既著玄珠訣，又自注玄珠訣，或後人依託狐剛子注玄珠經（中國外丹黄白法考，頁三一九）。實際上，玄珠訣

（伏玄珠訣）本即經訣，有時也稱其爲經，如本節的「狐剛子注珠經」、卷十七「作三轉黄白左味法」中的「狐子玄珠經」等。

〔二〕「神泉」，本卷首云：「臣聞：凡合大丹，未有不資化石神水之力也。」又下文「諸水法」云：「自有正本三十六水方，更無别作。若欲令神泉速成……。」可知諸水法既稱神水，又稱神泉。

諸水法

自有正本三十六水方，更無别作。若欲令神泉速成，即須著華池甕炊竈上，鐵圈承底，以馬通火若糠火去甕底七寸，置筒於甕中，温之七十日，恒令纔温，好謹伺候。若作諸金石之水，盡著中同作無妨。合此藥，人不過二三，必著新净衣，不得血食在旁，即觸藥精，服之不得道矣，切須祕慎之。神泉就變化難識，此謂上聖之功力。

作三轉酒法

用赤黍米〔一〕一石，釀如酒法，待熟插取，用漬麴〔二〕二斤，經三日許後，炊一石黍米令至爛，更和乾麴末，一時納著甕中封口，三七日成兩轉。復取其牡荆〔三〕根莖合其中，微火煎之，令可五斗許，即去滓，更用七月七日神麴末和之，一時入甕中封口，還三七日成也。可鍊諸毒，能令剛者亦變爲柔，此名三轉酒。

【校釋】

〔一〕「赤黍米」，本草謂丹黍米。集注云：「此則即赤黍也，亦出北間，江東時有種，而非土所宜，多入神藥用。」（頁五〇八）

〔二〕「漬麴」，麴，酒母，釀酒或制醬用的發酵物。漬麴自有法，如齊民要術卷七記載有多種方法（齊民要術校釋，頁四九二）。

〔三〕「牡荆」，煉丹術與養生術常用此物，如集注云「仙術多用牡荆」，「仙方用牡荆，云能通神見鬼，非唯其實，乃枝葉並好」（頁二五〇）。

又三轉牡荆酒大丹所要，能柔又能去銀毒，與黄礬相資成因也，好弱不畢備，金與水銀等毒不可輒盡。所以凡作九轉、九鼎大丹，必須先覓三年淳醯大酢，其味驗重，謂之左味，投藥和釀，轉作硝石華池水。又別須作金薤華池〔一〕，金薤華池〔二〕以驗五石之精，令精不揚。又須別作三轉黄白左味煮泊水銀〔三〕，仍須轉此轉，更投五栽華池〔四〕。若不得五栽華池煮伏水銀，餘並非正法。但牡荆三轉好酒，及諸華池并諸石水有一或闕，無以成煮鍊之功也。煮鍊不了，毒則未盡，急事爐鼎，其丹食毒，不堪服也。然此其毒諸物不得硝石必無成理，故先須得真好硝石，與朴硝相似，奇難別識，若得者必須試作雄黄、雌黄〔五〕、丹砂、礬石等水者，是硝石也。

【校釋】

〔一〕「金藥華池」，即卷十七「黄帝九鼎神丹華池方」，又稱金華池：「合丹作金華池，以驗五石之精，令不飛散方。」

〔二〕「金藥華池」，此四字疑爲衍文。

〔三〕「三轉黄白左味煮泊水銀」，陳國符云，此謂以醇苦酒泊汞之化合物煮多日，直至汞之化合物凝乾，即制伏水銀。泊，使稀薄也（中國外丹黄白法考，頁一七〇）。三轉黄白左味法見卷十七。

〔四〕「五栽華池」，五栽者，謂穀豆黍麥稻等，用水溲之生芽，七八日成床也，名曰五栽。卷十七之三轉黄白左味法與玉燭萬金訣伏汞華池方均用五栽，但後者是在前者的基礎上「再著青礬，重投五栽」而成，號稱此「五栽四轉方是真法」，因此五栽華池當指玉燭萬金訣伏汞華池方。

〔五〕「雌黄」，原文誤作「雄黄」。按「雄」同「鴆」，鳥名，当爲「雌」之誤。

按[一]：硝石，味苦、辛，寒[二]，無毒，其[三]五臟積熱，腹中止熱，止煩，滿消渴，利小便，久服輕身。天地至神之石，一名芒硝。出益州山谷，及武都、隴西、西羌，採無時節。陶隱居云：主療與朴硝相似，經[四]多用此硝化諸石，竟無正別識者。頃來尋訪，猶云與朴硝同山，所以朴硝硝石名朴硝也[五]，如此則非一種也。先時有人得一種石，其色理與朴硝大同小異，朏朏如握鹽雪不冰[六]，燒之紫青烟起，仍成灰，不停沸如朴硝者，云真硝石也，一名芒硝。今芒硝乃是鍊朴硝作之，與皇甫說同[七]，並亦未得窮研其驗效[八]，當文證記耳。化硝石法在三十六水方[九]。隴西屬秦州，在長安西羌中。今鞏昌[一〇]以北山有鹹土處皆有之。皇甫士安說方無朴硝，可以硝石替之，硝石生山之陰，鹽之膽也。取石脾與芒硝[一一]，以水煮之，一斛得一二斗[一二]，正白如雪，以水投中即硝石。其味苦，無毒，三月採於赤山。朴硝亦得水即消，主療與硝石小異。按此説，即是芒硝煮成真硝石，但不知石脾復是何物。皇甫既是安定人，又明醫藥，或當詳。鍊之[一三]。今益州人乃鍊礬石作硝石，雖服柔白[一四]，而味猶是礬石也。孔氏解散方又云，熬鍊硝石令汁盡沸定。如此，硝石猶是有汁也。今仙家所用硝石，須能化石，爲用於理未盡。又朴硝生於益州故汶[一五]山郡，西川、蠶陵二縣界山崖之中，色多青白，亦雜異斑[一六]，時人擇取白軟者當硝石用之，燒汁沸出，狀如礬石也。仙經數云硝石能化他石，今此又云能化石，必爾可各試之[一七]。此朴硝經云化七十二種石，鍊之如白銀，服之輕身神仙，已有寒熱澀滑辛苦鹹酸八種，又更能化石，即此朴硝之功，何異於硝石也。

【校釋】

〔一〕本段大部分内容摘録自集注，其中，「硝石，味苦……有鹹土處皆有之」，出自消石條正文及注文；「皇甫士安説……於理未盡」，出自芒消條注文；「又朴硝生於益州……可各試之」，出自朴消條注文；而「此朴硝經云……何異於硝石也」，化引自朴消條正文（「經」本指神農本草經，實際包括神農本草經與名醫别録文）。

〔二〕「寒」，原文作「實」，據集注改。

〔三〕「其」，集注作「主治」。

〔四〕「經」，集注作「仙經」。

〔五〕「所以朴硝硝石名朴硝也」，集注作「所以朴消名消石朴也」。

〔六〕「冰」，原文作「殊」，據集注及本書卷十六改。

〔七〕「同」，原文無，據集注補。

〔八〕「窮研其驗效」，集注作「覈研其驗」。

〔九〕「化硝石法在三十六水方」，此句原誤作小標題，今據集注移入正文。句中原無「在」字，據集注補。

〔一〇〕「羣昌」，集注原作「宕昌」。宕昌乃西羌别種，地當今甘肅南部西漢水與白龍江流域，南齐書卷五十九有傳。

〔二〕「石脾與芒硝」，集注作「石脾與消石」。按其産物既爲硝石，且下文又云「芒硝煮成真硝石」，可見「石脾與芒硝」當是。

〔三〕「二斗」，集注作「三斗」。

〔三〕「錬之」，此處有脱字，言以朴硝錬芒硝之法，集注云：「錬之以朴消作芒消者，但以暖湯淋朴消，取汁清澄，煮之減半，出着木盆中，經宿即成，狀如白英石（白石英），皆六道也，作之忌雜人臨視。」（頁一三九—一四〇）

〔四〕「雖服柔白」，集注作「絶柔白」。

〔五〕「汶」，原文作「決」，據集注改。

〔六〕「異斑」，集注及本書卷十六皆作「黑斑」，「異」字或誤。

〔七〕「必爾可各試之」，集注作「疑必相似可試之」。

訣曰：硝石難得好者，不好則不能化雄黄丹砂爲水也。若得真物，少先出數兩硝石，試化雄黄及他石，視之成與不成，若不能化石者不可用，非真物也。形極似朴硝，小虚軟，當先以一片子置火炭上，有紫烟出仍成灰者爲上，若沸良久者，由是朴硝也。難得其真，亦宜必須先作雄黄丹砂水試之，不然不可定也。

黄帝九鼎神丹經訣卷之九 十同卷

明用金銀善惡服鍊方法

臣聞：金銀二寶能鎮心腑，所以狐剛子服玄珠法以之爲鈎留也〔一〕，然金之善惡不可不擇。若銀雜則其色青黄，若金雜則其色紫赤，燒之有黑燻在肌上，並不可用也。若好金者，其色黄赤，百鍊不耗，求雖得之，猶應打爲薄〔二〕，依俗間法以鹽土炮之一日夜，又出之更鎔更打炮，燒取不耗乃止。是知金以欲用，不可以市得之物，即任服食也。古者狐剛子作七轉鍊金粉法，皆用鈔金。今合神丹，亦宜鈔金，新出者爲上。凡服金銀，金銀多毒，必須鍊毒盡乃可服之，是以狐剛子立五金盡有毒，若不鍊令毒盡作粉，假令變化得成神丹大藥，其毒若未去，久事服餌，小違禁戒，即反殺人。是故狐剛子其有出金鈔圖録〔三〕，今取其要者，列之如左〔四〕。

【校釋】

〔一〕「狐剛子服玄珠法以之爲鈎留」，狐剛子服玄珠法即卷十一的狐剛子伏水銀法。鈎留，卷十一作「拘留」，金銀能伏水銀，則謂水銀以金銀爲鉤留也。在九鼎丹經訣之後，外丹經訣中出現很多與「鉤留」相關的辭彙，如句定、拘（參同契五相類秘要）、鉤、鉤留、鉤轉（龍虎還丹訣）等，其含義發生一定變化，詳見陳國符中國外丹黄白法考（頁二七六—二七七）。另石藥爾雅卷下「叙諸經傳歌訣名目」中有句留訣。

〔二〕「薄」，薄片，即箔。

〔三〕「出金鈔圖録」，陳國符認爲，狐剛子五金粉圖訣可析爲狐剛子五金訣和狐剛子粉圖，出金鈔圖録出於五金訣内（中國外丹黄白法考，頁三八〇）。

〔四〕太清經天師口訣云：「一切金銀多毒，若不精鍊，恐畏傷人。先鉛鍊三七偏，次水銀鍊三七偏，玄水鍊三百六十偏，石灰汁鍊三七日，消毒灰蒸鍊三七偏，消毒灰炒鍊三七偏，醋鍊三七日，然後毒盡，方可服之。」（頁七八九）其去毒方法與本卷所載出金鈔圖録的内容不同。

凡金鈔或在水中，或在山上。水中者，其如麩片碁子棗豆黍粟等狀，入沙石土下三寸或七寸，此爲水南北流，金在東畔；入沙石土下五寸或九寸，此謂水東西流，金在南畔生，皆是第一上金也。山中者，其形皆圓，根脉向陽，入地九尺或九十尺，雜沙夾石土而生，赤黄色，細膩滑重，折之不散破，以火消鎔，色白如銀，以藥攪和，合入八風〔一〕，淘石鍊成之，此謂山東西者，金在北陰中；帶水雜沙挾石出而生，深淺如上也，入雜沙挾土下，根脉向陽，或七尺，形質如上，此謂山南北者，金在西陰中生也，此謂第二金也，變白攪和入八風爐，淘石鍊如上。其金鈔若在水中，或在山上浮露出，形非東西南北陰陽質處而生，大小皆有稜角青黄色者，盡是鐵性之鈔，其似金，不堪鼓用。

【校釋】

〔一〕「八風」，指八風爐。

出水金鈔法

用甘土作鍋〔一〕，火爊使乾。用松木炭置鍋爐中，即下金鈔堝中，即排囊火炊之，使即下鹽末合攪，看鎔盡，以荆杖掠去惡物，更下鹽末更攪，掠去惡物，盡瀉脂膜〔二〕中。出入打看，若散裂，即以鐵錯鑢〔三〕爲屑，和牛糞灰、鹽末等分，還用牛糞火中養之，還沙取更鎔打看。若柔軟，即打使薄，用黄礬石、胡同律等分和鎔，和泥塗金薄上，炭火燒之赤即罷。更燒，如此四五遍，即成上赤金。以餘藥投之，別作方法者而皆是不實，故淫人耳。若欲作金薄金泥塗飾物者，即更鎔金一斤，與石流黄、曾青等分一兩入堝中合攪，即柔軟，隨意打用之。若一遍入牛糞灰食鍊〔四〕猶不好者，重食鍊，即惡物無不盡。

【校釋】

〔一〕「鍋」，本節「鍋」與「堝」混用。按「鍋」既以甘土製作，故「鍋」當作「堝」。

〔二〕「脂膜」，動物脂。下文「鍊金銀法」將新出鈔金銀「消投猪脂中二百遍，亦得成柔金」。其猪脂即脂膜。

〔三〕「錯鑢」，原作「醋濾」，陳國符謂「醋濾」當作「錯鑢」，即將粗金用鐵鑢爲屑（中國外丹黄白法考，頁二五八）。按下文「作鍊錫灰逐爐法」中錯爲屑即用「錯鑢」一詞，可爲佐證，據改。鑢，磋磨。

〔四〕「食鍊」，「出入打看，若散裂，即以鐵醋濾爲屑，和牛糞灰、鹽末等分，還用牛糞火中養之。」這一過程稱爲食鍊，其作用是進一步除去惡物。食，蝕也，去除惡物也。

後灰坯食錫金法

黄礬、胡同律、鹽等分，和醋煎爲泥。今此無鹽及醋，直言鎔之出山石。

金鈔法

金精[一]、石膽、朱砂、雄黄、石硫黄、朴硝、硇砂、白礬、騏驎竭等各二兩，唯騏驎竭研作末，瓷器中以醋浸之，著糠火中，勿令沸即爛，從辰至未出。用蜜陀僧、紫石英已上各五兩，鹽一斤，凡十二物藥，各擣爲末。別用水銀八兩，於小銅鐺中以醋沃[二]水銀，鐺下小猛火。別鐵器中鎔錫，瀉著水銀中，即合相得。看醋欲盡，更添一斗，如此盡二斗罷矣。即取諸藥著瓷器中，并水銀一時與藥合研，半日成藥也。即取細膩鈔打令使碎，如黍豆等。十斤鈔與藥二兩，與黄礬石末十兩相合，入八風沃爐中，用檉柳[三]木炭，剛柔兼好。裝鈔勿使不均，即火不徹。盡火力止，若鈔熟即停，如不熟更一遍入爐，即無有不熟者。用沙盆中精沙取熟金，如麩片，或如細沙，糖屎[四]自與金別。沙託取牛屎灰一斗，鹽末半升，與二兩熟金沙一時和攪，以玄精水和，團如雞子，爊乾，還入牛屎火食之[五]，若好一遍即罷，未好更一遍入食。沙取堝中消之，瀉脂膜中，打薄，用胡同律、黄礬石等分醋和，塗薄鋌[六]，燒出色，一如水鈔金法，即成上金。若作薄泥塗飾物者，還依前法，一斤金，黄礬、曾青等分一兩，堝中令鎔，攪即柔軟，隨意打用矣。若鈔金稱無楞角者，十斤鈔加前藥一兩，黄礬石末加前十兩，无不得者。若鈔非真體物，强鼓造徒費功也，藥力得星化氣消即爲鐵，悔終无銖兩真物可得。其藥分中騏驎竭不可得者，以紫鈔代用亦得矣。

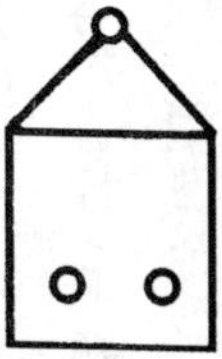

次作八風沃爐形樣

【校釋】

〔一〕「金精」，周易參同契有「白者金精，黑者水基」一句，題長生陰真人注唐代周易參同契注文云：「金精者，黄芽。必使水之不流逸，莫先於金精者焉。」（頁七四）容字號唐無名氏周易參同契註云：「金精，汞也，爲是金之孫，又號濕銀，故曰金精。……又金精者，是汞入金公中吐花，號曰金精，亦名玄黄之花，亦名金花。」（頁一七五）又石藥爾雅云錫精一名金精。金石簿五九數訣有金精，但成分、産地、性能等不明，只是説「取未經鍊生者，色如翠碧之狀，有金星極多者良」（頁一〇三）。本書中的金精當即此物，是一種天然礦物，與黄芽、汞等顯然不同。本卷下文「作赤鹽法」也用到此藥，云：「其藥分中金精、曾青、朱砂、雄黄，若不鍊殺，用之者徒費千金，無閏金之分毫也。」陳國符認爲金精指若干礦中的金色物，即金色雲母（中國外丹黄白法考，頁二五八）。此説未必確切，因爲金石簿五九數訣明確説金精色如翠碧之狀。儘管道經没有提及金精産地，但據唐史記載，中亞地區盛産該藥。新唐書卷二百二十一下云：「俱蘭，或曰俱羅弩，曰屈浪拏，與吐火羅接，環地三千里，南大雪山，北俱魯河。出金精，琢石取之。」（頁六二五三）拂菻、識匿、吐火羅等均曾進奉過此物。

〔二〕「沃」，浸泡。

〔三〕「樫柳」，即河柳。

〔四〕「糖屎」，即礦渣。

〔五〕「食之」，即食鍊。

〔六〕「薄鋌」，即瀉脂膜中打薄的金錠。

作鍊錫灰坯爐法

先以甘堝中鍊鉛錫二十遍。用三斤鍊錫著熟鐵鍋中鎔，使赤沸，即納金碎者一斤，合相得，掠去糖屎瀉出。别鍊殺〔一〕熟炭，以土墼〔二〕壘作方爐，其中安鍊灰作坯模，以金錫著灰坯中，上安鐵鐐，上布剛炭火。于爐上用一孔，于爐前開一小孔，候之須臾，錫與金雜物相利。取其金，狀似銀，即以熟雌黄和好酒銅器中煮之殺之，還復本性。若不徹好者，即打薄鍊食出色，一同上法。真錫鍊訖，著鐵鐐上，以胡同律、黄礬石、鹽等分，和醋煎爲泥，塗金錫鋌上，用牛糞火四周壘之于錫鋌上，用牛屎火四周食錫盡，唯有金在。取著熟銅鐺中，以黄礬石和鹽煮之半日許，出鎔作鋌，錯鑢屑食鍊，用藥斤兩一同上法也〔三〕。

此是鍊金灰坯形樣

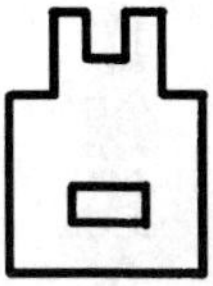

錫投牛脂赤土中，又投蒲桃〔四〕汁芥子中，又投梨茗灰汁中，又投黑鹽宕白酒中，又投浪宕子〔五〕胡酒中，各七遍即好。

【校釋】

〔一〕「鍊殺」，指鍊取精華。

〔二〕「土墼」，未燒磚坯，土磚。

〔三〕趙匡華云，此法乃吹灰法冶煉貴金屬的原始形式，其原理爲：金銀很容易和金屬鉛（文中的鉛錫、錫實指鉛）形成合金，當金銀礦粉和鉛在熔爐中共煉時，金銀溶入鉛中，成爲低熔點的鉛坨，下成到爐底，熔渣則上浮。分出鉛坨，放在風爐的灰坯中焙燒，鉛即氧化成氧化鉛，部分在鼓風時被吹去，而大部分會熔化而滲入灰中，於是金銀留在灰坯中得以提純。詳細分析見趙氏狐剛子及其對中國古代化學的卓越貢獻一文。

〔四〕「蒲桃」，即葡萄。

〔五〕「浪岩子」，即莨菪子。此藥神農本草經收録，集注云其「子形頗似五味核而極小。惟入治癲狂方用，尋此乃不可多食過劑爾。久服自無嫌，通神健行，足爲大益，而仙經不見用之」（頁三七四）。

作赤鹽法

黄礬石一斤，石鹽八兩，並擣作末，鐵器中消鎔，看色赤足即停下，成赤鹽，研爲末用。狐子曰：其藥分中金精、曾青、朱砂、雄黄若不鍊殺，用之者徒費千金，无閏金之分毫也。石膽亦須鍊取精華用之。金精、曾青二物一種，于瓷器中以三轉左味漬之，二百日出，暴乾研擣，甚可用〔一〕。朱砂、雄黄二物，瓷器中以好春酒漬一百日出，暴乾研令細，甚可用。

【校釋】

〔一〕金精曾青鍊法又見卷十五「鍊曾青法」，操作略有差異。

鍊石膽取精華法

以土墼壘作兩箇方頭爐，相去二尺，各表裏精泥。其間旁開一孔，亦泥表裏使精，熛使乾。一爐中著銅盤使定，即密泥之。一爐中以炭燒石膽，使作烟，以物扇之，其精華盡入銅盤爐中。卻火，待冷開取，任用入萬藥，藥皆神。狐剛子金爐之法都有六種，隨鉀性隨多少，用一爐即得，不須盡作，虛費人功矣。今以二法最勝，具圖如前。

出鉀銀法

有銀若好白，即以白礬石、硇末〔一〕火燒出之。若未好白，即惡銀一斤和熟鉛一斤，又灰濾之，爲上白銀。

作灰坯。火屋中以土墼作土墻〔二〕，高三尺，長短任人，其中作模。皆得，坯中細鍊灰，使滿其中，以水和柔使熟，不濕不乾用之。小抑灰使實，以刀鈹作坯形，灰上薄布鹽末。當坯内鉀，各以黄土鍊覆上，裝炭使訖，還以墼蓋爐上。當坯上各開一孔，使大氣通出，周泥之。坯前各别開一孔看，時時瞻候，以鐵鈎鈎斷糖屎，使出。須臾火徹，錫鉀沸動旋迴，與銀分離，錫盡，銀不復動，紫緑白黯起，黯起以杖擊。少許布水濕沾之，其銀得冷，即起龍頭，以鐵匙按取，名曰龍頭白銀。〔三〕

作土爐灰坯形樣

【校釋】

〔一〕「砌末」，即「砌砂末」，「砂」字或脱或略。

〔二〕「墫」，據漢語大字典，越諺音糟。埃墫，掃掉髒東西。根據本卷描述的土墫作法來看，「墫」應爲「槽」的異體字，蓋以土作之，故寫作「墫」。

〔三〕此法爲吹灰煉銀法。太清經天師口訣記載有一個較爲簡練的類似方法，見赤松子肘後藥訣所載五膏三散之第一法度災靈飛散。據此藥訣稱，五膏三散法出自胡剛子（文中又作胡沖子）。其法爲：「鉛鍊金法：用金三十六兩，用鉛七十二兩。作灰杯，火燒令乾，蜜閉四邊，通一看孔，安鉛杯中。作一鐵杯，大小可灰杯，上偏鑿作孔，用合灰杯。杯上累炭，炭上覆泥。火之鉛盡，還收取金。更作灰杯，如是三七徧，名曰鉛鍊金也。」（頁七八九）

作漏錫灰坯爐法

先打鐵坯，大小在人，其間參差開孔，孔容箭簳〔一〕，孔多唯甚怕差土槽，土槽中如似竈形。鐵坯中薄布鍊灰，極抑之，以刀鈹使高下均平，還布鹽末覆鐐。裝灰、鈎爐屎〔二〕、瞻候節度一同前法，唯鐵坯下多著猛火，使錫分離下過速疾耳。

【校釋】

〔一〕「簳」，箭杆，小竹或箭羽。

〔二〕「爐屎」，義同糖屎，指礦渣。

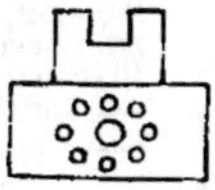

次作漏錫灰爐法

狐剛子云：出銀鈋爐凡有三法，看鈋多少作一爐用，即不須盡費功力。今取要者二法立樣如前。

卻收灰坯中錫法

取銀訖，急以油脂和石硫黄末，從出銀孔中瀉脂，令入灰坯中，看焰火起，即以鐵條從鈋下孔刺之，急攪灰中，錫還出流下爲團矣。

蒸鍊食銀灰坯中灰法

其出銀灰必須蒸淋去滑汗，鎚打使令甚熟〔一〕，得銀倍多，灰鍊不熟，得銀倍少。中道裂破，錫還倒土漫卻銀也，會須精打甚熟，燒桑灰之好炭灰亦得。

【校釋】

〔一〕「熟」，使塑性適中。卷七「狐剛子仙釜法」中南方赤黄土須「調理使熟，剛柔得所」，「剛柔得所」即「熟」。

作銀釥藥法

生雄黄、白石英、硇砂、戎鹽、石膽、白礬、已上各一兩。青礬。十兩。

訣曰：出銀藥特云用生雄黄。若依出金釥中，所有雄黄即同鍊丹砂法鍊之。明知雄黄即無定性，生用發銀色也，熟用發金色也。凡此七種藥各末。取水銀四兩，錫二兩。小鐺中以醋沃水銀，鐺下猛火。别鐵器中鎔錫，瀉水銀中相合，煮二斗醋盡罷矣。出著瓷器中，取前七種藥一時合研，令相得。看灰坯中錫不動，文園起，即以此藥如棗等散著中，錫須臾動，文園不起，得錫甚疾。

金銀用炭法

金用樫柳木炭、松柏石炭、土壇木炭、乾牛糞等，逐堅濡性，以火出之。唯有柴木似樫，乾之，直用燒金釥，金即流出，用功甚少，得金最多。銀銅鐵一種，用剛木炭。錫用松木燒之亦得，剛炭出亦得。

作出銀色藥法

取蜀地白梅子、烏梅子，擣之使熟。銅器中以水一斗、梅二升、醋一升、鹽末一升，一時煮使極熟。取銀先打薄者，著炭火燒赤，以木杖壓著梅漿中，承赤入漿也，更煮之，更燒更入，可半日，莫問好銀，表裏盡白矣。火燒不異，復有一種出色法，直爾取淨者，用硇砂和水，燒銀著中，銀即白色矣。

柔前所出上金法

消鑠上金，淬於荆酒中十上下，因潰釀其荆酒中，一日即柔潤。若以作金液者，先應柔之爲上矣。

鍊金法

取未經用者甘堝消，投好清酒中三百遍，即不沸，握之堪指間出，名曰鍊金。但能精心鍊餌者，亦昇太清。鍊銀亦同。以此柔質打爲薄，作金液用彌良。

鍊金銀法〔一〕

消新出鈔金銀，投清酒中，淳醯中，若真蜜中二百度，皆得柔潤，握之亦出指間，直漬之多日，亦堪服餌爾。消投猪脂中二百遍，亦得成柔金〔二〕。打爲薄，細剪下，投無毒水銀爲泥，率金一兩配水銀六兩〔三〕。加麥飯半盞許，合水於鐵臼中擣千杵，候細好，傾著盆中，以水沙去石，詳審存意，勿令金隨石去。以帛兩重絞去半汞，取殘汞泥置瓷器中，以白鹽末少少漸著，研令碎，著鹽可至一盞許即止。研訖，篩麤物，更研令細。總置土釜中，覆薦以鹽末，飛之半日許，飛去汞訖，沙去鹽，即自然成粉〔四〕。以此金粉一兩，和鍊丹砂五兩，丹砂取光明映徹者，以上醋微火煮之，數添勿令醋竭，宜用鐵器，三十六日成也。鍊訖，仍擣研，以水烹取細者，和棗膏爲丸。

【校釋】

〔一〕「鍊金銀法」，此法是將礦金或礦銀製成金粉或銀粉的技術，煉丹家認爲如此便可去金銀之毒，即上文狐剛子所言之「鍊令毒盡作粉」。該法的基本操作過程爲：將黄金溶於水銀製成汞齊，細研去石，加鹽復研，飛汞沙鹽後即成金粉。

〔二〕抱朴子仙藥載以清酒、淳醯及豬脂柔金法。如小餌黃金方云：「火銷金納清酒中，二百出，二百入，即沸矣。握之出指間，令如泥，若不沸及握之不出指間，即復銷之內酒中無數也。」兩儀子餌銷黃金法云：「豬負革肪三斤，醇苦酒一斗，取黃金五兩，置器中煎之，出爐，以金置肪中，百入百出，苦酒亦爾。」（頁二一一〇）

〔三〕此乃製作金汞齊的方法。太清經天師口訣所附赤松子肘後藥訣度災靈飛散法第一有作水銀鍊金法，用金三十六兩配水銀三十兩，云：「將此鉛鍊金三十六兩打作薄，用水銀三十兩安甆器中，微火緩煖之，漸下金薄訖，將一甆器密合其上，經宿成泥。甘堝消之，水銀消，唯有金在。」（頁七八九）又抱朴子神仙金汋經卷上亦有此法，以等量的金和水銀製作，云：「上黃金十二兩，水銀十二兩，取金鑪作屑，投水銀中令和合。」注云：「恐鑪屑難鍛，鐵質鍛金成薄如絹，鉸刀翦之，令如韭葉許，以投水銀中，此是世間以塗仗法。金得水銀，須臾皆化爲泥，其金白，不復黃也。」（頁二〇四）

〔四〕這種由煉丹家發明的煉金銀粉的方法在新修本草蘇敬注中也有概要介紹，云：「方家用銀屑，當取見成銀薄，以水銀消之爲泥。合消石及鹽研爲粉，燒出水銀，淘去鹽石，爲粉極細，用之乃佳。」（頁五八）此外，太清經天師口訣所附赤松子肘後藥訣度災靈飛散法第一記載有另一種煉金粉法，係將金和鐘乳研之而成，云：「其法用新出鉚金三十六兩鍊訖者，用鐘乳末七兩。把金打作薄，凡三十六兩金分爲六分，一分六兩。把六兩金薄細劈，安玉臼中，用玉杵研之五百徧，下鍾乳末五分，合研之成粉。若欲純取金粉者，以水汰沙，乳末自去。若不能汰沙者，合乳服之亦佳。所以和乳研之者，以金性滑，若獨研之，不可成粉，會得乳末，粉立可成。故曰：金粉散，和乳半，緩研之，自然爛。」（頁七八九）

造棗膏法〔一〕

大乾棗三升，以水六升煮之，令棗爛。又納三升水更煮，合用九升，絞去滓，清澄之，令得三升。乃納好羊髓六小合，微火更煎如飴。乃此膏亦可長服，令人填滿，有美色。可分爲三許，九日服一九〔二〕。亦云以此膏合前藥，丸如小豆，日三服，經三十日無復寒暑，役使神靈。

金柔无毒，雖加少多畏也。銀亦同金法。其劣金，取牡〔三〕荆根煮汁，釀赤黍爲酒，以漬金，金亦消化。其金屑入漬，以雄黄納此酒中，亦消也，何但宜柔金。

又法：取好磁石，能引鐵者，碎之，淳醋漬之，出之又漬，卒出之，更好擣篩。取金屑无毒成錬，陳著手中，磨之立消。石水服一藥汁，日至再，不飢不渴，長生久視〔四〕。

臣按：金粉金水方服之五兩以上，雖亦壽同天地，然尤禁房室，又忌食肉，精心鍊行，貴在山林，此匹夫之所尚，非萬乘所重。豈比太一金液之藥，黄帝九鼎之丹，須昇即昇，須住即住，无妨妻子，不廢官榮者也。

【校釋】

〔一〕「造棗膏法」，卷十八有此法，内容略有差異，云出自「金液棗膏和丹用法」。

〔二〕「可分爲三許九日服一九」，此句當有誤字，意思似乎是將棗膏分成三份，九日服一份。

〔三〕「牡」，原文誤作「壯」。

〔四〕集注金屑條陶注云：「仙經以酉、蜜及豬肪、牡荆、酒輩煉餌柔軟，服之神仙。」（頁一四六）其所提及的方法本卷均有介紹。

黄帝九鼎神丹經訣卷之十

明鍊藥禁慎陰陽制伏

臣按：彭君曰：古之聖人皆以丹藥保骨長生，後之學者以丹藥朽骨害命，所謂今古不同也，此由古人淳朴殊深，末代澆浮，不得真訣，雖有好生之始，而無久固之終，不自調鍊其心，焉能調其藥性也？假有古注經法，據而合作，雖似丹藥，其毒不去，服之即死，故云害命。

臣又按：彭君曰：但耳中雖聞金石等藥，若不先飛伏火，藥即有烟，散失無定，滓在精華去，驗何所憑？是以皆須先伏火也。

臣今訣之。夫神丹者，上品石藥粹也。至如朱砂打破，其光洞徹曜目，是其精也。譬道之杳杳冥冥，其中有精，怳怳惚惚，其中有物，不可急取，難以緩求，似有而無，似無而有，欲速必不達，取之自有法也。喻以牛食水草，得成於乳，因乳成酪成酥，展轉而熟，酥成醍醐，初雖因乳，非酪非酥，亦無醍醐，不可以無謂之不有，不可以有謂之不無，巧取之則不無，拙取之則不有。巧拙之義，取類驅雞，緩之則不行，急之則四散。雞散有後呼之法，藥失無卻收之理。故云：唯有麤滓，無復精微。精微既無，以何變化成神丹也？

鍊藥使不散法

凡鍊諸石，破之如豆，或如碁子，或作麻米，以絹袋納鐵鐺中，以酢浸之，纔令没藥，使人謹守伺候，減即著火，而去離鐺底五寸。其火勿偏，遍底平，擬藥氣上抽，微抽端直。火猛則氣奔亂，火弱則其氣停。使酢温和，勿令洋溢，常如人體，冷暖即調。故經云：一切飛鍊，皆當温熱，不甚湯人手，藥即白雪〔一〕。是養法之謂。譬如春陽之月，萬物發生，皆因和暖，萌芽甲拆〔二〕。若清明以度，雨水以時，百卉滋榮，潛增青翠。不可以因水而長浸之以寒池，不可以因暖而生熻之以烈火，不以〔三〕樹條不直掘而復栽，不可以根芽不浄洗而還種，則津汋斷絶其生理，浸潤先適於時和。如鑽火之人將乘熱而頓息，厭寒之士投沸湯而取暖，俱失生遂之節，咸乖鍊養之道，訣以斯道盡矣。

臣聞彭君之法，各依陰陽自製煞諸藥使訖，即合諸藥，訣即合丹不問大小，皆即成就，服之皆仙。諸求大道大藥不得此訣，終自勤苦，徒費萬金，白骨狼藉者。

臣按：易云二女同居曰革，乾坤交會曰泰，故天地氤氲，萬物化淳，男女媾精，萬物化生，陰陽不測之謂神，一陰一陽之謂道，故能陶鑄萬品，埏埴生靈，此並造化之神功，陰陽之妙力。神丹祕要，亦同此義。太陰者鉛也，太陽者丹砂也，二物相生，成其大藥。九鼎之法，長生之道，原始要終，莫不皆以丹鉛二物爲主也。故真人歌九鼎第一定外丹之華曰：父在神山母在河，本在南越亦在巴，出於武陵會長沙，先祖昆弟豫章家，道士將我游五華，子明配鉛與赤蠢，變化生彼玄黄多，流珠熠燿内懷河，合彼雄水及丹砂，轉相會合成一家，牡蠣赤石使不邪，霜雪紫色忽若華，後若相感兩性和，日暮復動否臧佳，嬉戲光彩色勿華，陰陽令會系不過，二氣生子加積沙，雞羽掃取土龍和，一銖一斤无少多，食以黍粟飛相過，坐觀天地遠見遐，忽然萬里渡江河，以龍爲馬雲爲車，光同日月所欲何，諸天賢聖相對羅，靈龜駢輜轉蝦蟇，伯牙鼓琴玉女歌，青腰起舞悲相和，由身服食食丹華，邪氣不生疾不過，即得久視吉無他。此真人之至言也。

又狐子歌云：草得陰陽，精氣常青；石得陰陽，精氣常形；天得陰陽，精氣常生。故化萬物者，莫不以陰陽爲父母也。陽氣爲天，陰精爲地，天氣爲靈，地精爲寶，二物成丹，服之長生。又五石者，丹砂，太陽之精也；磁石，太陰之精也；曾青，少陽之精也；雄黄，石上之精也。感陰陽之正氣，配五方之正位，能相制伏，無所發動，調鍊去毒，故能令人不死者也。

又伏錬水銀，要用陽月陽日陽時，假得餘法，失此是即毒亦不盡。但問三陽，雖失小法，其毒亦盡〔四〕。鉛汞者，陰陽精也。若不得此三陽時，日月陰氣之精不可制也。黄白者，太陽之精氣也；左味者，朝陽之津汋也；金賊者，夕陽之筋髓也。用三陽之氣味以制鉛汞，萬無不盡。俗不解此耳，和合服即煞人，不可不慎。直用酢煮之，去道愈遠矣。此並陰陽相制之義也。

【校釋】

〔一〕「藥即白雪」，藥即凝如白雪。

〔二〕「甲拆」，外殼裂開。拆同坼，裂開、綻開。易解卦彖云：「天地解而雷雨作，雷雨作而百果草木皆甲坼。」

〔三〕「不以」，中間當脱一「可」字。

〔四〕卷十一「擇時用藥制水銀法」云，三陽時，奇日奇時也，即謂方家尤重五月五日、七月七日之義是也。

鍊藥禁忌法

凡鍊一切藥石，經云皆齋戒，忌婦人六畜喪孝産乳。

臣按：真人飛丹，忌愚人女人小兒嫉妬多口舌人，其不信道者知之見之，神藥不成，勿令婦人朋友賓客在藥邊過。欲得家静隱僻無人聲無人處，深山石室之中，神藥一成，舉家仙矣。

臣按：黄帝一千二百女，又未升仙之時，於荆山之下、鼎湖之上鍊九丹成，乘龍登天，于時鼎火之間，事資人力，侍執事者，豈非女人近臣乎？

又按：昔漢黄門侍郎程偉〔一〕，好黄白術，娶妻，妻乃知方之妙也。偉方扇炭燒火，箭中有水銀，偉按枕〔二〕中鴻寶作金不成。妻曰：吾欲試作之一兩。乃出其囊中藥，少少投之，食頃發之成銀。偉大驚曰：道近汝處也，而不早告我，何哉？妻曰：得之須有命者。偉設百計逼之，欲取其法。妻告偉言〔三〕，道而合傳，雖道路相逢付之。若非其人，口是心非者，雖寸斷支解，猶不出也。偉復威懵不已，妻乃發狂裸走，以泥自塗，遂卒，死以化去。由是言之，丈夫成道，不能在婦人之先也，故玄女、素女、青腰女、西王母等，皆婦人之仙者也。

又天上真人以玉女爲儀使也，故曰玉女者，凡人之女，服藥而得仙。是以黄帝九鼎神丹真人訣云：凡合神丹法，欲得真素，姿容好，髮色調，心腹唯信道者，與師共傳丹，祭之曰：玄女也，欲得不死，與師一志；欲得度世，與師同契；欲得昇天，二十四賢；共同金經，未得仙路。又經云合丹不過三人，今煮錬之功，未入神鼎，故不即拘嚴禁也。消息火作，恒須調適，若非直心顯性，細意小眼，口无擇言，身无擇行，不躁不妬，不諂不邪，不可預于此役也。若刑餘之人，六根不具，耳聾眼瞎，痼瘵殘尫〔四〕，雖有景行，亦不堪也。

【校釋】

〔一〕按程偉之事節録自抱朴子黄白（頁二八五）。

〔二〕「枕」，原文作「披」，據抱朴子改。按枕中鴻寶乃劉安所撰神仙黄白書，也即卷八提到的鴻寶方。

〔三〕「妻告偉言」，原文作「妻曰告偉言」，據文意，删「曰」字。

〔四〕「痼瘵殘尫」，瘵，病；尫，跛，曲背，或短小。

市藥法

常于福德地坐立，勿與人争貴賤，勿買凶服者物。當以收執日，仍以子丑日沐浴，先齋七日。乃推天德〔一〕法，正月起未，二月起申，以順行十二辰也。推日福德法，甲日德在申，乙日德在庚。餘倣此市藥。

【校釋】

〔一〕「天德」，叢辰名，天上福德之神。

黄帝九鼎神丹經訣卷之十一 十二同卷

明水銀長生及調煉去毒之術

臣按[一]：昔葛洪晚充鄭君門人也，他弟子皆親雜役，而洪尪羸，不堪勞苦，無以自效，常親掃拭塵，磨[二]墨執燭，及爲繕寫故書而已。鄭君謂洪曰，讀書卷卷而有佳事，但當校其精麤，擇而施行，不在盡諳誦之，以妨日月而勞。意思若金丹一成，則此輩一切不用也。然丹之要者，水銀是也。

【校釋】

〔一〕本段葛洪與鄭君一事采自抱朴子遐覽（頁三三二）。

〔二〕「磨」，原文無，文意不通，據抱朴子補。

臣按：凡水銀得涪陵，字是符陵。自在流沙水中，青白色者最佳。此水銀似錫，甚柔軟，氣中蒸之亦消。此物不可得，化柔金銀，唯此爲良。然以朱砂化爲水銀，亦不惡也，天生者代絶也。

臣又按：丹砂、水銀二物等分作之，任人多少，鐵器中或甘堝中於炭上煎之，候日光長一尺五寸許，水銀即出，投著冷水盆中，然後以紙收取之〔一〕。

【校釋】

〔一〕這是本卷介紹的第一種抽砂煉汞法，係將丹砂置於非密閉容器中加熱分解，其法過於簡單，出汞效率很低。

臣又按：以生竹筒盛丹砂若朱砂，埋著地中，以雲母覆口，與地平，筒上僅可三四寸土覆之，以糠灰燒之，再宿三日成水銀也。若未成，更燒之，再宿三日成水銀也。若未成，更燒之，再宿三日成水銀也。若未成，更燒之，以成爲限。此法一斤砂還得一斤水銀。若銀折上減二三兩，市中之物恐雜。如此等色物，長生之所出者，復須以藥成之，故非自作不堪〔一〕。

【校釋】

〔一〕這是本卷介紹的第二種抽砂煉汞法，屬於上火下凝法，是當時效率最高的煉汞法，但「一斤砂還得一斤水銀」之言不可信。此法在稍後成書的陳少微大洞煉真寶經九還金丹妙訣和金陵子龍虎還丹訣中有進一步發展，前者所記之法爲：「先取筋竹爲筒，節密處全留三節，上節開孔，可彈丸許麤，中節開小孔子，如筋頭許大，容汞溜下處。先鋪厚蠟紙兩重致中節之上，次取丹砂細研入於筒中，以麻緊縛其筒，蒸之一日。然後以黄泥包裹之，可厚三分，埋入土中，令筒與地面平，筒四面緊築，莫令漏泄其氣。便積薪燒其上一復（時），令火透，其筒上節汞即流出於下節之中，毫分不折。忽火小汞出未盡，尚重而猶黑紫，依此更燒之，令其汞合火數足。」（頁二二）該法的出汞效效率在陳少微另一部著作大洞煉真寶經修伏靈砂妙訣中有記載，云：「光明砂一斤，抽汞可得十四兩，而光白流利，此上品光明砂，只含石炁二兩。白馬牙砂一斤，抽出汞得十二兩，而含石炁四兩。紫靈砂一斤，抽汞可得十兩，而含石炁六兩。上色通明砂一斤，抽出汞只可得八兩半，而含石炁七兩半。石炁者，火石之空炁也，如汞出後可有石胎一兩，青白灰耳。」（頁一九）按一斤（唐制十六兩）丹砂理論上可制得十三點八兩水銀，此言十四兩，可等同理論值，可以説分毫無損。

臣按本草〔一〕：水銀，味辛，寒，有毒，主去瘡疥瘺，墮胎辟蝨，殺金銀銅錫〔二〕，轉鎔化還復爲砂，久服神仙不死。一名汞，生符陵平土，出於丹砂，畏磁石。今水銀有生有熟。此云生符陵平土者，是出朱砂腹中，亦别出砂地，皆青白色，最勝。出於丹砂者，是令燒麤末朱砂所得，色白濁，不及生者。其能消化金銀使成泥，人以度物是也。爲還丹事出仙經，酒和日暴，服之長生。燒時飛著釜上灰，名朱粉〔三〕，俗爲水銀灰，最去蝨也。

【校釋】

〔一〕本段内容節録自集注水銀條。

〔二〕「殺金銀銅錫」，集注作「殺金銀銅錫毒」。

〔三〕「朱粉」，集注作「汞粉」。

臣按：狐剛子云：凡出水銀有三種法，一名雄汞，二名雌汞，三名神飛汞，用各有別，作亦不同，神飛一汞偏易伏火，雄雌二汞伏火稍難。若欲升天騰虚，長生久視，當用雄汞；或欲作水液，召鬼神，當用雌汞；若欲變化銅鐵，回換五金，用神飛汞。各有所用，不宜舛雜。俗人不知，錯亂所作不成，違聖人方書無效，審而用之，所作無差。此之一藥，道術之本，慎勿輕傳，乃至萬金，亦所保矣。此法俗無解者，見粉圖者少知意，況故此法真人所保，祕而不傳，黄金百石，明珠萬筐，亦不傳此法也。若得此法，視寶如土，何用百石萬筐？唯寶翫長生愛慕仙術者，歃血分鐶，重立信誓，乃可略而出之。

雄汞長生法

取朱砂十斤，酥一合。作鐵釜，圓一尺，深寸半，平滿勿令高下不等，錯之[一]使平。以爲釜灶，亦令平正。然後取青甕，口與釜口相當者四枚[二]，以酥塗釜，安朱砂於中，其朱擣篩，令於釜中薄，而使酥氣[三]。然後以甕合之，以羊毛稀泥泥際口，勿令洩氣。先然腐草，可經食頃，乃以軟木柴然之[四]，所爲段木楊柳木不蟲不腐者也，綿淹水數數漬之，備其燥不坼難乾也。放火之後，不得在旁打地、大行、頓足，汞下入火矣。從辰至午，當下之。待冷，或待經宿，以破毛袋取著新盆中，以軟葦皮裹新綿三四兩許，好急堅縛，如研米槌狀，於甕中破之，安穩瀉取，盡罷矣。其粉別裹掌之，爲六一泥，最祕。其燒汞之人多食猪肉及酒，若不食者，汞氣入人腹中，五臟塞不能飲食，久久傷人，慎之。好朱一斤可得十二兩，中朱十兩，下朱八兩。此法可寶，不可傳。初用腐草可十束[五]。

【校釋】

〔一〕「錯之」，磨之，銼之。

〔二〕「四枚」，陳國符既謂此二字衍，又謂一枚用、三枚備用（分別見中國外丹黄白法考，頁一一

四、八八)。

〔三〕「令於釜中薄,而使酥氣」,該句意思不完整,當有脱字,其意蓋指朱砂應鋪成薄層,從而使底層的酥氣易於透出。陳國符云,此謂釜中塗酥,又安朱砂,起火放火時,酥氣與朱砂起作用也(中國外丹黄白法考,頁一一四)。

〔四〕「先然腐草,可經食頃,乃以軟木柴然之」,此句中兩個「然」字均作燃燒講,但要注意腐草和軟木柴火力的不同,下文所説的「放火」指燃燒軟木柴。陳國符指出,前者乃起火,即開始用火,後者乃放火,猶謂每單位時間發出之熱量多也(中國外丹黄白法考,頁一一四)。

〔五〕這是本卷介紹的第三種抽砂煉汞法,屬於下火上凝法,效率稍次於第二種方法。該法在唐代亦有進一步發展,如太上衛靈神化九轉丹砂法云:「取光明砂一十六兩(辰錦州出者良也),黄礬十二兩(用瓜州者)。右件藥二味,先取黄礬炒過,研成末,布於爐子底。次研朱砂末,安在黄末向上,以銀匕子均攤,令得所了,向上亦用黄礬末覆蓋之,令厚二分,卻以一小瓶子蓋之,後用六一泥固濟如法,須令堅密,勿使有洩氣之處。候泥乾了,擇日用子時,鐵釘三個安向上了,然後下火。初先文火養之一日一夜,訖後漸漸加武火,燒之經兩日夜,候藥爐通赤了,便止火候。藥爐子冷了,細細開爐看之,其朱砂盡化成水銀,以物掃之收取。如飛未盡者,須再准前,用黄礬末覆於爐子内,如法固濟,更加武火,重飛之一兩日間,以候飛盡水銀爲度,名曰河上奼女也。」(頁二七—二八)

鍊雌汞法

臣按：若作此汞，用猪脂一升，和朱砂十斤爲泥，以泥釜中。若作神飛汞，用朱砂末十斤，吴黄礬一斤，梔子四十枚，石鹽一斤，郁金根一斤，胡同律一斤，各異擣下篩，以牛糞汁和之爲泥，泥釜厚一寸，蓋固際，柴草燒已，收拭一如上法。唯牛糞汁宜以十二月預收貯之，臨時用以暖水浸漬，搦緳[一]取用。若以春月牛糞，草青力薄也。方言陰獸玄精汁者，牛糞汁也；方言聖無知者，即赤石鹽也；方言屈原素者，是胡同律也；方言黑膏孫肥者，即猪脂也[二]。臣今法擬供奉，所以不舊録也，他皆准此。

【校釋】

〔一〕「搦緳」，搦，按壓。緳，扭，緊絞。

〔二〕太清石壁記卷中丹經秘要口訣云：「陰獸玄精，烏牛糞汁。」（頁七七〇）石藥爾雅卷上「釋諸藥隱名」黑鹽、赤鹽、白鹽、青鹽後云：「右四鹽併合藥造作諸物名聖無知。」（頁六三）唐還丹歌訣卷下「鉛汞一門不可依，金丹祕説聖無知」一句注曰：「此祕聖道，無人知之，世人呼鹽爲聖無知也。」（頁八九二）

浄水銀方

水銀一斤，以帛兩重絞去滓，以白鹽三升和之，輕手擣之，令汞白可住，以鐵器熬，令煙出即休。入煮，所爲接候煙出，以三年大醋三升中煮之，微火煮之，盡一石，滿七日，觀候其驗。若加藥物擬入大丹，亦皆此浄法也。以醋和鹽，下有證，用油蜜醋和之義是也。

擇時用藥制水銀法

臣按：水銀有毒，鉛配太陰，終不獨行，行必爲偶，若無制伏，二毒難消，所以擇三陽之時，用三陽之藥，以制鉛汞，萬無不盡。俗人不解，麤心率意，只爾和合，服即殺人，直用醋煮，去道逾遠。故三陽時，奇日奇時也，即謂方家尤重五月五日、七月七日之義是也。三陽藥者，即謂：太陽之精氣，黄白是也；朝陽之津液，左味也；夕陽之筋髓，金賊是也。差此藥味，失彼時節，雖萬法治煉，猶毒不盡。故伏火水銀方云：用三年大醋，納礝沙末，百日煮之。又方云：用黄礝沙，流黄是也，白礝砂，二物等分，醋中煮汞，三七日觀試者，伺候力强弱。又方云：用油蜜醋和鹽，微加硝石，煮汞，又加少胡粉，汞即白，如銀雪，堪鑄作餅。欲入諸大丹，藥屑末入飛加也。又方云：以鐵器中以上醋，微火煮之，數添勿令竭，三十六日不凝，更煮，滿百日已來凝下之。又方云：取上汞納鐵器中，以淳苦酒泊汞上，微火煮之，其苦酒消，更添之，恒令不竭，三十六日以汞凝乾可用，不爾徒自苦也。又方云：一切調鍊，皆當恒令煴熱，不甚湯人手，藥即白雪。比等諸法，並隱黄白左味之言，其將養節候亦有可采，故不棄之，仍引正訣如後。

狐剛子伏水銀法

水銀二斤，水銀，玄珠。以金屑、銀屑藥醋煮之云黄白左味也。三十日三十夜，好伺候，勿使汁盡，即凝白如雪。若欲爲丹，各依三十六石水煮鍊，所用其毒未盡，去毒入釜立爲丹。若不凝，更煮，以凝白如雪爲限。所造神丹節度，各依其七十二丹訣中方法。

金玄珠法

玄珠一斤，金二兩半，凡五十煉，鉛精五兩半。其金屑一時著鐺中，黄白左味煮之十五日十五夜，謹候，無令汁盡，凝白如銀。其毒未盡，欲入諸丹，用煮還依三十六石水，煮鍊去毒，入飛如可〔一〕。入其金粉散丸膏，用黄乾伏之矣。

【校釋】

〔一〕「入飛如可」，疑當作「入飛亦可」。

銀玄珠法

玄珠一斤，銀一兩半，五十鍊，鉛精六兩半。銀屑一時著鐺中，黄白左味煮之九日九夜，謹候如上，表裏徹浄，凝白光明。若欲作白，即用礜石水煮半日許，白礬石水煮半日許，然後乾伏，作白能成。若欲入諸粉，用須去毒，亦可入飛。

九丹鉛精玄珠法〔二〕

玄珠二斤〔三〕，九丹鉛精十二兩，黄白左味中煮之七日七夜，凝白徹浄，然後乾伏去毒，合諸藥即成河車。八種之法，丹鉛從一至九任取其用，覆藉〔三〕諸丹，無有不成者；隨意入銅鐵，變化自在； 七十二丹神器皆用此作，諸各隨華應轉〔四〕，深淺任量。

【校釋】

〔一〕此法又見卷十二，並附撰者注訣。

〔二〕「二斤」，卷十二作「三斤」。

〔三〕「覆藉」，覆，蓋也； 藉，鋪也，墊也。 覆藉義同覆薦。

〔四〕「諸各隨華應轉」，該句疑有誤，卷十二作「各隨藥轉」。

煮伏水銀訣

水銀四兩，銀一兩，作銀汞泥餅，著鐵函。 桑灰必須細篩白浄。

臣按： 上件諸法日數皆少，人率依方勘驗，不成則止，或醋多火急，或汁盡汞乾，或藥味差違，或華池失法之所致也。 今作之者，鐺厚五分，磨裏使極平滑，鐺中無布案，桑灰可厚七分，以醋拌灰，恒使浥浥，無置高下，四布平停，亦不堅捺，恐有坼璺〔一〕，欲氣均湊，熏潤水銀。 作一木棬，以絹爲底，於其絹上平布水銀。 諸藥所謂石流黄、白硇砂、石鹽、磁石、鹵咸、胡粉，六味各一兩，和桑灰六兩擣篩，令均布水銀上，可厚二分，酢泊之，恒使如粥，不使乾竭令過多，恒令其氣調直，亂沖即是火急。其灰及藥日一易之，鐺蓋一紙，特忌塵穢。所添左味，例不冷投，留之物一如上法，要滿百日，其汞必成。煮之既了，研碎，可乾服。

【校釋】

〔一〕「璺」，裂紋。

乾服〔二〕玄珠法

用熟鐵鍋重八斤，其鍋初爲兩片，片重四斤，中心大小可如雞子，繞四邊幅三遍焊之，都厚半寸，車棄展緣上鑽孔，大如箭竿，孔處偏厚，務欲釘牢。投汞入訖，以釘焊之，勘可旁量，必須牢密，以錘細藥，漸傳甘泥四遍，塗可厚半寸，暴五六日矣，使極乾。然後入炭火，排囊漸吹使赤徹，一食時。卻彼排之後，從火自滅，經停一宿，待冷出之，從辰至巳，消息可了，去土，搖鐵如瓦礫聲，秤鐵複本是不耗，或失聲即本耗。如足，鑿破出之，乾伏即了，訣須去毒。

【校釋】

〔一〕「服」，「伏」的假借字。

去玄珠毒法

先作黄礬石水一斗，著銅鐺中，煮伏火玄珠，上可五斤，下可二斤，令礬石水盡。更别燒牛糞，燒不灰木作灰〔一〕。取磁石，破如小豆，湯中煮使極沸，用湯淋二灰〔二〕，取汁著鐺中，煮玄珠一日夜，即别用三轉左味更煮，經一宿一日。煮後别用三轉好酒和蜜，經一宿一日，别取真酥，更煮之三夜出。取之置銅器中，還以銅器爲蓋，著黍米中蒸之，三日三夜出，其毒皆盡，可以入萬藥，服餌神仙，作黄白入火飛，此是道之至極畢矣。此言三轉好酒者，即是牡荆酒也；言三轉左味者，即黄白左味也。以礬石水煮汞，其器及鎔如不消者，可作鐺。餅子若不得碎，亦可擣碎而煮之，蒸法亦然。五斤鐺可受二斗細理者。諸玄珠去毒，皆歸此之也，更無别異，唯有太玄君訣云，莫問乾服玄珠濕服玄珠，欲去其毒，但斤内一兩甜黄，即玄珠精不能散去，一名玄黄土〔三〕，出西方胡國也。磁石亦以爲畏，蜜陀僧爲臣將也〔四〕。若用黄丹、胡粉拘留玄珠精者，是俗間雜用，非正本訣。或用黄礦沙、石鹽之類，亦非正本口訣。

【校釋】

〔一〕「燒不灰木作灰」，宋代以來，不灰木一般指石棉，但此處云不灰木可燒作灰，它實際上是理石。南北朝至唐代，理石常稱爲「不灰木」。如太清經天師口訣云：「理石世云不灰木，燒之不灰，唯牛屎火燒立成灰也。其理石似腐木，名山有之，長理硬者非。」（頁七八九）石藥爾雅亦記載，理石一名不灰木（頁六二一）。

〔二〕「二灰」，即牛糞灰和不灰木灰。

〔三〕「一名玄黄土」指甜黄，具體成分及産地不明。

〔四〕「磁石亦以爲畏，蜜陀僧爲臣將也」，本句意思是説，水銀畏磁石，磁石以蜜陀僧爲臣將。

别伏水銀法

水銀一斤，磁石二兩，末之如粉，加曲獸汁即驢尿也。煮之，唯緩火也，不過七日一候凝與不凝。此蓋丹砂惡磁石畏鹵咸水義也，水銀出丹砂，豈不畏惡與亦同也，故玄珠磁石亦以爲畏〔一〕。明彼甜黄亦是水銀之所畏者，一種有畏，何必外國之物勝於中華乎？欲人不審磁石之可必用，故奇説化物，欲令志誠者思而以取意焉。其蜜陀僧出於金鉚藥中，又持參水銀等用之，今爲磁石臣將，不亦宜乎？ 煮伏之道不可棄也。

【校釋】

〔一〕按本草云，丹砂惡磁石畏咸水，水銀畏磁石。

濕伏玄珠法以鉤鉛

先取好細理鐵鐺，受三二升許者，泥如灶法，長開口及突〔一〕。融先伏，及欲合藥爲河車者，玄珠作餅，著鐺中，用銀粉爲覆藉。以銀爲粉法在第九〔二〕已具，若無銀粉，可用丹鉛粉覆藉亦得。即下油脂五升，蜜一升，合攪煮玄珠餅，一云三十日夜止，三日夜罷。立變銅鐵也。前去毒煮法用一日夜，今濕伏法乃用油脂，明長生之法與變銅鐵所用幾微不同矣，亦如出長生水銀用酥一合塗釜，水液水銀乃以猪脂和朱爲泥之義也〔三〕。又前去毒法以酒和蜜，今濕伏法以油脂和蜜，是之别矣。此名曰濕伏之汞〔四〕，立變銅鐵也。以此濕伏之汞，和以餘伏火藥成，如此法之丹方能變矣。若以調伏玄珠，用藥攪合成者，即是河車之法，非是真伏玄珠矣。

臣按：欲以水銀作玄黄及擬大丹者，即須空煮取擬。若不擬者，乍可以九丹鉛精爲必可以五十鍊鉛精，及金銀爲拘留也。

【校釋】

〔一〕「突」，煙囱。

〔二〕「第九」，此指第九卷。

〔三〕「出長生水銀」指雄汞長生法，「水液水銀」則指鍊雌汞法。雄汞用於長生，故稱長生水銀；雌汞可作水液，故稱水液水銀。

〔四〕「此名曰濕伏之汞」，「汞」，原文作「功」，據下一句「以此濕伏之汞」改。

黄帝九鼎神丹經訣卷之十二

合九丹鉛法鉛力功能

臣按：狐剛子云：夫合丹藥，以鉛爲本，鉛若不真，藥無成者。故云：鉛者，陰陽之筋髓，七寶之良媒，解則萬事可成，迷則千途競塞。故曰：鉛絶河車空，所作必無功，功斷河車絶，萬計無所出。又云：莫破我車，廢我還家，莫壞我鉛，我命得全〔一〕。車者，即河車〔二〕也。八河車法〔三〕，未有不因鉛而成者，丹之覆薦之藥，即所謂河車者，故云不得八種河車，丹無依伏是也。又按：太陰者鉛，太陽者丹也，二物成藥，服之神仙。丹鉛之精，能出流珠白雪，又加二水，凡百蒸之，取以一斤，分爲九分，轉變不已，即化神丹。其功既深，其力亦大，九上九下，覆薦水銀，化汞爲丹，三作九轉，故聖人祕之，非凡俗道士所知見也。所以鉛精一名鉛，一名太陰，一名金公，一名河車，一名河上姹女，一名立制石。下愚之人合藥，乃用山中立制石。又真人以玄黄華變化成立制石。膽〔四〕本出鉛中，下愚調藥及用羌裹石膽，非也〔五〕。所以丹鉛祕目三十六名，今列如後。故方云汞之與鉛，終不獨行，行必爲偶，二物相得，成兹妙藥焉。

【校釋】

〔一〕石藥爾雅卷下「叙諸經傳歌訣名目」中有狐剛子河車經，此處引狐剛子言未知是否出自該書。道藏容字號唐無名氏周易參同契注卷上「水者，金子，子藏母胞」句注引古歌與本卷有出入，云：「母是銀，水是鉛，銀爲子，故居藏母胎胞。故知其銀是七寶之良媒，陰陽之骨髓。經云：莫敗我鉛，廢我命全；莫破我車，廢我還家。又云：若鉛不真，使汞難親；其鉛若實，不失家臣。」（頁一七六）

〔二〕「河車」，周易參同契有「五金之主，北方河車」之説。通幽訣進一步解釋道：「河車者，五金之主，亦北之位。水能渡車，般載萬物，輪還不住，是陽居陰位，陰合陽精，金汞相得，故曰河車也。」（頁一五七）

〔三〕「八河車法」，下文「九丹鉛玄珠法」云：「玄珠二斤，九丹鉛精十二兩，黄白左味中煮之七日七夜，凝白徹浄。然後乾伏去毒，合諸藥即成河車。八河之車，丹鉛從一至九任取其用……」據此可知，河車法乃以九轉鉛丹與水銀合和諸藥之法從化學的角度而言，即趙匡華所謂「以鉛汞齊爲基體出發，合諸藥，製成升煉諸種神丹大藥之基質藥物的方法」（中國科學技術史化學卷，頁三七七），注意，「河車」一詞，本書中既是鉛、鉛丹的隱名，有時又指稱河車法製成之藥。按石藥爾雅卷下「顯諸經記中所造藥物名目」記有八種河車法，謂造白河車法、赤河車法、單青河車法、硭硝河車法、石亭脂河車法、東野河車法、鑯河車法、紫河車法，其中單青即青硝（太清石壁記丹經祕要口訣），東野河車法在本書卷八「假別藥作東野硝石法」中提到過。

〔四〕「膽」，即石膽，「石」字或脱或略。

〔五〕「丹鉛之精能出流珠白雪……非也」，出自九鼎丹第二丹法，詳見卷一及卷二十九鼎丹隱文訣。

丹鉛祕目三十六名

一名玄黄花，二名黄輕，三名龍鱗，四名伏丹，五名河車，六名丹液，七名驛丹，八名制丹，九名鍊丹，十名黄芽，十一石膽，十二陰陽父母，十三飛輕，十四黄精，十五黄龍符，十六河上姹女，十七制石，十八名汞，十九黄花，二十成已丹，二十一紫粉，二十二紅粉，二十三流珠液，二十四紫明，二十五玄丹，二十六黄龍，二十七金火符，二十八陰陽之精髓，二十九天地母，三十液神符，三十一金花，三十二飛丹，三十三黄華，三十四太陰，三十五金公，三十六河上游女。

臣按：成此三十六名妙藥，皆是鉛精之力，故黄帝九鼎神丹第一之法名曰丹華，復有一名號曰流珠九轉，即是以鉛合汞成之[一]。凡俗不知，乃以市錫爲鉛也，可謂日暮途遠，卻行求進，不亦難矣？今作之法皆須精專，轉至九方用之也。

【校釋】

〔一〕此處説丹華是以鉛合汞成之，非也，丹華用丹砂製成，玄黄才是鉛合汞成之。

狐剛子作九轉鉛丹法

鉛十斤，鐵杯中銷鑠，令作青沙，鐵盆中鐵錘研騰，取黄汁新瓦上暴，取粉黄和玄精汁爲團，如雞子，陰乾，鐐爐[一]中銷取鉛精，鐵杯中猛火還銷鑠一伏時[二]，即鉛丹。如此九轉爲丹，名曰九轉鉛，其轉數、用藥次第在黄老九飛丹[三]節度中。

【校釋】

〔一〕「鐐爐」，唐龍虎還丹訣卷上「金花還丹方」亦用此爐（頁一一一）。廣韻釋鐐爲有孔爐，但其制不詳。太清經天師口訣之「玉靈飛霞散第二」用撩棧俠爐，「次作俠爐，安理石撩棧，置玉板在上，爐下然純麻子燭燒此玉板……」（頁七九〇）陳國符中國外丹黄白法考云鐐爐疑有撩棧之爐（頁七九）。

〔二〕「一伏時」，雷公炮炙論多次使用該詞。陳國符云，伏即復，一伏時即一復時、一晝夜（中國外丹黄白法考，頁三〇四）。

〔三〕「黄老九飛丹」，該丹不詳。

九丹鉛玄珠法

玄珠三斤，九丹鉛精十二兩，黄白左味中煮之七日夜，凝白徹浄，然後乾伏去毒，合諸藥即成河車。八河之車，丹鉛從一至九任取其用，藉覆諸丹，無有不成者；隨意入銅鐵，變化自在；七十二丹神器皆用此作，各隨藥轉，深淺任量。此法雖于玄珠卷中已有〔一〕，然用鉛之道雖重發揚，覽按兹文，即知河車所用之鉛，必須以黄白左味煮凝乾伏並備方可入用。又云丹鉛從一至九任取，俗人不知，乃以「任」字作去聲讀之，當以平聲爲義是也，任，堪也，其鉛非至九轉不堪取也，故云丹鉛從一至九任取矣。以九轉丹鉛作河車，及用覆藉諸丹，無有不成。所云七十二丹神器皆用此造，即是以鉛黄花和胡粉爲泥，泥六一泥上者，非九轉丹鉛不堪作玄黄也。又云隨意入銅鐵，變化自在者，試藥點黄白之道，亦非此九轉丹鉛成者，皆不任用也。

【校釋】

〔一〕「此法雖于玄珠卷中已有」，指卷十一之「九丹鉛精玄珠法」。

出長生鉛法

臣按：丹鉛之道，雖法皆九轉，按其用處，三種不同。若欲長生久視，羽化昇天，當作雄鉛；若欲辟召鬼神，化液作水，當用雌鉛；若欲變化黄白，迴換五金，當用神飛鉛。俗人謂一乃混而無二，用之錯亂，所作不成，遂怨咎聖人方書無效，若審而用之，萬不失一。此法俗無有解者，自非見五粉圖乃能略知少，況故真人寶祕而不傳。此之一藥，道術之本，慎勿輕傳，萬金不泄，假使黄金百石，明珠萬筐，亦不傳也。若得此法，七寶視之如土，何用百石萬筐乎？唯寶翫長生，愛慕仙道，歃血分環，重立信誓，乃可略而出之。此言並是汞方〔一〕之所具載。然以三鉛三汞，一而已矣，故方云：功用別能，與汞無異，汞之與鉛，終不獨行，行必爲偶，審而用之，萬不失一〔二〕。俗人多以錫爲鉛，去道遠矣。又云雄、雌、神飛三種各須三轉，用方有效，轉之法用不異於前，鉛至九轉，體爲神藥，用入餘藥，無不效矣。故言此法惟見粉圖者知少意深，自餘仙聖皆祕此方，故今所作，多敗少成矣。

【校釋】

〔一〕「汞方」，指卷十一言水銀有三種法一段。

〔二〕「汞之於鉛，終不獨行，行必爲偶，審而用之，萬不失一」，鉛汞相配説又見卷十一「擇時用藥制水銀法」。另外還丹衆仙論引黄帝九鼎經曰：「鉛不獨行，行必無偶，審而用之。鉛與汞同一宗，能生金華，曰美金華也。」（頁三三四）不過，既言不獨行，行必有偶，此作「無偶」者謬矣。

出雄鉛法〔一〕

取真丹〔二〕百斤，青白陽起石十斤。又擣陽起石，細篩之，以玄精汁溲之作團，暴之令燥，納鐵鍋中，以爐鼓之，待爲汁消盡，瀉於煖灰中，待冷打擇取之，爲丹覆最佳。言丹覆者，謂入神丹玄黄之藥也。

【校釋】

〔一〕「出雄鉛法」，原文作「出雄雌鉛法」。上文言鉛按其用途有三種，雄鉛、雌鉛和神飛鉛。「出雄雌鉛法」之後爲「出雌鉛法」和「出神飛鉛法」，「出雄雌鉛法」當爲「出雄鉛法」，故删「雌」字。

〔二〕「真丹」，化學成分主要爲碱式碳酸鉛。

出雌鉛法

取真丹百斤，真粉十五斤，吴青礬一斤，石灰一斤，各别擣，其礬石細篩，四物合和，以玄精汁丸之，陰乾出之，法與前不異也。

出神飛鉛法

取真丹百斤，吴黄礬五斤，赤石鹽一斤，鬱金根二斤，黄硇砂五兩，此五味異擣下篩，以酒合丹溲之，勿令相著，暴之令燥，更擣篩之，然後取玄精汁溲之爲團，陰乾之，出法一如前訣者。方云聖無知者，赤石鹽也；方云玄精汁者，牛糞汁也；方云黄山脂者，吴礬也；方云黄金賊者，石流黄也。凡以藥和丹一法，先黄礬，次赤鹽，次鬱金根，次石硫黄，次黄丹訖，方以好酒潤和之，勿使相著。率黄丹五十斤，可用清酒五大升〔一〕。於高架葦箔〔二〕上鋪厚紙，糊魚鱗相壓兩重，暴可一日許，然〔三〕用牛糞汁溲之爲團，於架箔上陰乾十日。

又法：先秤丹知斤兩，又别秤藥知斤兩，即以藥對丹，多少相配，以麤羅篩，布一重丹一重藥，重重相次並盡，然後以酒溲之。

鼓出鉛訣第一轉

以所用味之藥各異擣下篩，以酒如上法合溲，勿令相著，攤暴令乾，更擣下篩，以牛糞汁和溲爲團。其牛糞以臘月收貯，以燸〔四〕水浸搦，取之團如雞子黄，若更大者難乾。二七日陰乾之，納鐵鍋中，其鍋底厚六分半，以下五分，以上四分，長七寸，明間三寸半。排爐出看，盡消爲汁方瀉著煖灰中。其灰唯細篩白者，布於浄平上〔五〕，厚三四分，四畔〔六〕以乾泥捲繞灰，不使鉛汁流溢四散。以手摸鉛，待冷，打擇取之。所用之酒，率百斤可用一斗酒，若玄精汁一斗即可，團得百斤丹。

鼓出鉛訣第二轉

取上件鉛於鐵杯中炒之。其杯底長三尺，厚一寸，深一尺，兩頭得稍綽，所以上長三尺五寸，闊一尺二寸，如槽之形也，摩裹令滑極浄，勿使嘶璺〔七〕。以長鈍劍鐵篦攪之，炒令並作沙盡，從旦至午，看成細末，續續掠出，置冷器中，其器是厚鐵盆鑊也。著清水，以長鐵篦攪之，使兩三人更互攪，勿令住手，使成汁也。然於鐵杯中炒鉛，亦得换人，不得住手，若有間斷，其沙復鎔。鐵杯之下然以柴火，火冷不得沙成，大熱恐鎔不止，臨事看火，勿令緩急也。接取泔淀黄汁〔八〕置瓮子中，著水，鑽腹作孔，候淀澄清，傾孔去水，以滑鐵篦匀率出澄淀，置新瓦上。預於瓦上鋪兩重紙，以瓦凡平布，烈日之中暴之一日，丹在瓦上硬裂乾定，收取擣篩，納鐵杯中，還以鐵篦攪炒令赤，三日夜，不得猛火。丹赤即成，不拘日數也。

鼓出鉛訣第三轉

凡以酒溲藥，及以玄精汁拌丹，皆於直口深銅盆中，盆須滑净，不得輒用瓦器及綽口者，恐藥飛散，消耗酒汁，致失准則。餘法如前。其用藥隨丹增損，以爲多少衰降減之也。凡絞綻牛糞取汁，必須稠如粥狀。故俗間鍊鉛令色白法，以好酒任多少，納白硇砂於酒中，緩使硇砂鎔盡，以此硇砂酒拌糞汁如稀粥狀，以麤路重布絞取糞汁，即此汁拌其藥丹，和令浥浥，團如雞子，不團亦得，日暴令乾，入鍋鎔之，須臾鉛出，瀉牛膽中。如是鍊之五遍可白。若以白蜜溲丹如强泥，准前暴之，亦得前力。若丹硬不出，當去硇砂。此雖色白，乃非正法。若九轉丹鉛之精，不悦人目，其色青黑，其質亦柔，神化之力不知所以然而然者也。

【校釋】

〔一〕「大升」，舊唐書食貨志曰：「凡權衡度量之制：度，以北方秬黍中者一黍之廣爲分，十分爲寸，十寸爲尺，十尺爲丈。量，以秬黍中者容一千二百爲龠，二龠爲合，十合爲升，十升

爲斗；三升爲大升，三斗爲大斗，十大斗爲斛。」（頁二〇八九）

〔二〕「葦箔」，用蘆葦編成的薄席。

〔三〕「然」，即「然後」。

〔四〕「燸」，温也，燒也。

〔五〕「布於浄平上」，當指布於浄平地上。

〔六〕「畔」，邊，邊側。

〔七〕「嘶璺」，嘶，形容不光滑；璺，裂纹。

〔八〕「泔淀黄汁」，指鉛丹加清水攪拌所形成的黄色濁液。

太極真人九轉丹〔一〕

第一轉。取胡粉五百斤，以石鹽二十斤，置於一石水中，取牛糞汁一石和之，丸如雞子，陰乾，然後置鑪中，鼓之須臾鉛出，此名粉鉛，號地之精也。取黄丹五斤，以牛糞汁和之，丸如雞子，陰乾之，置鑪鍋中，鼓之須臾鉛出，此名丹鉛，號天之精也。

第二轉。取前天地之精，合炒爲水色青沙。然後以石鹽三十斤明浄者，和湯八斗，曰鹹水，鹹水盆中研之爲土色黄沙。擣爲末，置鐺器中，燒之三日三夜，變爲火色赤沙，與好丹色同罷矣。

第三轉。取前丹，以首男乳〔二〕一斗，若首男乳難得，取黄牛乳亦得，取牛糞汁一石，取石鹽明浄者三十斤，爲湯八斗，相和溲之，丸如雞子，陰乾，鼓之如法，餘如前爲之。

第四轉。取前三轉天地之精成丹者，以朱砂好色光明洞徹者二十斤，以酒煮之三七日，臼中擣之，和藥，復以地强汁即牛糞汁也。和之，丸如雞子，陰乾之，置爐中，鼓之作法用皆與九轉同法，但用藥有異。

第五轉。取雄黄色如雞冠者五斤，以真牛酥煮之七日，然後暴之，與藥相和。然後以酒一石、牛糞汁一石合，丸如雞子，陰乾，鼓之法如前，餘亦如前。

第六轉。取雌黄二十斤，吴黄礬石五斤，合之牛乳、麻子汁，煮之三日夜。陰乾，擣篩，上和藥，以牛糞汁丸之如雞子，陰乾，鼓之如前法。

第七轉。取石曾青五斤，香附〔三〕、白附〔四〕各百枚，新實者良，餘法同上。

第八轉。取戎鹽三斤，朴硝、芒硝各三斤，擣篩同藥，以牛糞汁和之，丸如雞子，陰乾，鼓之如前也。

第九轉。取前八轉丹，依法置其人生命上，及王相上，依丹經立壇醮祭，潔清齋戒，置靈寶五符於五方，十二神印符於辰上，八靈符置八方，掩天門，閉地户，歷華蓋，入陰中。

取白玉五斤爲粉，金一斤爲屑，藥以青羊心肝各一具，和泥泥鑪，以牛糞和之如雞子，置生命上，陰乾，取天心日天心時置九宫。合藥者在中宫侍鑪，先問曰：奇合尋出宫爲妙。三日夜丹成，丸以白蜜，日服二丸，如黍米粒，可爲真人矣。祕之勿傳。

臣按：此方用藥雖具，至於九轉即加隱祕，鉛至九轉，體爲神藥。及乃更料白玉五斤爲粉，黄金一斤爲屑，以二物奇寶和而泥鑪，青羊心肝復極難得，首男乳汁動料十升，虚張色數，明不可得。令取其可得之藥，成其九轉之功，以此丹鉛充九鼎之用，其道逾妙，其力逾大，所以具説功能，亦不須煩雜而録之耳。

【校釋】

〔一〕「太極真人九轉丹」，隋書經籍志著録太極真人九轉還丹經一卷，又正統道藏有太極真人九轉還丹經要訣一卷。本卷所載乃九轉鉛丹之法，不可與九轉還丹之法混淆。

〔二〕「首男乳」，石藥爾雅云，牛乳汁一名蠢蠕漿，一名首男乳。

〔三〕「香附」，即莎草根，本草始載於名醫别録。新修本草云：「此草，根名香附子，一名雀頭香，大下氣，除胸腹中熱，所在有之。莖葉都似三棱，根若附子，周匝多毛，交州者最勝。大者如棗，近道者如杏仁許。荆、襄人謂之莎草根，合和香用之。」(頁一三四)

〔四〕「白附」，即白附子，本草始載於名醫别録。陶弘景云：「此物乃言出芮芮，久絶，俗無復真者，今人乃作之獻用。」新修本草云：「此物，本出高麗，今出涼州已西，形似天雄，本經出蜀郡，今不復有。涼州者，生沙中，獨莖，似鼠尾草，葉生穗間。」（頁一七〇）

黄帝九鼎神丹經訣卷之十三 十四同卷

明丹砂功力能入長生之道用

臣按：草木之藥，可以攻療疾病，不可以致長生也。金石之藥，可以必獲延年，而亦兼能[一]除百邪也。夫草藥之爲物也，虚脆危軟[二]，不堪而久，煮之即爛，埋之則腐，燒之則灰，停之則朽，不能自堅，豈能堅人乎？不能自生，豈能生人乎？若丹砂之爲物也，是稱奇石，最爲上藥，細理紅潤，其質貞固堅祕[三]，積轉逾久，變化逾妙，能飛爲粉，能精爲雪[四]，能爲真汞，能爲還丹，能拒火，能化水，消之可以不耗，埋之可以不壞，靈異奇祕，我難以稱，然而得要則全生，失法則傷壽。人見本草丹砂無毒[五]，謂不傷人，不知水銀出於丹砂而有大毒，故本草云水銀是丹砂之魂，因丹而出，末既有毒，本豈無毒？淺識狹觀，不思遠大，性命之功，蹉跌[六]不追。所以古人深懼，除惡務本，必先煮錬，方入大丹，殊途同歸，皆令伏火，不拘日數，莫限人功，事資於養，不宜急速。人見丹砂是石，乃言諸石燒之爲灰，其丹砂何得獨爾不化？殊不知丹砂色赤，而能生水銀之白物，變化之理，頗亦爲證，土得水而成泥埏之〔七〕。山下有金，其上多有丹砂，變轉不已，還復成金，歸本之質，無可怪也。故昔漢朝有李少君者，乃數百歲人也，不聞有他能，唯以丹砂合諸丹藥爲金〔八〕，以金爲器，以器盛食，以食資身，漸漬腸胃，霑洽營衛〔九〕，藉其堅貞以注壽〔一〇〕。事漢武帝不〔一一〕盡情實，乃以祠竈左道之事奏進，不以丹金正訣之義聞徹，卒以化去，武帝思之。故知唯有黄帝九鼎之道、太一丹金之妙，令人不老不死，可大善乎。若去毒不盡，帶毒成金，雖有所成，亦無用。譬以飢飡〔一二〕毒脯，渴飲鴆漿，爲患必深，欲益反損。今再具調鍊性味等法，列之如後。

【校釋】

〔一〕「兼能」，心訣作「能兼」。

〔二〕「虚脆危軟」，心訣作「虚脆柔輭」。

〔三〕「貞固堅祕」，心訣作「堅固貞祕」。

〔四〕「能飛爲粉能精爲雪」，心訣作「能飛能粉能精能雪」。

〔五〕「人見本草丹砂無毒」，心訣作「人見本草云丹砂無毒」。

〔六〕「蹉跌」，失足，比喻失誤。

〔七〕「土得水而成泥埏之」，心訣作「以丹砂而爲金液猶，土得水而成泥埏也」。

〔八〕「唯以丹砂合諸丹藥爲金」，心訣作「唯以丹砂作還丹或以還丹爲金」。

〔九〕「霑洽營衛」，心訣作「沾洽榮衛」。

〔一〇〕「注壽」，心訣作「駐年壽」，「注」即「駐」。

〔一一〕「不」，原文無。心訣作「事漢武帝不盡情實」。少君不以仙道上法事漢武帝，卻以左道小術奏進，明顯是不盡情實，本卷當脱「不」字，據心訣補。

〔一二〕「湌」，同「飡（餐）」。廣韻寒韻：「湌，餐同。俗作飡。」

丹砂性味主療

臣按本草〔一〕：丹砂，味甘，微寒，無毒，主療身體五臟百病，養精神，安魂魄，益氣明目，通血脉，止煩懣，消渴，益精〔二〕，悦澤人面，煞精邪惡鬼〔三〕，除中惡腸痛〔四〕毒氣疥瘻諸瘡。久服通神明，不老輕身神仙。能化爲汞，調作末名真珠〔五〕，光色如雲母，可拆〔六〕者良。生符陵山谷，採无時。惡磁石，畏鹹水。按此化爲汞及名真珠，即是金沙也〔七〕。符陵是涪陵〔八〕，接巴郡南，今无復採者。

【校釋】

〔一〕本段節録自集注丹砂條。

〔二〕「益精」，心訣同，集注作「益精神」。
〔三〕「煞精邪惡鬼」，心訣同，集注作「殺精魅邪惡鬼」。
〔四〕「腸痛」，心訣同，集注作「腹痛」。
〔五〕「真珠」，集注作「真朱」。
〔六〕「拆」，集注作「析」。
〔七〕「即是金沙也」，此句有誤，集注原作「即是今朱沙也」。
〔八〕「涪陵」，集注作「涪州」。

丹砂出處

臣按本草云〔一〕：符陵也，但以巴郡之南都謂之巴沙，今无復採。及出武陵、西川諸蠻戎，昔通巴地，故謂之巴沙。仙經亦用越沙，即出廣州、臨鄣者，此二處並好，唯須光明映徹爲佳。又如雲母片者，謂雲母沙，如紫石其大形〔二〕，謂馬齒砂也，並好，俱任用入藥，然非堪鍊之上物也。如大豆及作大塊圓滑者，謂豆沙也，細末碎者，末沙也，此之二種麤，不入藥，可磨作朱也。採沙皆鑿坎入數丈許，雖同出一郡縣中，亦有好惡，揀餌之法，備載長生之寶，非本草之所詳究也。然丹砂雖出巴楚二地，今之有出處，最不及辰州麻陽縣〔三〕者爲上，打破亦明，色焰焰然，有精似火星，向日看之，如動揺光明沙，若其體細，重破之白光昱昱然。又片版麤大如馬牙，或如小捲，晃晃昱昱，光明暉徹，其質堅祕。白光曜目者，號曰丹砂。紅明者上，紫者次，赤濁者下。天生已伏火者，徒聞其語，不見其物，縱使得之，亦須煮伏。興州〔四〕有緊實堅重，其色亦赤，狀類丹砂，破之似鐵，燒之還赤，停之有黑，火之無烟，此之丹砂之正質也。

【校釋】

〔一〕本段以下至「非本草之所詳究也」，乃化引集注丹砂條陶氏注文。

〔二〕「如紫石其大形」，此句有誤，集注作「如樗蒲子紫石英形者」。

〔三〕「辰州麻陽縣」，麻陽縣，唐武德三年（六二〇）置，屬辰州，北宋熙寧中改屬沅州。

〔四〕「興州」，古代有多處興州，此當指唐武德元年（六一八）復改者，治順政縣（今陝西略陽縣），天寶元年（七四二）又改順政郡，乾元元年（七五八）復爲興州，南宋開禧三年（一二〇七）改名沔州。

丹砂調錬法

取丹砂上者，末之於鐵器中，以上上醋，微火煮之，數添勿令竭，三十六日已上，燒試無烟爲成也。若不伏火，即以百日爲限。以好春酒一斗納瓷缸中，以帛袋盛丹砂十兩，納酒缸中，勿令到底。十日一易，滿百日暴乾，入長生用之。

又法：取光明好色朱砂洞徹者，以酒煮三七日已上，以火燒試之，伏火。

又法：碎丹砂如大豆，和酒納竹筒中，又納釜湯中煮之，火試伏火。欲休半日，添水煮之。

又法：取丹砂上者，於鐵器中微火煎之，其砂末令漸漸益醋，以物耗攪，勿令著底。每朱一斤，料醋一斗。候醋消盡，出朱暴乾，納甘堝中，爐火燒之，不飛即成。若飛，更煮三日一試，以成爲限。

又方：取丹砂上者，打破如豆，以好大醋於銅器中，微火煎之，漸漸益醋，以物攪之，勿令著底。熬醋，醋盡，日暴令乾，燒之不飛即成。

又方：取丹砂光明映徹者細末，納新瓦瓶中，塞其口，釜湯中煮之百日無毒。如此鍊者，入長生。瓶中著酒亦得，以酒拌之使潤，入瓶釜中。著酒義不合水。

又法：取好明徹朱砂細末，用好醋煮之百日，燒之不然烟，名曰伏火。此入變化用，不云入長生。

臣按訣者[一]：鍊丹砂雖有多方，然不出於伏火爲候，古人深慮火性緩急，故以重湯煮之，又慮人心躁迫，故以百日限之。入長生藥，必須美酒煮之，若變化用，必須大醋煮之。鐵器中煮酒數攪，若納瓶中，須密塞之。熬醋用盡，出而暴之，凝之，未伏火試之。新瓶法，長生用之，銅鐵之器，變化頃之。如此消息，萬無一失。

【校釋】

〔一〕「臣按訣者」，原文誤作「臣訣者按」，據文意改。

服丹砂别法

丹砂二斤，擣爲末，重絹篩之，盛著銅盆中，以淳苦酒沃之，令如泥狀，置高燥處使乾，復沃之如前法，一斤丹砂盡三斗苦酒。如此暴三十日，當如紫色，藥乃成，把之不污人手，引之如飴，乃可矣。丸如麻子，以井華水日服三丸，常以平旦吞之。服之一日，腹中三蟲下。服之六日，身中一切諸病盡皆除愈。服之六十日，則有所見，能令白髮更黑，齒落更生。凡服此藥，當先齋戒三十日，沐浴以五種香湯，乃可服之〔一〕。

【校釋】

〔一〕神仙服餌丹石行藥法之真人鍊餌丹法與本法相近，云：「丹砂一斤治末，重絹篵之，令靡靡。以醇酒不見水者沃丹砂，攪之令如封泥狀，盛以銅盤中，置高上處，勿令婦人見之，曝之，身自起居數耗燥，復沃之，常當令如泥。若陰雨疾風，覆藏之無人處，天晏出曝之。如是盡酒三斗而成。長曝之三十日，當紫色，握之不汙手，引之如飴。若令著手，未可丸也。法常鍊三斤，可支三年。若用三斤丹者，用酒九斗，曝之大盤中。欲煉時，當先沐蘭芷，齋戒七日，無婦女過近藥旁也。將欲服時，復齋戒五日，沐浴，乃服之。藥丸大如麻子，常以平旦吞三丸。服之一日，三蟲出；服之五日六日，心腹諸病皆有徵出；一年，皓眉更黑。歲加一丸，至九丸止。服之三年，神人至焉……此方雍人王基受之蜀馬明生，馬明生受王子喬，王子喬受赤松子，赤松子受羨門子高，羨門子高受馬左師。」（頁五九七）上清九真中經内訣中的餌丹砂法亦載此法（頁一〇五一一〇六）。此外，證類本草丹砂條引太上八帝玄變經載有此方，稱其爲「三皇真人煉丹方」（頁七九）。

服丹砂法

丹砂一斤，擣爲末，下篩，以淳漆二升，好苦酒三升，三物和合相得，微火上煎之，令可丸。服如麻子，日三，服之十日，百病盡皆除愈，三尸下。亦云百日服膚强，服之三年延年〔一〕。

【校釋】

〔一〕此法與抱朴子仙藥所載「餌丹砂法」相同，僅功能描述二者略有差異，云：「丹砂一斤，擣簁，下醇苦酒三升，淳漆二升，凡三物合，令相得，微火上煎之，令可丸，服如麻子三丸，日再。四十日，腹中百病瘉，三尸去；服之百日，肌骨堅强；服之千日，司命削死籍，與天地相保，日月相望，改形易容，變化無常，日中無影，乃別有光矣。」（頁二一〇）太清金液神氣經稱之爲漆丹法，云：「漆三斗，亦可二升，淳不澆者丹砂一斤，色如雄雞冠，無靨雜者。二物下細篩淳大醋三斗，和合相得，著銅器中，火上微煮之三日三夜。向欲成時，當如水，克欲熟，如油澤，以銅器著地，須臾凝可丸。服如小豆二丸，清玄水進之。不堪玄水者，亦可咽液吞之，勿雜食。三十日病瘉，三尸去。百日，肌堅骨强。千日司命削死籍，與天地相保，日月相望，改形易體，日中元影，天地運改，唯我常在，遊宴三清，爲種姓之宗。」（頁七八二）上清九真中經內訣中的餌丹砂法亦載此法（頁一〇六）。

臣按：丹砂一味，單服日久，尚獲如上之利，況去毒伏火，以合大丹，其置福爲益大矣。今按前件丹砂一味，及和漆二法，並同淳醋，不言用酒，以此驗恐或疑不用酒。又濾於瓦瓶中，不須用醋而漬者。今據別漆丹法，以真丹一斤，清酒一斗，白蜜一斤，淳漆一升，日暴。酒、蜜數淹數暴，可丸即止〔一〕。又方：以清酒和丹砂，納竹筒蒸之，日數亦如暴漬丹法，白蜜丸之。又方：以桑根汁和丹砂，納瓶中，入釜湯中，煮之三日夜，以淳酒和，復納白蜜丸之。以上和合之法，先以酒和丹砂，令至調適，然後納漆，火之極微，堪丸而止。又以上服法，丸如麻子，初服二丸，日再服，四十日三尸去，久服延年神仙，日中影不見也。是知凡鍊丹砂去毒，上法莫過美酒也，或以新瓦瓶盛，或竹筒盛之，亦須先以清酒和丹也。蒸之亦得，暴之亦得，但以蒸則百日火不斷絶，竹筒恐爛，暴則百日看手，乾濕難均。豈若置之於新瓦瓶中，酒氣淹漬瓶透潤，恒自浥浥，不勞開口，一煮便成也。

【校釋】

〔一〕抱朴子仙藥中的「小神方」用真丹和白蜜煎丸服之，云：「用真丹三斤，白蜜一斤，合和日曝煎之，令可丸。旦服如麻子十丸，未一年，髮白更黑，齒墮更生，身體潤澤，長服之，老翁還成少年，常服長生不死也。」（頁二一〇）

臣按：諸石之中，唯有丹砂、雄黄爲上，調鍊之法，兼復不難，先並營之，以護身命，此亦度世要藥之基址也，雖未及大丹，其餘服餌皆不能出此也。又丹砂之魂名水銀，以水銀、消石等分，合擣相得，納銅器中蒸之，經日夜出之，加炭上爲水，如是當紫赤色，蜜丸，吞如豆，百日其力亦與丹砂相似也。

黄帝九鼎神丹經訣卷之十四

明鍊雄黄法 其雄黄之功，能致長生之用。

臣按：雄黄者，與雌黄同山，雌黄之所化也。天地大藥，謂之雌黄，經八千歲化爲雄黄，一名帝男精，又經千歲化爲黄金，一名真人飯。此乃至神之石也，但求齒不落，髮不白，續筋堅骨，輕身目明者，莫過此藥也〔一〕。又能辟虎狼百毒，不使近人，入水不畏蛟龍，一切毒蟲妖魅不能加也。又辟五兵，甚有威武，耳目聰明，役使百靈。乃神變之獨紀，長生之上藥，攻病之要味，還年之功，物無所不入也。故昔圓丘多大蛇，又生好藥，黄帝將登焉，廣成子教之帶雄黄，而衆蛇皆去，明其力用大矣。〔二〕又仙經之大藥，乃以雄黄爲一味者也。

【校釋】

〔一〕神仙服餌丹石行藥法之神仙餌雄黄云：「天地之寶，藏於中極，命曰雌黄。雌黄千歲，化爲雄黄。雄黄千歲，化爲黄金。服食黄金，命曰真人。餌金之衛，微妙難成。輕身益氣，

莫過雄黄。」（頁六〇〇）

〔二〕廣成子教黄帝以雄黄辟蛇的故事出自抱朴子登涉（頁三〇四）。

雄黄主療

臣按本草〔一〕：雄黄，味苦而甘，平寒有毒，主治寒熱，鼠瘻，疽瘡痔，死肌，疥蟲，匿瘡〔二〕，目痛，鼻中息肉，絶筋破骨，百節中大風，積聚，癖氣，中惡，腹痛，鬼注〔三〕，殺精物惡鬼邪氣百蟲毒，勝五兵，殺諸蛇虺毒，悦澤人面。錬食之，輕身神仙。餌服之，皆飛入腦中，勝鬼神，延年益壽，保中不飢。一名黄食石也。

【校釋】

〔一〕本段内容節録自集注雄黄條正文。

〔二〕「匿瘡」，集注作「䘌瘡」，病名，義同陰蝕，指陰户生瘡。

〔三〕「鬼注」，集注作「鬼疰」。疰，古病名，又稱注病。

雄黄出處

臣按〔一〕：雄黄生武都山谷、燉煌山陽，採無時。好者作雞冠色，不臭而堅實也。若黯黑及虚〔二〕者，不好也。燉煌在涼州西數千里。古以爲藥最要奇難得也，昔與赤金同價。今聖朝一統寰宇，九域無虞，地不藏珍，山不祕寶。武都崇岫，一旦山崩，雄黄曜日，令馱運而至京者，不得雇脚之直，瓦石同價。此蓋時明主聖，契道全真，福祥大藥，不求而自至。〔三〕其色濁赤者不佳，唯赤徹者爲上。

【校釋】

〔一〕本段以下至「燉煌在涼州西數千里」節録自集注雄黄條。

〔二〕「虚」，集注作「虚軟」。

〔三〕雄黄在六朝時期確實甚爲難得而貴重。如陶弘景云：「晉末已來，氐羌中紛擾，此物絶不復通，人間時有三五兩，其價如金。合丸皆用石門、始興石黄之好者爾。始以齊初涼州互市微有所得，將至都下，余最先見於使人陳典籤處，撿獲見十餘片，伊輩不識此是何等，見有挾雌黄，或謂是丹沙，吾示語並更屬覓，於是漸漸而來……燉煌在涼州西數千里，所出者未嘗得來，江東不知，當復云何？此藥最要，無所不入也。」（集注，頁一四九）又華陽陶隱居内傳卷中記載，陶弘景「眇尋上道，究括綱領，若梯景轡雲之速，無如刀圭潛心注想，惟朱黄爲闕」。注云：「營九轉丹，丹砂、雄黄最爲主領，于時後魏及宇文泰强盛，武都路梗，雄黄不可致也。」（頁五〇五）雄黄供應緊張的狀況一直到唐初方得以解決，本卷所言其與瓦石同價絶非虚言。孫思邈枕中記云：「昔抱朴子及陶隱居在江左之日，雄黄與金同價，將合大藥，求索無處。自古諸仙聖等皆慨此物不足，以所學道不以時成，況此二賢耶。余齠年志道，壯乃知方，亦渴兹藥，遂一年間息心於服餌矣。余至貞觀年中游峨嵋山，市得武都雄黄四十餘斤，顆立奇大，光色炤爛，近古所無。自非聖德所加，可能致此物？」（頁四七二）又千金要方卷十二「太一神精丹」云：「古之仙者以此救俗，特爲至秘。余以大業年中數以合和，而苦雄黄、曾青難得，後於蜀中遇雄黄大賤，又於飛烏玄武大獲曾青……遂於蜀縣魏家合成一釜。」（頁二三一）

雄黄調鍊去毒法

臣按：雄黄雖是長生上藥，然有大毒，去不盡，不可入大丹。夫石藥之毒，得火彌烈，縱百飛之伏火，毒仍未除。凡人不妙究其理，乃謂代火之物，是無毒也，失之遠矣。是故必先煮鍊，然後伏之，此與伏汞耿概相似。夫伏雄黄，有醋煮者，有油煮者，若有所爲，用處不同，列如左〔一〕。

【校釋】

〔一〕抱朴子仙藥對晉前餌服雄黄法有概括，其中無油煮法，云：「餌服之法，或以蒸煮之，或以酒餌，或先以硝石化爲水乃凝之，或以玄胴腸裹蒸之於赤土下，或以松脂和之，或以三物煉之，引之如布，白如冰，服之皆令人長生，百病除，三屍下，瘢痕滅，白髮黑，墮齒生，千日則玉女來侍，可得役使，以致行厨。」（頁二〇三）

雄黄用酒漬浮湯上鍊法

取雄黄上者十斤，打去石脉〔一〕，擣如小碁子大，或末之如沙，或碎之如粉。若以油煮，即如碁子，若以酒煮，擣之令碎。以好酒於銅器中拌漬之，伺盡更添，盡二石止，更以油煮，去油擣碎。入大丹，用苦酒煮訖。欲單服者，末之如粉，納竹筒，加石鹽一斤爲之覆薦，密其口，沙中蒸之七日夜，出之。有水瀉取别用也，取其不爲水者，以絹袋盛，納蜜瓶中，封固勿洩，埋馬糞下，七日滿藥成，名紫宫飛丹。以白蜜丸之如豆，服久久延年。

【校釋】

〔一〕「石脉」，指雄黄中的絲狀雜質。

雄黄醋鍊法

雄黄以醋鍊，取好雄黄一斤，擣之如粉，以好苦酒和之，於銅器中相和，微火煎之，不得急火，盡二石止，如膠成藥。

訣曰：此苦酒者，非是醋也。煮訖擣爲末，納竹筒中，蒸之一日夜，欲熟時氣當青赤。出置水中，引之如綿，丸如梧子，先食服一丸，日三神仙。若以雄黄和漆服之者，亦以好清酒緩火煎之，令如膠卒。雄黄一斤，料漆二斤。其漆必須青，煮絞去滓，合著銅器中，攪令相和，藥成矣。丸如黍米，日三，若丸如小豆，日一。常先食服之，咽去汁，二七日百病皆愈。二十日身浮死肌脱，此是藥力，夜行如晝，行如飛龍，時寒則熱，時熱則寒。百日腸中堅厚，皮膚血脉盛强，骨節耳目聰明。三百日漸可加至吞如黍粟，三丸爲常。此方神祕，不妄傳洩。雖曰小丹，絶勝餘石及諸上草木也。大丹未成，必須先以此藥豫填骨髓，自支持也。若以此鍊入大丹者，則宜煮滿百日，不得如膠爲度也。

雄黄鍊入長生藥法

凡漬訖出之，皆暴乾，皆抽研作用。取赤光映徹者，細末新瓦瓶中，漬之以酒，密塞口，重湯煮百日，以酒著釜中煮瓶最佳，此入長生合丹藥用也。直以好春酒一升納瓷缸中，以白袋盛雄黄十兩，納酒缸漬之，十日一易，百日止。

雄黄鍊入變化銅鐵

取好雞冠色者，於銅器中以好淳醋煮之百日，試以伏火，無烟成，名曰伏火，可變化立成。

雄黄油煮重鍊去處法

取好雞冠上色者，打擇精去石脉，碎之如小碁子許大，油鐺中煮之。皆須先以酒鍊日足，然入油煮之。滿九日夜，無懈謹伺候，緩急可即脂焰必發，緩即毒氣不消，以瓦器蓋鐺，恒令湯手爲候。日數滿足，極熱傾油，用意瀝〔一〕，當使油並盡。冷即凝住不下，必須極熱傾之瀝盡。正鐺以均，率取以絹袋，可容二斤，五袋十斤，各長九寸。又作土竈，高可一尺，其口八寸，向上。竈上四面各竪一甓，狀如土甑，於上著沙，沙上布其藥袋，使袋隙間相去一寸，填沙布滿，上亦一寸，下著柴火，可限七束。看袋有脂，沙吸自然漸盡矣。

【校釋】

〔一〕「瀝」，滴瀝也。

遷伏雄黄法

取上砂蒸鍊訖，雄黄以新瓦器盛之，瓦瓶以甘土泥裹之，厚半寸，炙令乾，且以浄物蓋口，權置一處。先以黄泥捏作一形，如瓶缸是狀，此泥形口厚如側掌，高若豎拳，填以白沙，捺使滿實，統爐使乾。然以瓶口倒覆形上，瓶口塞以亂髮，沙上鋪紙一重，以小鐵釘横口礙髮，務欲油氣下洩，藥不亂墜也。安置瓶訖，伺乾，以馬糞實捺了，從上放火，火從上熱向下燒，瓶油氣滴沙，被逐俱盡，經一日夜，待冷取之。承熱以鉗夾瓶使正，摘其瓶口，穿一孔子，藥在瓶中，狀如濁水，鑄之作器，任所方圓，此謂無烟辟邪之物。瀉若不盡，打破收之，油去藥存，毒氣絶矣。直爾服之，即得者當擣篩入飛，取三轉雪，蒸之三日，以白蜜丸之，然服如彈丸，日三服，稍減之，去三蟲長生。以鍊松脂和之亦佳，此可多作而服也。

鍊松脂法

若桑灰，若石灰汁，煮之多遍，復以水煮之，令苦盡止〔一〕。

【校釋】

〔一〕孫思邈千金要方卷二十七服食法第六煉松脂法與本法相近，云：「松脂七斤，以桑灰汁一石煮脂三沸，接置冷水中凝。復煮之，凡十遍，脂白矣，可服。」（頁四八六）

鍊雌黄法

臣按：鍊雌黄法與雄黄不殊，然據本草云，主療則與雄黄有異。若合大丹，特須此味，故如左。

雌黄〔一〕，味甘辛而平，有毒，療惡瘡頭禿癬疥〔二〕，殺毒蟲蝨身痒邪氣諸毒，食〔三〕鼻中息肉，下部䘌瘡，身面白駮，散皮膚死肌，及恍惚邪氣，煞蜂蛇毒。鍊之服，輕身〔四〕，增年不老，令人腦滿。

【校釋】

〔一〕「雌黄」以下至「雌黄出處」段「必宜以武都爲上也」出自集注雌黄條。

〔二〕「癬疥」，集注作「痂疥」。

〔三〕「食」，集注作「蝕」。

〔四〕「鍊之服輕身」，集注作「鍊之久，服輕身」。

雌黄出處

雌黄與雄黄同山，俱生武都山谷其陰也。山有金，金精薰則生雌黄，採無時。出於武都仇池黄〔一〕也，其色小赤。若出扶南、林邑者，謂爲真崑崙黄也，色如金，而似雲母錯〔二〕，而爲畫家所重。但丹家合化，多共雄黄同飛，既有雌雄之名，即是陰陽之義。復與雄黄同山用者，必宜以武都爲上也。擘破，中有白堅文者，最佳也。

【校釋】

〔一〕「仇池黄」，集注陶氏注文云，雌黄出於武都仇池者，謂爲武都仇池黄。

〔二〕「雲母錯」，集注作「雲母甲錯」。

黄帝九鼎神丹經訣卷之十五十六同卷

明諸石藥之精靈

明石流黄功力

臣按：石流黄能化金銀銅鐵器物，仙經頗用之，燒有紫烟，而黄白以爲切物〔一〕，故車法〔二〕中之所要也。伏水銀者，乃號此藥爲黄礝沙也〔三〕。得硝石能化爲水，此法出於三十六水中經〔四〕也。又取石流黄擣末，納竹筒中，削其表令薄，埋馬糞中，二十日化爲水。以此水漬丹，謂之流黄液也。

作法取上上光明砂，酒漬鍊訖，末之，以流黄液於銅器中漬丹，微火煎之，重湯煮之最佳，七八日色變，十日如泥。丸如梧桐子，日服三丸，漸漸加至四十丸，久而輕舉，亦可昇仙，此乃流黄之功力也。

【校釋】

〔一〕「切物」，緊要之物；切，要也。

〔二〕「車法」，指河車法。

〔三〕卷十一「擇時用藥制水銀法」載：「又方云用黄醲沙，流黄是也，白醲砂，二物等分，醋中煮汞，三七日觀試者，伺候力强弱。」

〔四〕「三十六水中經」，即三十六水法。

石流黄主療

臣按〔一〕：石流黄，味酸而温，有毒，主治婦人陰蝕〔二〕，疽痔惡血，堅筋，頭禿，心腹積聚，邪氣冷癖，并欬逆上氣，脚冷疼弱無力，及鼻衄〔三〕，惡瘡〔四〕，下部䘌瘡，療瘡〔五〕，止血，煞疥蟲。俗方用之偏療脚弱及痼冷惟良。

臣又按〔六〕：石流丹者，石之赤精，蓋石流黄之類也，非石流黄也，皆浸溢於崖岸之間，其濡濕者可丸服，其已堅者散服。此一色石，是百二十種石芝之數，雖有其名記，不覩其目，亦仙藥之上也。五嶽有，而箕山爲多，其方言許由就服之而長生，故不復以富貴累意，不受堯禪。

【校釋】

〔一〕本段内容節録自集注石流黄條。

〔二〕「陰蟲」，集注作「陰蝕」。陰蝕亦名陰中生瘡、陰瘡、陰䘌、䘌、陰蝕瘡等。病因情志鬱火，損傷肝脾，濕熱下注，鬱蒸生蟲，蟲蝕陰中所致。

〔三〕「鼻衂」，集注作「鼻衄」，「衂」同「衄」。

〔四〕「惡瘡」，集注作「惡瘡」。

〔五〕「瘵瘡」，集注無此二字。

〔六〕本段内容出自抱朴子仙藥（頁一九九），文字稍有改動。

石流黄出處

臣按〔一〕：石流黄生於東海牧陽山谷中，及泰山，及河西山，礬石液也。東海屬徐州，而箕山亦有。今第一出扶南、林邑，如雞子初出殼，名崑崙黄，色深而佳也，此色尤爲俗方療脚弱痼冷所要。若以入大丹，此林邑者必不及徐州及箕山者。且南方無礬石，不知何以稱爲礬石液也。

【校釋】

〔一〕本段内容出自集注石硫黄條，但有較多改動。

鍊石流黄入長生藥法

臣按：九霄君作九轉鉛丹鍊石流黄入長生藥法〔一〕，四味大藥雖各别鍊，皆同用酒湯上煎之。其法，朱砂、雄黄、雌黄、流黄四味之藥皆令作末，各一銅器，好酒沃之，即於浮湯上煎之。率酒五升可漬五兩，恒使浥浥，勿使頓添之，方可入用。此入長生之藥。又方：碎如大豆，并醋納竹筒中，三日夜煮之，欲休半日，加水也。此入變化用之，不如酒煮也。

【校釋】

〔一〕「九霄君作九轉鉛丹鍊石流黄入長生藥法」，九霄君九轉鉛丹詳法本書未載録，但提到其中的三種藥物鍊法，即本卷之「鍊石流黄入長生藥法」、「鍊磁石法」以及卷十六之「鍊礜石法」。此外，卷十二還載録「狐剛子作九轉鉛丹法」與「太極真人九轉（鉛）丹」兩種另外的九轉鉛丹法。按石藥爾雅卷下「叙諸經傳歌訣名目」中有九霄君經，通志藝文略著録九霄君論一卷。又張真人金石靈砂論（頁五）與太清玉碑子（頁三一四）引九霄君歌訣，太丹篇輯録九霄真君大丹歌七首（頁三四九—三五〇），雁門公妙解録託名九霄君辯金石藥及去毒法（頁三六五—三六八，又見雲笈七籤卷六十四）。

明曾青入長生藥油致功力

臣按：曾青亦仙藥方上品也，久服令人輕身不老，化銅鐵鉛作金也。

曾青主療

臣按〔一〕：曾青，味酸，小寒，無毒，主療目痛，止淚出風痺，利關節九竅〔二〕，破癥堅積聚，養肝膽，除寒熱，煞白蟲，療頭風腦寒，止煩滿〔三〕，補不足陰氣〔四〕。

【校釋】

〔一〕本段出自集注曾青條。

〔二〕「利關節九竅」，集注作「利關節通九竅」。

〔三〕「止煩滿」，集注作「止煩渴」。

〔四〕「補不足陰氣」，集注作「補不足盛陰氣」。

明曾青出處

臣按〔一〕：曾青出蜀山谷，及越嶲，採無時。畏蟲絲〔二〕。主療與空青亦相似。今同官便無曾青〔三〕，惟出始興。今出蔚州、鄂州也，然蔚州者勝於鄂州也，餘州皆惡。其形如蚯蚓糞，又如黄連者佳，滑者好。色理小勝空青，難得而貴，仙經用之亦要，而陶隱居乃言少也。化金之法，事同空青也。

【校釋】

〔一〕本段蔚州、鄂州乃撰者所加唐産地，其餘内容出自集注曾青條。

〔二〕「蟲絲」，集注作「菟絲子」。

〔三〕「同官便無曾青」，集注作「銅官更無曾」。

鍊曾青法

臣按：曾青以好酒漬之，置銅器中，以紙蓋鎮，於日中暴。若夏日，待七日亦得，唯多日益有力矣。若無日，以火暖之，調暴乾訖，以瓷器玉槌研之，令極碎，釅醋拌，使乾濕得所任用。又以絹厚密者爲袋，盛曾青，置瓷缸中，率曾青十兩用醋一升，懸其藥袋於醋缸中，十日一易醋，盡一百日，用醋一斗而止也。其懸絹袋，不得到底。

又法：曾青與金精鍊一種，皆以瓷器各別漬之，擣藥爲末，以三轉左味漬之，二百日出，暴乾，以瓷盆玉槌研之極甚〔一〕。

又法：鍊法與石流黄同，碎如大豆，并醋納竹筒中，水煮三日三夜，欲休半日，又添火煮之。此法非不知之，但是迫急小道，不足據也。

又法：碎之爲末，三轉左味煮之，一斤曾青微火盡醋五斗止，暴乾研訖，堪入藥用矣。

【校釋】

〔一〕此鍊金精曾青法出自狐剛子，又見卷九「作赤鹽法」。按卷九之法無「各别漬之，擣藥爲末」的處理過程。

鍊磁石法

亦同曾青。此是九霄君九轉鉛丹法，雖有典據，亦不如狐子上件鍊金精曾青之上法也[一]。

【校釋】

[一] 磁石介紹詳見卷十六。

明空青功力

臣按[一]：空青久服輕身，延年不老，[二]令人不忘，志高神仙。又以合丹，成則化鉛爲金矣。神農云化銅鐵鉛作金[三]也。其主療亦同曾青相似，大同小異，今録如左

【校釋】

[一] 本段及下一段「空青主療」節録自集注空青條。

[二] 「令」，原文作「老」，據集注改。

〔三〕「化銅鐵鉛作金」，集注作「化銅鐵鉛錫作金」。

空青主療

臣按：空青，味甘、酸，大寒，無毒，主療青盲耳聾，明目，利九竅，通血脉，養神，益肝氣，療目赤痛膚瞖〔一〕，止淚出，利水道，下乳汁，通關節，破堅積矣。

【校釋】

〔一〕「療目赤痛膚瞖」，集注作「治目赤痛去膚瞖」。

空青出處

臣按〔一〕：空青生益州山谷，及越巂。今出同官者，色最鮮深，出始興者不如益州也。涼州西平有空青山，亦甚多，但並圓實如鐵珠。無空腹者，皆並鑿於土石中取之。採無時。今聖德多感，物無不至，故蔚州、簡州、宣州、梓州皆出，然宣州者最上，其蔚州者無孔，塊大色深也。

【校釋】

〔一〕本段以下至「採無時」節録自集注空青條。

鍊空青入長生藥法

臣按：空青擣爲末，同曾青法，以酒漬滿一百日訖，出暴，更擣，以醋拌，暴十遍止，大都消息與曾青同也。

若鍊絳礬者，直爾同其空青，一遍持暴之，法則不煩以酒漬之也。

鍊石碌法

臣按：今合大丹，不須此物，但以太一神精小丹方云，若無曾青，以崑崙石碌研沙取用〔一〕。又按本草：石碌出空青中〔二〕，相帶而生，本法謂之碌青，其味酸，寒，無毒，主益氣，治肝鼻〔三〕，止洩利〔四〕，生山陰空中〔五〕，色青白。此則用畫緑色，畫工呼爲碧青，而唤空青爲緑青矣。欲替曾青而入用者，當水飛，取精粹十兩，可得三兩。然以其精鍊之，同空青法。此於小丹則可，若入大丹，必不得代以他物也。

【校釋】

〔一〕按，太一神精小丹方出自孫思邈千金要方卷十二，原名太一神精丹，其成分包括曾青，孫氏云：「曾青如蚯蚓屎，如黄連佳，世少此者，好崑崙碌亦得差病。」（頁二二三一）

〔二〕「石碌出空青中」至「而喚空青爲緑青矣」節録自集注緑青條，其言「本法謂之碌青」即指此。

〔三〕「肝鼻」，集注作「齆鼻」，齆，堵塞。

〔四〕「洩利」，即泄瀉。集注作「洩痢」。

〔五〕「生山陰空中」，集注作「生山之陰穴中」。

黄帝九鼎神丹經訣卷之十六

明錬諸石由致皆有長生之用

明磁石功力

臣按〔一〕：磁石入五石之數，太陰之精，其味辛、鹹，寒，無毒，煞鐵毒，爲朱砂、水銀之所畏惡。仙丹方、黄白多用之。

【校釋】

〔一〕以下三段主要出自集注磁石條。

磁石主療

臣按：磁石，主治風痺風濕〔一〕，百節中痛，不可持物，洗之酸疼〔二〕，除大熱煩滿及耳聾，養腎藏，强胃氣〔三〕，益精，除煩，通關節，消癰疽鼠瘻〔四〕，項强喉痛〔五〕，小兒驚癇，鍊水飲之，人有子〔六〕。一名玄石，一名處石。柴胡爲之使，惡牡丹、莽草，畏黄石脂也。

【校釋】

〔一〕「風痺風濕」，集注作「周痺風濕」。

〔二〕「洗之酸疼」，集注作「洗洗酸痟。」痟，酸痛，頭痛。

〔三〕「强胃氣」，集注作「强骨氣」。

〔四〕「癰疽鼠瘻」，集注作「癰腫鼠瘻」。

〔五〕「項强喉痛」，集注作「頸核喉痛」。

〔六〕「人有子」，集注作「亦令人有子」。

磁石出處

臣按：磁石生泰山川谷中，及磁山山陰，有鐵者則生其陽，採無時。其好者能懸吸針，虚連三四爲佳。今最生相州也。

鍊磁石入長生藥法

磁石一斤，入長生用，擣爲末，以左味煮之，微火盡五升止，出暴。餘不堪用。

方鍊法

宜與曾青者，即盡五升醋也，非關須漬之〔一〕。

一法云：以磁石作麤末，以苦酒煮之，三日夜可用。

【校釋】

〔一〕鍊磁石法又见卷十五。

明礜石功力

臣按〔一〕：礜石，少陰之精，入五石之數，鍊而服之，令人不老不死。丹經及黄白皆多用此，善能柔金。生礜石内水中水不冰。一名青介石，一名立制石，一名固羊石，一名白礜石，一名太白石，一名澤乳，一名石鹽〔二〕。

【校釋】

〔一〕以下三段節録自集注礜石條。

〔二〕諸異名中，「青介石」集注作「青分石」，「石鹽」集注作「食鹽」。

礜石主療

臣按：礜石，味辛、甘，大熱，有毒，主療寒熱，鼠瘻蝕瘡，死肌，風痺〔一〕，腹中堅〔二〕，邪氣，除熱，明目下氣，除膈中熱，止消渴，益肝氣，破積聚酒痼冷腹痛，去鼻中息肉，久服令人筋攣，得火良。畏水，惡毒公，細辛、虎掌爲之使。

【校釋】

〔一〕「風脾」，集注作「風痺」。

〔二〕「腹中堅」，集注作「腹中堅癖」。

礜石出處

臣按：礜石生漢中山谷及少室，採無時。蜀漢亦有，而好者出南野及彭城界中，洛陽南垣塹，其少室生礜石最熱。若用者似黄泥色，厚半寸，炭火燒之一日夜解破。可用療冷結，不堪入大丹也。丹家所用，謂此白礜石，非特生礜石也。

礜石鍊入長生藥法

臣按：礜石有毒，復大熱得火良，故本草云須火鍊百日。生服刀圭，煞人及百獸。若化爲水，偏有伏水銀之功。鍊法取好者細末，紙裹爲顆，然以作瓦家黄土泥泥厚半寸，作筒爐，壘以炭火，火之二七日，中入藥用。藥用滿百日彌佳，堪入黄白。

一法：以猪脂煮七日夜，出暴乾，擣爲末，以苦酒溲之作團，猛火鼓之得銅，然後擣爲末，和凝水銀末，依方使用。

九霄君九轉鉛丹鍊礜石法

擣爲末，牛糞汁和團，入爐火之一日夜，出置臼中，更擣研之，即得入用。

臣以諸方上者皆不如百日也。若能先猪脂煮滿七日，然更筒爐，燒滿百日，此最上法也。

明礜石功力

臣按[一]：礜石亦八石之上藥也。神農云：鍊餌服之，輕身不老增年。岐伯云：久服傷人骨，能使鐵爲銅者。絶白，蜀人乃以當硝石[二]。其黄理[三]者，名雞矢礜，投苦酒中，塗鐵皆作銅色，不能變肉理〔四〕。仙經單餌之，丹方亦用。俗中合藥，皆先火燒令沸燥也。一名羽涅〔五〕，一名羽澤。

【校釋】

〔一〕以下三段節録自集注礬石條，惟出益州一句爲撰者所加。

〔二〕「絶白，蜀人乃以當硝石」，集注原文云：「已練成絶白，蜀人又以當消石名白礬。」

〔三〕「黄理」，集注作「黄黑」。

〔四〕「不能變肉理」，集注作「外雖銅色，内質不變」，故曰不能變肉理。

〔五〕「羽涅」，集注作「羽碮」，亦有作「羽涅」者，「涅」應爲「涅」之誤。

礬石主療

臣按：礬石，主治寒熱，洩痢，白禿〔一〕，陰蝕，惡瘡，目痛，堅骨齒，除固熱在骨髓，去鼻中息肉。其味酸，寒，無毒。甘草爲之使，惡牡礪〔二〕。

【校釋】

〔一〕「白禿」，集注作「白沃」。

〔二〕「牡礪」，即牡蠣。

礬石出處

臣按：礬石生隴西山谷〔一〕，及隴西武都、石門，採無時。亦出益州北部。亦從河西來，色青霜，名馬齒礬〔二〕。今出茂州，乃益州管内者也〔三〕。

【校釋】

〔一〕「隴西山谷」，集注作「河西山谷」。

〔二〕「色青霜，名馬齒礬」，集注作「色青白生者名馬齒礬」。

〔三〕「今出茂州，乃益州管内者也」，茂州，原爲隋之汶山郡，武德元年改爲會州，四年改爲南會州，貞觀八年（六三四）改爲茂州，天寶元年（七四二）改爲通化郡，乾元元年復爲茂州。在六三四至七四二年間，茂州隸屬與益州都督府平級的茂州都督府。茂州隸屬益州有兩個時期：一是唐以後，由於本書撰於唐初，這種情況可以否定；二是武德元年置益州總管府轄會州，九年又改爲益州大都督府仍統南會州。撰者稱「茂州乃益州管内者也」，當針對茂州原屬益州總管府統轄而言。

礬石鍊之入長生藥用法

取吴白礬石，用新桑合盤一具，細末礬石，著盤中，密蓋勿洩。浄一室，水灑地，著盤地上，一日夜其石精飛上蓋上，掃取，更如前法，合滿三遍，飛成之矣。此入長生用，仍先熬汁盡。

一法醋拌，暴同絳礬，十遍止，此不及前方也，先擣鍊之，沸定汁盡。

若水法〔一〕，上礬石三斤擣末之。以新桑盤一面，經宿燒地了，以苦酒灑地，布礬末，可盤下〔二〕合之，著地四面，以白灰擁之。待地熱氣盡〔三〕，去四邊灰，開盤取著上者出之，羽掃取精。此亦收礬石之上法也。若欲作水，即以此精納三年苦酒中，一斤料一斗酒漬之。其精號曰礬華也。若急用，漬之七日亦可也，若不急者，百日彌佳。作法斤兩及苦酒之數如前，臨時多少任人。

【校釋】

〔一〕「水法」即卷八之「假別藥作礬石水法」。

〔二〕「下」，原文作「不」，據卷八改。

〔三〕「熱氣」，卷八作「熱」。

明朴硝功力

臣按〔一〕：朴硝是八石之數也，能化十二〔二〕種石。百日鍊餌，服之輕身神仙。鍊之白如銀。能寒能熱，能滑能澀，能辛能苦，能鹹能酸，入地千歲不變。人擇取白軟者，以當硝石也。本草經云能化十二種石，故用之者燒之汁沸出，狀如礬石也。仙經惟云〔三〕硝石能化他石，不言朴硝，今此又云化石，故隱居云必爾可試之取驗。言燒之汁出者，皆須令沸定汁盡，與燒礬石法同。

【校釋】

〔一〕本段及以下朴硝主療、出處内容主要出自集注朴硝條。

〔二〕「十二」，集注作「七十二」，本書卷八亦作「七十二」，本節兩次言十二。

〔三〕「云」，原文作「三」，據集注改。

朴硝主療

臣按：朴硝，味苦、辛，大寒，無毒，主治百病，除寒熱邪氣，六腑積聚，結固留癖，胃中食飲熱結，破流血閉絶，停痰滿〔一〕，推陳致新。畏麥句薑〔二〕。

【校釋】

〔一〕「停痰滿」，集注作「停痰痞滿」。

〔二〕「麥句薑」，原文作「句麥薑」。集注作「麥句薑」，下文芒硝條亦云畏麥句薑，可知「句麥薑」當誤，據改。神農本草經云天名精一名麥句薑。

朴硝出處

臣按：朴硝生益州，及益州北部故汶山郡〔一〕，西川、蠶陵〔二〕二縣界，生於崖上，色多青白，亦〔三〕雜黑斑。言擇白軟者以當硝石，即此物也。錬之色白如銀，青白者佳，黄者傷人，赤者殺人。一名硝石朴。

【校釋】

〔一〕「汶山郡」，原文作文郡，據集注改。

〔二〕「蠶陵」，原文作「蠶淩」，據卷八改。

〔三〕「亦」，原文作「赤」，據集注及本書卷八改。

錬朴硝入長生藥法

以朴硝三兩納瓷器中，以水二升煎之可一合在〔一〕，即停下之，成。若作朴硝漿者，以好朴硝一斤，無急以芒硝代，以水二斗煎減五升，出，寒一宿，當微凝。以出之，以三年苦酒一斗煮三沸，密器貯之，泥頭，二七日開看，上作稜，厚二分。以此朴硝漿之精，覆太一招魂丹〔二〕，凝水銀之上以錬精，入長生用，必勝於不錬者也。

【校釋】

〔一〕「以水二升煎之可一合在」，合，容量單位，漢書律曆志云「十合爲升」。因此這句話的意思是將二升水煎去十九合，剩一合。又集注卷二云：「凡散藥有云刀圭者，十分方寸匕之一，准如梧桐子大也。方寸匕者，作匕正方一寸，抄散取不落爲度。……一撮者，四刀圭

也。十撮爲一勺，十勺爲一合。」（頁三八）

〔二〕「太一招魂丹」，其法不明。抱朴子金丹有太乙招魂魄丹法，其法爲：「所用五石，及封之以六一泥，皆似九丹也，長於起卒死三日以還者，折齒内一丸，與硫黄丸，俱以水送之，令入喉即活，皆言見使者持節召之。」（頁八一）另外，太清石壁記卷上有召魂丹法（頁七六四）與五靈丹方（一名太一召魂）（頁七六六），其法皆不同。

明芒硝功力

臣按〔一〕：芒硝者，鍊朴硝作之，故神農本經無芒硝，正有硝石，芒硝耳。然有變化之能，故彭君曰：其硝石、戎鹽、石膽、芒硝，真者雖有陰陽正質，作者變化功效乃神，若有求仙不得此道，徒損萬金，終無一二就〔二〕。明是仙家之功味也。其主療與硝石正同，疑此即是硝石，故神農本草無别芒硝也。其正質者舊出寧州，白粒大〔三〕，味極辛、苦。若醫家煮鍊作者，色絶白而粒細，而味不甚烈也。依此生於朴硝，而作者亦好也。又按春醪華池法〔四〕，取七轉春醪三石，色正黑者中用，五山脂三斗。所謂五色山脂，一解即云吴黄礬是也〔五〕，非别五種之物也。芒硝、朴硝各五斤。今按：二硝即有「各」字，五脂惟云三斗，蓋明五山脂是一物也。華池方〔六〕云：各異擣，納春醪中，封三七日成矣。諸有變鍊黄白，改易五金，皆用此華池，最祕，萬金不傳。但芒硝是鍊朴硝所作，此方用其二物，成彼神化之力，其明芒硝之力，其功大也。

【校釋】

〔一〕本段及以下芒硝主療、出處内容主要出自集注芒硝條。

〔二〕「終無一二就」，卷八作「終無一就」。

〔三〕「白粒大」，集注作「黄白粒大」。

〔四〕「春醪華池法」　即卷十七之「春醪華池」。

〔五〕「所謂五色山脂，解即云吴黄礬是也」，石藥爾雅稱雞矢礜石一名五色山脂（頁六二）。

〔六〕「華池方」，即春醪華池法。

芒硝主療

臣按：芒硝，味辛、苦，大寒，主五臟積聚，久熱〔一〕胃閉，除背氣碎留血〔二〕，腹中痰實結聚〔三〕，通經脉，利大小便及月水，五淋〔四〕，推陳致新。石葦爲之使，畏麥句薑。若以芒硝煮成硝石，主〔五〕療熱、腹中飽脹，養胃消穀，去邪氣，亦得水而消，其主療與真硝石同，鍊法在硝石法中已具。

【校釋】

〔一〕「久」，原文作「人」，據集注改。

〔二〕「除背氣碎留血」，此句有誤，集注作「除邪氣破留血」。

〔三〕「結聚」，集注作「結搏」。

〔四〕「五淋」，集注作「破五淋」。

〔五〕「主」原文作「煮」，據集注改。

芒硝出處

臣按：芒硝生於朴硝，生益州山谷。硝石又云與朴硝同山，明三物功力及出處略同也。又朴硝硝石朴也，雖非一物，大同小異。朏朏〔一〕如握鹽雪不冰，强又燒之，紫青炬〔二〕焰起，仍成灰。不沸無汁者，是硝石也；若沸而有汁者，即是朴硝也。若重據色理，則不可造次而分辨也。生山之陰地，有鹽鹹苦之水，則朴硝生其陽也。出寧州者，云是正質也。

【校釋】

〔一〕「朏」，月未盛之明。

〔二〕「炟」，卷八作「烟」。按「炟」爲「煙」的俗字。

錬芒硝法〔一〕

臣按：芒硝雖有陰陽正質，其變化功效造者乃神。既是朴硝而成者，已是經錬之物，更不可以成錬之物又錬之也。今以朴硝錬作芒硝法者，朴硝多少無在，擣篩麤研〔二〕，以暖湯淋朴硝，取汁澄清，煮之，多少恒令減半，出置浄木盆，以冷水漬盆，經宿即成，狀如白石英，大小皆有八楞。起作之，勿令污穢，特忌雜人臨視，即壞精氣，變化不成。惟换冷水漬木盆，成即疾也，不得使不冷。此變化諸水盡效也。

臣按：此是造八種硝石所須。又八種硝石之中有石脾硝石，擬化三十六水，石脾亦是造物，然猶不能獨成，必須得此錬朴硝，云芒硝相助，方可成其變化諸水，盡效之功也。今人見芒硝方下有此盡功效之語，乃謂芒即能成水，惑之甚矣。石脾一味，無人識者，不得此物，硝石水無成理，能造得之者，功用乃神。所以其方〔三〕之用此作硝石，無有不效驗，神道畢矣。其芒硝方〔四〕又云，此變化作諸外水，盡效也。

【校釋】

〔一〕「鍊芒硝法」，此法即卷八之「作朴硝硝石法」。

〔二〕「擣篩𪊨研」，卷八作「無用擣篩，𪊨研」，此處所記當誤。

〔三〕「其方」，即下文的「石脾硝法」，也即卷八之「假別藥作硝石法」。

〔四〕「芒硝方」，即上文的「鍊芒硝法」，也即卷八之「作朴硝硝石法」。

造石脾消法

造石脾消，又須戎鹽，戎鹽方又變鍊與真不異，共成硝石，以化諸水，雖並備於硝石法中〔一〕，今因芒硝，重以注顯。

【校釋】

〔一〕「並備於硝石法中」，指卷八中相關內容，如「假別藥作石脾法」、「假別藥作戎鹽法」等。

作石脾法

真白礬石一斤，戎鹽一斤，二物各别擣作末。取苦水二升著鐺中，煮四五沸，即下二物，煎令半在〔一〕，以物濾卻滓，復煎令盡，即著鐺中沸起成石脾，色白如雪。用此作硝石，無有不驗，神極畢矣。

【校釋】

〔一〕「煎令半在」，煎苦水至餘下一半。

作戎鹽法

用明浄石鹽，多少無在，鐵器中鎔使沸，投著白礬石末中復鎔，鹵水〔一〕中復鎔，投著乾鹽末中鹽覆之。如是三鍊，成戎鹽也，變鍊與真無異。

【校釋】

〔一〕「鹵水」，卷八作「鹵鹹」。

五色神鹽

彭君曰：此鹽衆藥之主〔一〕。若作此五色神鹽，以五帝精作之，即成五色神鹽也。

【校釋】

〔一〕五色神鹽在卷八中並未單獨列出。此處「此鹽衆藥之主」一句在五色神鹽條下，容易讓人誤解五色神鹽乃衆藥之主，實際是戎鹽，其證據除卷八「此鹽衆藥之主」一句在戎鹽條下以外，本卷下文之「石脾硝法」云：「五鹽之精者，因戎鹽堪作五色鹽，主者成也。」

東野芒硝法

鹹精多少無在，以苦水著土釜中，煮鹹精十沸許，漉出澄清，納苦骨草〔一〕鹹汁中，漬經二日，即取苦骨草汁著銅釜中，煎令汁盡，即凝白成芒硝。若欲令作楞起，勿使汁盡，盛瓮中冷，陰地著經三日有楞起，成作大壘也，謂芒硝，與真無異，亦能冷利人也。

訣曰：苦骨草者，苦參也，其苦入骨，故以爲目。其草極冷又苦，芒硝味又辛、苦，以之爲成，故言亦能冷利也。然可以入主療之用，不可以之變化也。或疑苦水是醋，所以必須。若欲變化者，非鍊朴硝而成元正質者不堪也，勝用真物也。作石脾硝石法〔二〕，此中苦水又不合。是法合藥，偏宜冷水，醋既大熱，不合交叉也。

【校釋】

〔一〕「苦骨草」，原文作「若骨草」，本段出現兩次。因下文云「苦骨草者，苦參也，其苦入骨，故以爲目」，故知「若」乃「苦」字之誤，據改。

〔二〕「作石脾硝石法」，即下文的「石脾硝法」。

石脾硝法〔一〕

石脾一斤，芒硝一斤，朴硝一斤。臣於硝石訣中雖已備載此法，然於失下更録者，彼卷辯明真僞，并雜諸法，按而取一，或失指歸。今芒硝、戎鹽、石脾俱是合成，彭君又言變化功效不劣正質，又令求仙之人須依此法，故硝石之法，即附於後。物〔二〕各擣研作末。取苦水三斗，銅鐺中煎十沸，即下三物末，煎之半在，去滓澄清，煎之文圜起，即瀉著瓷器中，以瓷器冷水中漬經一日〔三〕，即成硝石，如霜雪。成如凍稜，以水投之，立即爲水，復以火煎之文圜起，瀉瓷器中，還冷水漬之，即作硝石。如此三轉〔四〕。鍊其方有徵，不得穢處作，勿使風日觸之。

其脾〔五〕者，陰陽結氣，五鹽之精，因礬而長，託石而生，峨嵋山多有之，俗人無一識者。用處少，人不覓，惟求道術士須用也。往以四方分隔，莫能得者，所以古人作代用，乃勝真物也。石脾者，陰陽之結氣也。苦水極冷，礬性又寒，二物同煎，因火結聚。五鹽之精者，因戎鹽堪作五色鹽，主者成也。因礬而長，託石而生，即白礬石而成就者也。

【校釋】

〔一〕「石脾硝法硝」，此法即卷八之「假別藥作硝石法」。

〔二〕「物」，即以上三種藥物。

〔三〕「漬經一日」，卷八作「漬經一宿」。

〔四〕「如此三轉」，卷八作「如此之轉鍊之，其力即微」。

〔五〕「脾」，即石脾。

黄帝九鼎神丹經訣卷之十七十八同卷

明事藥先後酢及華池由致

臣聞：九鼎神丹未有一丹不以玄黄及土釜爲先也，所以第一之丹名丹華者，先作淳醋重釀及華池者，次作雄黄水、丹砂水，次調擣燒篩礜石、礐石、戎鹽、鹵鹹、牡蠣、赤石脂、滑石七味之藥，及胡粉等，各且先事三五十斤爲六一泥，又當先作赤土釜也。土釜之法，已列前卷〔一〕，玄黄等訣，備條如後。

【校釋】

〔一〕土釜之法見卷七。

玄黄法

玄黄者，錫〔一〕投水銀成之。錫本出於黄丹。不明錫質非精，則不堪入長生用。

【校釋】

〔一〕「錫」，本法所謂的錫實爲鉛。按卷十二「丹鉛祕目三十六名」後撰者按語云：「成此三十六名妙藥，皆是鉛精之力……凡俗不知，乃以市錫爲鉛也，可謂日暮途遠，卻行求進，不亦難矣？」這段話説明撰者非常明白鉛錫之别，但本卷不知爲何鉛錫不做分别。

作黄丹法

凡黄丹自作者佳，市得者恐有黄土色闇也。若得真者，師不自作也。自作之丹，色乃紅赤暉暉然，鮮明可愛，不如此者，即非真也〔一〕。

造法：鉛二斤，多少任人，浄洗，以鐵杯中炒之作沙，用清水淘之，置鐵鑊中遍淘，揀使極大浄，去水留滓，暴乾十日，錘打作末，以絹篩之，然後置鐵杯中二宿三日，炒令赤乃止，即是好丹也。

【校釋】

〔一〕鉛在空氣中煅燒，其生成物一般爲黄色一氧化鉛和紅色四氧化三鉛的混合物。如果僅從名稱上來判斷，黄丹應當指黄色的一氧化鉛，鉛丹則當指紅色的四氧化三鉛。但事實上，古人常將黄丹與鉛丹混淆，將二者視爲同一種藥物。如集注鉛丹條陶弘景云，「即今熬鉛所作黄丹畫用者」（頁一六六）。本卷雖謂黄丹，但言色紅赤者爲真，可知其主要成分爲紅色的四氧化三鉛。

出鉛法

狐剛子曰：凡合丹藥，以鉛爲本，鉛若不真，藥無成者。出鉛之法，以丹、玄精汁，加少金賊，摶如雞子，陰乾七八日，鐵鍋中鼓之，名曰丹鉛，以此作玄黄也〔一〕。其煮汞之鉛，自有别法，加遍數，在伏汞水銀法〔二〕。

【校釋】

〔一〕此丹鉛法與卷十二雄鉛法相近。

〔二〕「伏汞水銀法」，指卷十一諸法，以鉛煮汞之法即「九丹鉛精玄珠法」。

作玄黄法〔一〕

水銀一斤〔二〕，煮之三十六日或凝者，鉛二十斤，鍊五遍令浄，二味納鐵器中，猛其火，鉛與水銀吐其精華，紫色而黄精，以鐵匙接取，一名黄芽，一名龍輕飛精也。

訣曰：取錫〔三〕納鐵器中，加炭火火之令沸，漸使火微，投水銀著中，生濕柳木攪之，五色出見，取鐵匙掠近一畔，然後接取，停使出，復接取，訖成。候火若熱，花色即黄；火冷，即花色青紫，兼帶氣；其火若調，即花色紅紫，仍似金色也。然燒之共火同色，酷似金狀，出之離火，還依本質。欲作丹釜，先作玄黄，又九鼎覆薦，皆用此物，若不預作多營之，臨事必闕，所以早煮水銀及出鉛也。依太清覆薦之法，亦有須用玄白爲丹之薦〔四〕，今即作之如左。

【校釋】

〔一〕「作玄黄法」，此即卷一的玄黄法，但操作更爲詳盡一些。

〔二〕「一斤」，卷一作「十斤」，疑「一斤」誤。

〔三〕「錫」，這裏指鉛。

〔四〕「依太清覆薦之法，亦有須用玄白爲丹之薦」，下文「玄白法」云：「太清丹即以玄白爲薦金，九鼎法唯用玄黄也。」據抱朴子金丹引述太清丹經云，合太清丹當先作華池赤鹽艮雪玄白飛符三五神水，乃可起火耳（頁七七）。

玄白法

九鼎第八服丹法訣以玄黄若玄白一斤布釜底〔一〕，以水銀置其上，故須作也。取鉛瀉爲挺〔二〕作板，依水銀一斤、鉛三斤、真金六兩消鉛金，乃内汞，鼓以爲銀板，懸華池中，七日一發。未發，當密覆華池瓮口。發之，取其流白者納青竹筒中，漆固其口，注華池中，三十日成水。

又法：鉛一斤，金一斤，兩鼓之爲板，薄鍛如縑，〔三〕置木盤中，以布幕其下，納左味中，三十日皆爲玄白在盤，乃可用。

玄白有金者即可用，無金者不可用。太清丹即以玄白爲薦金〔四〕，九鼎法唯用玄黄也〔五〕。

【校釋】

〔一〕「九鼎第八服丹法訣以玄黄若玄白一斤布釜底」，「服丹」即「伏丹」。此法出自卷二十九鼎丹隱文訣，卷一服丹法不用玄白。本段末尾云，太清丹用玄白覆薦，九鼎丹唯用玄黄，這説明九鼎丹隱文訣中當參雜有太清丹法内容。

〔二〕「挻」，即「鋋」。本書僅此一處作「挻」，其餘一律寫作「鋋」。

〔三〕「縑」，雙絲織成的細絹。

〔四〕「太清丹即以玄白爲薦金」，抱朴子金丹云，太清丹合之當先作華池赤鹽艮雪玄白飛符三五神水，乃可起火耳（頁七七）。

〔五〕玄白即後來所謂的鉛霜、鉛白霜、玄霜等，化學成分爲醋酸鉛。後來煉丹家對其製法有進一步發展。如玄霜掌上録專論玄霜的煉製和服用方法，其製作方法爲：「取上好黑鉛一生者二斤，汞半斤。先於銚子中撲鉛令細，絶灰，便將汞投在鉛中熟攪，瀉作碢子大小。臨時用瓷瓶子一口表裏通油者，便取上好醋五升貯在瓶内，即於穩便房内，又須明室向陽處，下手製作。假陽極之時，當合道氣也，便安瓶子於土坑内，其口與地平，將鉛堝安瓶口上，更以紙三四重，紙上又安瓷椀蓋之。若是陽極時，七日一度，取出，其碢上如垂雪倒懸，見風良久自硬。掃取後，其瓶内醋損，即須换。」（頁三六八。雲笈七籤卷七十七亦載）此藥雖然爲漢代煉丹家發明和使用，但醫家本草至五代宋始見收録。圖經本草亦記載有一種製作方法：「又有鉛霜，亦出於鉛。其法以鉛雜水銀十五分之一，合煉作片，置醋瓮中密封，經久成霜，亦謂之鉛白霜。」（證類本草，頁一二二六）

臣按：造合神丹，先作諸水，及鍊一切石毒，溲六一泥，煮伏水銀，凡所措手，皆憑醋，內過百日者謂之淳醞，三年已上謂苦酒，投之以藥即曰華池，古人祕之，號之左味[一]。欲求大道，好慕長生不老，若不營之，百無一就，故調次第如後。

【校釋】

〔一〕關於醋的分類集注亦有記載，陶弘景云：「酢酒爲用，無所不入，逾久逾良，亦謂之醯。以有苦味，世呼苦酒。丹家又加餘物，謂爲華池左味，但不可多食之，損人肌藏爾。」（頁五一四）

作醋法

赤黍米一石，淨簸淘。取泔[一]三石，爛炊作飯，及泔依前三石之數，一時下著瓮中，細擣篩訖，以麴末、黍飯及泔依前三石之數，一時下著瓮中，攪之使均。以紙七重蓋其瓮口，每經七日，卸却一重，四十九日去紙盡也。初以紙蓋，重重別繫，凡七七日其醋即熟。別以好帛幕其瓮口，待滿始堪投藥。欲取投藥，接取醋清，若未須用糟密貯，勿開之也。其作醋水，以五月雨水作之最神。百石千石分料放此醋瓮之底，必須著塼[二]，不欲數移，即健壞[三]。挹率率物[四]宜用訖，瓢時以枯棘漉去毛髮也[五]。

【校釋】

〔一〕「泔」，淘米水。

〔二〕「必須著塼」，齊民要術卷八作酢法第七十一云：「凡醋甕下，皆須安磚石，以離濕潤。」（頁五四七）

〔三〕「健」，陳國符謂「健」誤，當作「揵」，舉也（中國外丹黄白法考，頁三二八）。

〔四〕「挹率率物」，挹，舀。率率，陳國符謂蓋當時習俗，二字重疊，率即粹，糲米（糙米）（中國外丹黄白法考，頁三〇八）。

〔五〕「以枯棘漉去毛髮也」，齊民要術卷八大麥酢法載，製作時即以棘子徹底攪之，「恐有人髮落中，則壞醋。凡醋悉爾，亦去髮則還好」（頁五五一）。

太清中經〔一〕上篇作華池法

華池者，一曰溺水，一曰四海水母，一曰玄池，天上自有之，在北極。今人作之法：用淳左味五石，三分之取一分，納蜜一斤，穀五斗，以水溲令生芽，乃暴令乾，擣篩納華池中，合擣萬過，乃以米䊦〔二〕裹礬石三十斤浸其中，封之三日成，其味苦而甘酸。復納硝石十斤，都合料理〔三〕也。以水、金、玉、五石、金、銀、珠、鉛，三十日、百日皆化爲水。承天雨水作左味尤佳。用古秤。

【校釋】

〔一〕「太清中經」，葛洪抱朴子袪惑提及此經時將其與黄庭經並列，爲誦詠之經，云：「成都太守吴文，説五原有蔡誕者，好道而不得佳師要事，廢棄家業，但晝夜誦詠黄庭、太清中經、觀天節詳之屬，諸家不急之書，口不輟誦，謂之道盡於此。」（頁三四八）但稍後言及該書多稱它與煉丹術有關，似乎内容有所變化。如題葛洪神仙傳云：「帛和……詣西城山師王君，君謂曰：『大道之訣，非可卒得，吾暫往瀛洲，汝於此石室中可熟視石壁，久久當見文字，見則讀之，得道矣。』和乃視之，一年了無所見，二年似有文字，三年了然，見太清中經神丹方、三皇文、五嶽圖，和誦之上口。王君迴曰：『子得之矣。』乃作神丹，服半劑，延年無極，以半劑作黄金。」（頁二五一）真誥卷十二注云：「左慈，字元放，李仲甫弟子，即葛玄之師也。魏武父子招集諸方士，慈亦同在中。建安末，渡江尋山，仍得入洞。又乞丹砂，合九華丹。九華丹是太清中經法。」（頁二一一二）太平御覽卷六百六十三云：「左慈，字元放，廬江人也，明五經，通星氣。見漢祚衰微，乃學道，精思於天柱山，得石室中九丹、金液經，是太清中經法也。」另卷六百七十一引登真隱訣云：「昔黄帝火九鼎於荆山，太清中經亦有九鼎丹法。」（頁二九六〇、二九九〇）而華陽陶隱居内傳卷中引登真隱訣則説「此方

（黄帝九鼎九丹）泰清中經而治，變駁非後人能究也」（頁五〇五）。

〔二〕「粭，同「餈」，稻餅，糍粑，主要以糯米製作而成。

〔三〕「料理」，陳國符引王念孫廣雅疏證云：「衆經音義卷十四引通俗文云：理亂謂之撩理。撩與料聲近義同。」（中國外丹黄白法考，頁二八九—二九〇）此解當誤，應釋爲處理、安排之意。

天師太清華池口訣〔一〕

按本經〔二〕作華池，如本經説，唯以穀五斗〔三〕，以水漬之令生芽，乃暴令乾，擣篩以納華池中，合諸物攪之，乃得成。若不生穀蘖〔四〕，則池〔五〕不成。此大道之大要也。以華池水、金、玉、五石、鉛等皆化爲水〔六〕，在三十六水經，皆須華池而成水也。

【校釋】

〔一〕「天師太清華池口訣」，此乃太清丹經華池口訣，出自太清經天師口訣（頁七八七）。

〔二〕「本經」，指太清丹經。

〔三〕「五斗」，太清經天師口訣作「五升」。

〔四〕「穀蘖」，即穀芽。

〔五〕「池」，太清經天師口訣作「華池」。

〔六〕「水」，原文作「經」，意思不通。太清經天師口訣作「以水金玉五石金銀珠鉛皆化爲水」，據改。

作三轉黃白左味法

取三年苦酒重釀者〔一〕，六石上清，更用春酒糟一石，熟攪投中。更取上黍米一石，溺水〔二〕極爛，納中待消盡，更壓取清〔三〕，更納黃衣八斗，五栽各三斗，納中三七日壓出，安大瓷瓮中，納金屑、銀屑各一斤，次納青礬石二斤，黃礬石十斤，五十鍊鉛白屑三斤布裹懸其中，經七十日鉛精消入藥也，成黃白左味，一名華池，天上自有之。五栽者，謂穀豆黍麥稻等，用水溲之生芽，七八日成床〔四〕也，名曰五栽。若欲合諸丹及金液，鍊諸水，殺八石，天地衆方，先須預作十瓮二十瓮。瓮瓷作，不可臨時始作，藥即無力，變化不成。

訣曰：青礬石者，吴白礬中擇取青黃者，是本草謂之雞矢礬〔五〕也。黃衣者，不破麥黃蒸也，以不破麥作之者是也〔六〕。

按：狐子玄珠經但〔七〕伏玄珠，皆云黄白左味者，即此之華池是也。一切他法，不過此也。

【校釋】

〔一〕「三年苦酒重釀者」，下文「玉燭萬金訣伏汞華池方」云：「言重釀者，即淳酢之别名，以其味不薄耳，固非俗間求利之味也。」

〔二〕「溺水」疑，有誤。下文「玉燭萬金訣伏汞華池方」引作「弱炊」。

〔三〕「壓取清」，即榨酒。

〔四〕「成床」，比喻成一整塊。

〔五〕「雞矢礬」，集注礬石條陶注云：「其黄黑者名雞屎礬，不入藥，惟堪鍍作以合熟銅。」（頁一三八）本書多處使用該礬石。

〔六〕「黄衣者」云云，齊民要術卷八「黄衣、黄蒸及糵第六十八」云：「黄衣一名麥䴷。」䴷，不破麦也（廣韻），指用整粒麥製作的醬麴。而黄蒸是將小麥磨碎後製作的醬麴。齊民要術所載作黄衣法爲：「六月中，取小麥，浄淘訖，於瓮中以水浸之，令醋。漉出，熟蒸之。槌箔上敷席，置麥於上，攤令厚二寸許，預前一日刈藡葉薄覆。無藡葉者，刈胡枲，擇去雜草，無令有水露氣；候麥冷，以胡枲覆之。七日，看黄衣色足，便出曝之，令乾。去胡枲而已，慎勿颺簸。」校釋者稱，「衣」指大量繁殖着的菌類群體，一般以黄色代表好色，因亦稱其成品爲「黄衣」(齊民要術校釋,頁五三二、五三三)。

〔七〕「狐子玄珠經」,即伏玄珠訣,這里的内容指卷十一狐剛子伏水銀諸法。

黄帝九鼎神丹華池方

合丹作金華池〔一〕,以驗五石之精,令不飛散方。小麥五斗,漬之令擇,蒸之使熟。麴五斗。青白石大如栗者五斗。鉛七斤,熬作屑。丹砂五斤,細末之。赤黍米五斗,炊作飯。先以石子置瓮底,次以丹砂,次麴,次麥,次黍飯,次以水一石五斗淋之,密覆之,夏七十日,冬百四十日成。作之于盛室之中,王相之地,勿令雞犬婦人六畜見之,使神功不成矣。

【校釋】

〔一〕「金華池」,卷八作「金藥華池」,本卷最後一段又作「金華華池」,不知三名是否有誤者。

玉燭萬金訣〔一〕伏汞華池方

取黄白左味三石,吴青礬一斤,五栽各一斤。取左味三轉之,然後細擣青山脂,納七日後開封，納五栽，更封固勿洩，三七日成也。

按單華池〔二〕末云：若欲伏汞，要用五栽華池之方，若用餘方，則不能伏。俗人不知，直用醋煮，或三日三夜，或十日十夜，徒用功力，必無伏理。不得五栽華池，設經千日終無成者，此之謂也。訣曰：此五栽華池之法，乃以黃白左味作之，明非轉之醋也。又按：玄珠凡所酢，皆言是黃白左味。今復以此玄珠之金屑、銀屑、鉛白等，青黃二礬之大華池，更以庚寅辛卯之日，重投五栽及青礬等物四七日，以之伏汞，無不有效。法之舛互乍，莫知之所以的無錯失，似此玉燭五栽華池方取左味三轉之，即此之謂也，何者？前三轉黃白左味法，取三年苦酒重釀者六石，此一轉之義也。言重釀者，即淳酢之別名，以其味不薄耳，固非俗間求利之味也。又云「取重釀者六石之上清，更用春酒糟一石，熟攪投中。更取上黍米一石，弱炊〔三〕極爛，納中待消盡」者，此是二轉之義也。又云取此二轉「更壓取清，更納黃衣八斗，五栽各三斗，納中三七日壓出，安大瓷瓮中，納金屑、銀屑各一斤，次納青礬石二斤，黃礬石十斤，五十鍊鉛白屑三斤布裹懸中，經七十日鉛精消入藥中，成黃白左味」，此三轉之義也。今復以三轉黃白左味候鉛精消盡，七十日之成者，更以三石之上清，投吴青礬細擣一斤，納之七日，復開封，方納五栽各一斤於中，更封固勿洩，三七日乃成。此所謂再著青礬，重投五栽者，取其至驗也。是以單華池末云不得五栽華池，設經千日終不成者是也。又玉燭五栽之目即號華池，玄珠伏汞之方唯稱左味，明至五栽四轉方是真法。又據太一金液還丹注釋〔四〕云，凡不成者，莫不以硝石非真，華池失法是也。又據五轉霜粉法〔五〕之華池，若不如法，假至十日二十日，縱加鈎留，亦不成餅者之類也。若和泥用苦酒者，亦可依金液左味爲佳也，但稱苦酒，皆不厭久。云曰百者，必不可減百也，得三年者彌佳。

【校釋】

〔一〕「玉燭萬金訣」，該書與狐剛子萬金訣不知是何關係。爾雅釋天云：「四時和謂之玉燭。」陳國符云：「按玉燭寶典十二卷，隋著作郎杜台卿撰，收入叢書集成初編自然學時令。此書言古時辦事，需按節候。發酵之事，先宜注意節候，故云玉燭萬金訣。」（中國外丹黄白法考，頁三〇七）

〔二〕「單華池」，即上文之「作三轉黄白左味法」，其末尾雖無「若欲伏汞」云云，但卷八「作三轉酒法」引該法卻有「若不得五栽華池煮伏水銀，餘並非正法」之文。

〔三〕「弱炊」，上文作「溺水」。

〔四〕「太一金液還丹注釋」，太平御覽卷六百七十二引太上太霄琅書云：「太一金液經者，按劍經序云：高丘子服金液水。長史書云：欲合金液，意皆是此方。今有葛洪注，是郗愔（三一三—三八四）黄素書，又有别訣一卷，此亦太清上丹法也。」（頁二九九四，此段内容不見於今本洞真太上太霄琅書。）華陽陶隱居内傳卷中「復有二金液亦嘗合有礙」一句注文引登真隱訣云：「一者太一金液，抱朴子所注，此乃可就，而闕在消石，兼無真人手跡，彌所未安。二者即泰清金液，此乃安期所傳，而用鹵鹹虜鹽，此世難多，兼祭法用牢俎，以爲憚礙之也。」（頁五〇五—五〇六）抱朴子金丹對太一金液有介紹，即「金液，太乙所服而仙者也，不減九丹矣」云云。正統道藏有抱朴子神仙金汋經，亦述太一金液法且有注，但其内容無本卷所引文字，與葛洪對金液經的介紹也有很多不同。太清金液丹法可見今本太清金液神丹經。

〔五〕「五轉霜粉法」，此法不詳。

作太一金液還丹華池法

以五月天雨水三石六斗作苦酒，用米麴如常封泥二十一日，内大麥蘖末𥻆一斗八升，復經七日，或三七日，清澄，别納大瓮中，名曰左味。又作三斗秫米〔一〕𥻆。先擣礬石十斤，令如米豆大，以𥻆裹之，作三十許餅，納左味中，百日成，名太一華池。華池成，便可漬金液餌八石也。

【校釋】

〔一〕「秫米」，陶弘景云：「此人以作酒及煮糖者，肥軟而易消；方藥不正用，惟嚼以塗漆瘡，及釀諸藥醪。」蘇敬云：「此米，功能是稻秫也。今大都呼粟糯爲秫稻，秫爲糯矣。北土亦多，以粟秫釀酒，而汁少於黍米。粟秫應有别功，但本草不載。凡黍稷、粟秫、秔糯，此三穀之籼秫也。」（新修本草，頁二八三）

八石華池法

取三轉左味兩石一斗，紫石英一斤，真鍾乳一斤，特生礜石一斤，磁石一斤，青陽石五斤，石膏一斤四兩，石亭脂八兩，五栽三斗，凡九味，異擣下篩，擇寅日瓷器中合納之，封固勿令洩氣，七日成矣。以金屑、銀屑、黄衣投此八石華池中，依方日滿足成黄白左味。此黄白八石華池也。以此左味煮水銀，及和丹入飛，成丹可長生。

青山脂華池法

取三轉左味三石，色如琥珀者中用，吳青山脂五十斤。一云三十斤。擣篩青山脂，納左味中，封固勿洩，四十九日，作八石七寶水，入七寶栽五斗，更封三七日，納藥無件不爲水矣，祕之勿傳。加上件黄白等屑，化水化液有驗也。

春醪華池

取七轉春醪〔一〕三石，色正黑者中用。五山脂〔二〕三斗，芒硝、朴硝各五斤，各異擣，納春醪中，封三七日成矣。諸有變錬黄白，改易五金，皆用此華池，最祕，萬金不傳。上上一種華池，用作百七水悉用之。凡伏水銀，皆用黄白左味，明須以金屑、銀屑等物投此春醪華池之中，以錬神飛鉛汞之水銀也。

凡用作三十六水，諸硝錬變化者，即取太一金液華池，及太清中經神丹溺水華池亦是也。若煮長生水銀，即以八石、五栽、黄白三轉左味華池用之。若欲和溲金泥，即取三年及百日苦酒用之。其合丹金華華池，擬九鼎神丹和合觸塗通用。其有别華池法，與此不相涉入者，不具載也。

【校釋】

〔一〕「春醪」，醪乃汁滓混合的酒，即帶糟的酒。古人釀酒講究時月，春醪即春釀醪。

〔二〕「五山脂」，卷十六「明芒硝功力」指出，五山脂即五色山脂，一解云吴黄礬是也，非别五種之物也。又云二硝即有「各」字，五脂惟云三斗，蓋明五山脂是一物也。另，石藥爾雅稱雞矢礬石一名五色山脂（頁六二）。神農本草經有五石脂，指青、赤、黄、白、黑五色石脂。

黄帝九鼎神丹經訣卷之十八

明鍾乳等石及諸銅鐵由致皆有長生之用

明鍊鍾乳功力

臣按〔一〕：鍾乳雖非藥之上，乃是八石華池之所要味也，故陶隱居服之亦延年益壽，好顏色不老也〔二〕。

【校釋】

〔一〕本段及以下鐘乳主療、出處的内容主要出自集注石鐘乳條。

〔二〕「服之亦延年益壽，好顏色不老的内容」，語出自集注，非陶弘景本人服之，故後句應作如是解：「故陶隱居云，服之亦延年益壽，好顏色不老也。」

鍾乳主療

臣按：鍾乳，味甘，温，無毒，主療欬逆上氣，明目，益精，安五臟，通百節，利九竅，下乳汁，益氣，補虚損，療脚弱疼冷，下宜〔一〕傷竭，强陽，令人有子。不鍊食之，令人淋。蛇床爲使，惡牡丹、玄石、牡蒙〔二〕，畏紫石英、蘘草〔三〕。

【校釋】

〔一〕「宜」，集注作「焦」，當是。下焦乃三焦之一，指體腔下部，自胃下口至二陰的區間。又指温病的後期或恢復期。

〔二〕「牡蒙」，原文作「杜榮」，據集注改。按牡蒙即紫参，一名牡蒙，一名衆戎，一名童腸，一名馬行。「杜榮」當爲「牡蒙」二字形訛之故。

〔三〕「紫石英、蘘草」，原文作「紫石、蓑草」，據集注改。

鍾乳出處

臣按：鍾乳生少室山谷及太山，採無時。一名孔乳〔一〕，一名盧石，一名夏石。生少室，猶連嵩高山也。出始興，而江陵及東境名山石洞亦皆有。惟通中輕薄如鵝管〔二〕，碎之如爪甲，中無有雁齒，光明者爲善，長挺乃有一尺二尺者。色黄者，以苦酒洗刷則白。仙經用之少，俗方所重，亦甚貴也。

【校釋】

〔一〕「孔乳」，集注作「公乳」。

〔二〕「鵝管」，集注作「鵝翎管」。

鍾乳鍊入長生華池法〔一〕

取鍾乳，無問多少厚薄，但令水洗已光明者即得入鍊，惟黄赤二色不堪入用。鍊時取鍾乳安金銀器中，若無上件，瓷器亦得，於大鐺中令投煮之，恒令調如魚眼〔二〕即得，水減即添，其乳薄者用三日夜，若雁翅及厚管者七日夜。候乳色黄，其乳即熟。若疑生，即須十日夜沸之，其沸乳之水一鐺盡黄也。其濁水皆須棄之脱爾，誤飲此水，便穿人咽喉，令人頭痛，多服即痢，食猪肉可止。棄此黄水，竟不安清水〔三〕，復納乳於鐺中，煎之半日許，看其水色清不變即止。作鍊不精而服者，令發背瘡，是以必須精鍊也。

【校釋】

〔一〕孫思邈千金翼方卷二十二所載鍊鍾乳法及研法與本卷同，但文字有較多差異，二者應當各有所據。

〔二〕「魚眼」，指水初沸時湧出如魚眼大小的氣泡，煉丹家常以此來形容文火加熱時水所達到的狀態。

〔三〕「竟不安清水」，此句有誤，根據下文意思，倒掉黄水後應再加入清水煮。千金翼方的記載正確，云「棄此黄汁，更著清水」。

鍊訖研法

取乳安瓷鉢中，用玉鎚研之令碎，著少許水研之，水盡更添，恒令水如稀粡〔一〕狀，其研乳細者皆浮在上，麤者下沉。繞鎚研之雖易碎，要須滿五六日，以晝繼夜，如此細研如人乳汁，可滿十日，其乳色放白光，非常可愛。試取少許自塗臂上，泯泯如白魚脂在紙上而有白光，水洗不落爲候也，如此之乳方可堪服。熟以澄取，暴乾，更好熟研，乃可入丸散，任所別用。

又法：欲用好乳，絹篩，以清酒漬之一日夜，去上浮者，即取沉者暴乾，方研之，鍊之法如法。其鍊乳研鍊訖，細末之如粉，置三石米下蒸之佳。

又法：其鍾乳研鍊訖，以金銀盆盛之，率乳一斤，用硝石二兩和之，密蓋勿洩氣，蒸之。

【校釋】

〔一〕「泔」，同「泔」。

紫石英

臣按〔一〕：紫石英者，是石之精末，服之長生，常含之不飢渴也。紫石英者，八石華池〔二〕法之要味也，久服輕身延年，味甘、辛，温，無毒，生太山山谷，採無時。所以太山之石，其色黑明徹〔三〕，其下有根，故謂之最上也。餘有綿石，色亦黑而不明徹。又有林邑石，腹裏别有一物如眼。吴興石四邊有紫色，而無光澤。會稽石形色如石榴子。此四色石，先並醫人雜用，今若精採擇，總不如太山有根者爲上，可入華池用也。

【校釋】

〔一〕本段主要出自集注紫石英條。

〔二〕「池」，原文無，據文意補。八石華池法見卷十七。

〔三〕「色黑明徹」，集注作「色重徹」。

代赭石

臣按〔一〕：代赭特是丹方之要，并與戎鹽、鹵鹹皆欲急須，故黄帝之丹〔二〕亦所切要味也。而好者紅赤色〔三〕，如雞冠，有澤，染爪甲不渝〔四〕者良。俗出齊國山谷，採無時。一名須丸。出姑幕者名須丸，出代郡者名代赭。此爲俗用乃疏。其味苦、甘，寒，無毒。

【校釋】

〔一〕本段主要出自集注代赭條。

〔二〕「黄帝之丹」，即黄帝九鼎神丹。

〔三〕「紅赤色」，集注作「赤紅青色」。

〔四〕「渝」，原文作「偷」，據集注作改。渝，染色。

鹵鹹

臣按〔一〕：鹵鹹、戎鹽最爲丹家之用也，亦是黄帝九鼎丹中要味。其味苦、鹹，寒，無毒，生河東鹽池，云是煎鹽釜下凝滓。又云是河東大鹽，形如結冰圓强。又黑鹽疑是鹵鹹，柔鹽疑是戎鹽。又云有赤鹽、駮鼂鹽〔二〕、馬齒鹽，四種並不入食。馬齒鹽即大鹽也。

【校釋】

〔一〕本段出自集注鹵鹹、戎鹽條。

〔二〕「駮鼂鹽」，據集注知此指駮鹽與鼂鹽。

戎鹽

臣按〔一〕：戎鹽虜中甚有，從涼州來，茜疑此草下下著丙。茜、河南使〔二〕及胡客從燉煌來，亦得將來，其形作塊片，或如雞鴨卵，或如凌片〔三〕，其色紫白，味不甚〔四〕鹹，口嘗氣息正如段雞子者〔五〕言是真也。又河南鹽池泥中，自有凝鹽如石片，打破皆方，青色，善療馬脊瘡，又疑此是也。大都既目之爲戎，可取胡將來者爲上。

右紫石英〔六〕、代赭、鹵鹹、戎鹽，並是無毒之物，而爲丹家所用。至如鹵鹹火鍊，已具泥法，自餘不鍊，用亦無憂矣。

【校釋】

〔一〕本段出自集注戎鹽條。

〔二〕「茜茜、河南使」，茜茜，集注作「芮芮」，「茜茜」與「芮芮」均誤。芮芮，古族名，即柔然，北朝譯爲蠕蠕，南朝譯爲芮芮，本爲東胡族支屬，政權中心在敦煌張掖北部，與北魏、南朝各政權有經濟文化聯繫，西魏廢帝時爲突厥所滅。河南，爲南北朝時匈奴人所建政權。芮芮、河南與陶弘景所處的南齊數有往來，南齊書卷五十九有二國傳記。

〔三〕「淩片」，集注作「菱米」。

〔四〕「甚」，原文作「堪」，據集注改。

〔五〕「口嘗氣息正如段雞子者」，集注作「口嘗氣臭正如㲉雞子臭者」。㲉，蛋内壞散，孵不成小鳥。

〔六〕「紫石英」，原文作「紫石」，據上文可知此即紫石英，據補「英」字。

鉛丹

臣按〔一〕：鉛丹者生於鉛，即合熬鉛所作黄丹畫〔二〕用者。俗者亦希用，唯仙經丹釜所須。調化還成九光者，當爲九光丹。以此作釜，無别變鍊。一名鉛華。其味辛，微寒，久服通神也。

【校釋】

〔一〕本段出自集注粉錫條。

〔二〕「畫」，原文作「盡」，據集注改。

胡粉

臣按：胡粉者，乃真人九轉鉛丹〔一〕之首物也。又黄帝九鼎神丹釜法先明此物合玄黄花〔二〕爲泥矣，非不至要。然本草乃云〔三〕粉錫一名解粉〔四〕，仍釋云此是金〔五〕化鉛所作胡粉也。其味辛，寒，無毒，有金色者彌良也。

【校釋】

〔一〕「真人九轉鉛丹」，即卷十二的「太極真人九轉丹」。

〔二〕「玄黄花」，即玄黄華。

〔三〕「然本草乃云」，以下出自集注粉錫條。

〔四〕「解粉」，集注作「解錫」。

〔五〕「金」，集注原作「令」。

殺鉛毒法

一轉至九皆一也，用好春華池一斗，赤鹽一兩，朱砂一兩，攪溲相得，其鉛精熟炒使赤，瀉著春華池藥中，如此九瀉，其毒皆盡。一斗春華池，二兩赤鹽，未可殺一斤鉛精，令毒盡也。

去銅惡物法

先打爲葉，温膠汁如薄餳，越竈〔一〕中燒使赤，封鹽厚三分，即納越竈中燒赤，徹出之，打洗更納。如是二十遍，若百度過，即惡物俱盡矣，其銅漸柔而浄也。

【校釋】

〔一〕「越竈」，石藥爾雅云，越竈一名風爐（頁六三）。

去鍮石及鐵惡物法

又去鍮鐵二物惡穢，亦與銅法不殊。鍮銅欲打爲葉，先須預小錬三遍，其體益浄。其水必須浄，而且暖，不得全投，恐致散失。所爲鍱〔一〕者，闊一寸，長六七寸，厚可二分。燒訖，冷拍膠鹽使盡，若熱即折，不終百遍之功。燒十兩穢銅，可得五兩以下浄體。鍮亦准此作。

【校釋】

〔一〕「鍱」，鍮銅等打成葉，其金屬薄片稱鍱。

錬石鹽

石鹽十斤浄淘，以沸湯煮之，令消出，停經一宿，澄之取清，煎之水欲盡，漉之置木器中，瀝卻水，暴乾，勿令塵土污之。作之者，石鹽上好者，擣爲末三斗，净簸入水中，急淘出之，緩淘即消耗矣。又以水纔可淹著，只候消盡，出之停一宿，澄之取清，淀在下矣。以清煎之，水欲盡漉取鹽花，置木器中，側其水器，瀝卻水，暴乾即好。

鍊白蠟法

取好崑崙白蠟〔一〕，甘土鍋消投醋中三百遍成，和合煮藥，服立斷穀，亦可作長生骨體。鍊銅等用同。

【校釋】

〔一〕「崑崙白蠟」，白蠟似即蜜蠟。集注將二者列於同條，云：「此蜜蠟爾，生於蜜中，故謂蜜蠟。蜂皆先以此爲蜜蹠，煎蜜亦得之。初時極香軟，人更煮煉，或加少醋酒，便黄赤，以作燭色爲好。今藥家皆應用白蠟，但取削之，於夏月日曝百日許自然白；卒用之，亦可烊納水中十餘過亦白。世方惟以合治下丸，而仙經斷穀最爲要用，今人但嚼食方寸者，亦一日不飢也。」（頁三九八）集注記此蠟产自武都山谷。「崑崙」一詞在唐代常指南海諸國捲髮黑身居民，因此，崑崙白蠟即來自南海地區的白蠟。

服白蠟法

茯苓三斤，胡麻二升，人參三兩，硫黄三兩，凡四物各擣，合蜜丸後食，口嚼白蠟如棗大，乃加此藥如黍，咀嚼須臾成水，乃咽之。日中三過，三十日内外通和，肌色悦澤，百日爲之怪，一年伏尸自去，病皆愈，還爲少童也。

鍊錫法

亦同上練白蠟法同，功力略同也。

一鍊錫法：每消著鹽末一把，以濕柳攪使烟盡，傾著酢中，遍數如前。若直取净者傾著濕地，若净十遍得净，仍須著鹽和之。

鍊茯苓法

取好茯苓白細膩者，以桑灰汁煮之，即散投冷水中，即凝堅用之佳。

鍊土法

取好黄土如脂蠟者，暴乾擣篩，水淘如甘飲狀，攪數百遍，停一宿，去上清水，接取細泥，暴乾。其下麤者更擣淘如前，破之如梅李大。猛火燒之三日，通赤如丹畢，寒之，更擣絹篩，三斤加一斤黄丹，即是泥。

又法：取黄土一斤，堅實細理者，擣絹篩，沸湯煮之三日。此泥擬黄帝九鼎丹中第一之丹流珠丹用。

辟神蟲臭法

收得五月雨水著在瓮中，未及得用時，復温熱，必有蟲出，臭。宜預辟之者，取浄黄軟土三二斗投瓮中，即辟也，蓋頭勿使有客塵入也。

取葱涕法

擣葱，以疏布盛之，壓取汁，名曰涕也。

鍊棗膏法〔一〕

大乾棗三斗，以水六斗煮之，令棗爛。又納三斗水，更煮沸，令取用九斗水，絞去滓，澄浄之，令得三斗。乃納麢羊髓六升投汁中，微更煎，如餄乃止。無麢羊，羯羊〔二〕髓亦得。分等，以爲棗膏。如此膏可長服，令人填滿，有美色。麢羊者，雄羊也。此出金液棗膏和丹用法。

【校釋】

〔一〕「鍊棗膏法」，此法前見載於卷九，二者内容有少許差異。另外，太清金液神丹經卷中載有此法(頁七五四)。

〔二〕「羯羊」，被閹割的雄羊。

黄帝九鼎神丹經訣卷之十九 二十同卷

明鍊銅鐵鍮石等毒入用和合事防辟法

臣按：銅鐵鍮石皆有大毒，毒若不盡，假令丹變化成物，必不堪服食也。故上聖殺丹毒法〔一〕，今列如後。

【校釋】

〔一〕「上聖殺丹毒法」，卷三撰者按語曰：「故狐子云：五金盡火毒，若不調鍊其毒作粉，假令變化得成神丹大藥，其毒未盡去者，久事服餌，少違誡禁，即返殺人。是故具訣圖録鍊煞并作粉法，以示將來。」五金包括銅鐵，疑「上聖」即狐剛子，法出圖録。陳國符云，本卷殺銅鐵鍮石毒法，卷十八去銅惡物法、去鍮石及鐵惡物法、鍊錫法，及此二卷中有關諸法，疑出自狐剛子粉圖（陳國符道藏研究論文集，頁九一）。

殺丹陽銅毒法

依上卷，用鹽膠百遍炮銅令浄訖，鑢〔一〕此銅精爲屑，用硝石水一斗煮，令盡。又用青礬石水一斗煮，令盡。又用戎鹽水一斗煮，令盡。又用真穌一斗、胡椒末更煮之，令盡。又用赤黍米一石，布裹屑，和胡椒末調均，甘蔗水汁合，蒸之三日夜，出取，其毒皆盡。如此用藥，得殺十斤丹陽銅，然以銅入粉及變化用。

【校釋】

〔一〕「鑢」，磋磨。

殺鍮石毒法

取真波斯馬舌色上鍮，依此上卷，以鹽膠百鍊石令浄訖，鑢之爲屑，其用煮蒸方法，一與丹陽銅殺法無異也。

殺鐵鏵精毒法[一]

亦依上卷，鹽膠浄訖，必加百遍，惡氣方盡。鑢此鐵精十斤都並爲屑，用左味煮之三日夜，又用雌黄水三斗煮之令盡，復用戎鹽，必作戎鹽水也[二]，水煮之一日夜，又用磁石水、鐵鏵一斤，著浄鐺中，布令平均，上加末鹽，堅抑之，鐺下猛火一日，冷卻鹽，取華精，又用磁石水煮一日夜，其毒皆盡矣。以此無毒鐵精，方可入粉及變化等用。三十六水經中有鹽水法、戎鹽水法，故知鐵用鹽水，銅用戎鹽水也[三]。

【校釋】

〔一〕「殺鐵鏵精毒法」，包括殺鐵鏵毒與鐵精毒二法。鐵鏵，即鐵鏵粉，化學成分爲醋酸鐵。鐵精，煆鐵灶中飛出的灰燼，化學成分主要爲氧化鐵。

〔二〕「必作戎鹽水也」，此句原應爲小字注文。

〔三〕關於鹽水和戎鹽水的使用，本書撰者給出的信息自相矛盾，一方面説，「三十六水經中有鹽水法、戎鹽水法，故知鐵用鹽水，銅用戎鹽水」；另一方面，殺銅毒法和殺鐵鏵精毒法卻都説用戎鹽水，然而下文又僅有鹽水的製作方法，並説鍊鐵華精去毒的鹽水與鍊銅的淳鹹水異名而同法，所以很可能撰者僅知鹽水法而不知戎鹽水法。

硝石水法

取硝石擣篩，鹽水漬之，令浥浥，納竹筒中，密固口，埋地中，入土四寸，五日成水。疑是入土四尺四寸〔一〕，臨事兩試之。

【校釋】

〔一〕「入土四尺四寸」，三十六水法即云「埋地中四尺四寸」（頁三二四）。

青礬石水法

取吴礬中擇取青色者〔一〕一斤，先以淳酢溲令浥浥，乃盛之，用硝石二兩，漆固埋之地中三尺，十五日成水也。

【校釋】

〔一〕「吴礬中擇取青色者」，卷十七云，青礬石者，吴白礬中擇取青黄者，是本草謂之雞矢礬也。

石硫黄水法

取石硫黄一斤，八月桑上露一升，硝石二兩，納筒中，漆固納華池中，三十日成水。其取露法，以清旦令細心童子洗手，以浄綿浥綟取之。

淳鹹水法

此是鹽水也。調理好鹽下篩，以水溲之，令浥浥，薄削竹筒其表如縑〔一〕，重密其口，埋地中，入土四尺四寸，以其上四日成水。

右件四水，是鍊丹陽銅及鍮用。

【校釋】

〔一〕「薄削竹筒其表如縑」，原文作「薄削其表竹筒如縑」，據文意改。文意是指，將竹筒表削成像細絹一樣薄。

雌黄水法

雌黄一斤納竹筒中，加硝石四兩，漆固口，納華池中，三十日成水。

一方：加礬石、硝石各二兩，以塘瓶盛埋地中，二十日成水，其味甘，色黄。

鹽水[一]

即上淳鹽鹹水法[二]是也，但異名而法同。

【校釋】

〔一〕此水法原附於雌黄水法末尾，實際上它是下文所謂「右件三水」之一，故單獨列出。

〔二〕「淳鹽鹹水法」，上文作「淳鹹水法」。

磁石水法

取磁石一斤、雄黄一兩、石膽一兩合擣，納竹筒中，漆固口，納華池中，三十日取磁石水用。凡言漆固，皆加灰布陰乾。

右件三水，是鍊鐵華精去毒法用。

凡欲以神丹變化，試作黄白者，一切水土以上皆須精鍊，況銅鐵物乎？又作金銀，經中言須赤白銅，銅者皆消鍊以成之，非是山中自然有也。欲以神丹變化銅鍮爲黄白者，以伏火者去毒，雄黄變銅色已，然後試丹。若以神丹變化銅鍮爲白，先以上卷無毒白蠟食銅令白〔一〕，然後試丹。事無獨成，即是神藥矣。

【校釋】

〔一〕「先以上卷無毒白蠟食銅令白」，「上卷無毒白蠟」見卷十八「鍊白蠟法」。食，蝕，使其表面發生變化。

合和防辟法

凡欲合丹，於山中安堵訖，乃召山神，請問可否，方得安穩施行，萬無不成。其法如左。

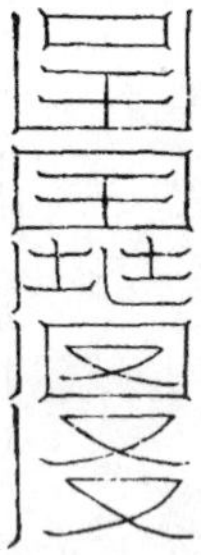

齋十日，丹書黄素一尺，於山草間召〔一〕中嶽君主。欲作神丹，先召問其節度，以符字。

老子合神丹之日，以朱書白素八寸，盛以絳囊，繫心前。欲服丹者，當逆〔二〕七日服之，即便通靈，役使鬼神，此名太一八寸素符。

此符合丹人服之，令心開，勿污辱之。

太清神丹寶經呪云：凝鍊八石，五耀七明，玄宫寶鎮，檢御火靈，九轉成華，長昇太清。祝畢，以青錦囊盛符，繫於頭〔三〕上，此符檢制石精，令不飛亡，使烟霜滿，神華結凝。

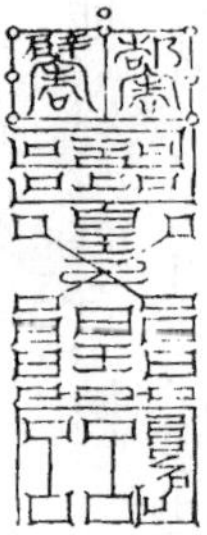

卻害符。以丹書白紙上，廣三寸，長四寸，以投竈〔四〕中，即伏精。思常見神光加精，諸神來至，仙人玉女來見也，即神丹成，天地間鬼邪不能害也。

法曰：夫欲爲神丹五石變化出五金之法，皆當謁天上皇道君，受五神符，則五石五金隨意而化，争出其精。

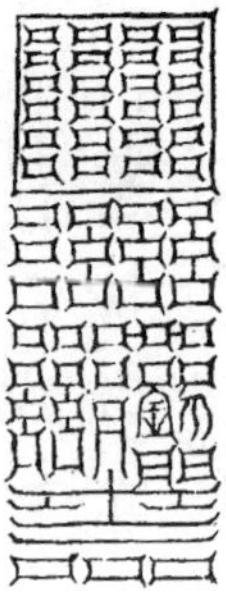

青帝符法：甲乙日白茅爲藉，長三尺。青繒長一丈二尺布藉上，酒二杯，脯二朐，以繒爲地，墨書符，廣二寸，長七寸，置藉上，祝曰：吉日良時，小兆臣某再拜，謹受上皇道君青帝神符。因再拜，燒符服之。此應一箇符圖，寫校參差，須審詳之。

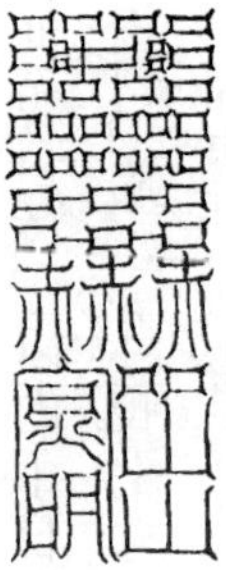

赤帝符法：以丙丁日白茅爲藉，長三尺。絳繒長一丈三尺布藉上，酒二杯，脯二朐，以丹書符，廣二寸，長七寸，投符藉上，祝曰：吉日良時，小兆臣某再拜，受上皇道君赤帝神符。因再拜，燒符吞之。

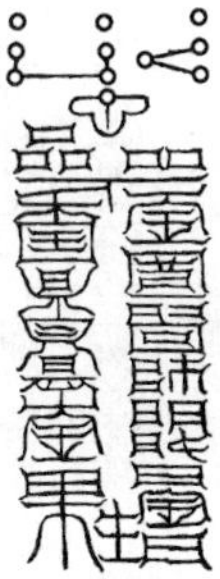

黄帝符法：以戊己日白茅爲藉，長三尺。黄繒長丈二尺〔五〕布席上，酒二杯，脯二朐，朱爲地，以紫書符，廣三寸，長七寸，投席上，祝曰：吉日良時，小兆臣某再拜，受上皇道君黄帝神符。因再拜，燒服之。

右已上大寥落不相附近，計是一符，復用審之。

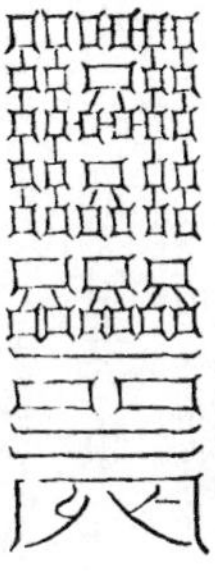

白帝符法：以庚辛日白茅爲藉，長三尺。白素長一丈三尺布藉上，酒二杯，脯二朐，緑爲地，以丹書符，廣二寸，長七寸，投藉上，祝曰：吉日良時，小兆臣某再拜，受上皇道君白帝神符。因再拜，燒符服之也。

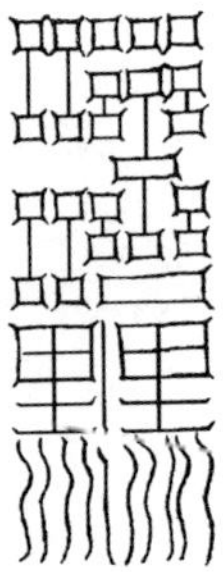

黑帝符法：以壬癸日白茅爲藉，長三尺。皂繒長一丈二尺布藉上，酒二杯，脯二朐，黑爲地，以丹書符，廣二寸，長七寸，投藉上，祝曰：吉日良時，小兆臣某再拜，受上皇道君黑帝神符。因再拜，燒符服之。

右按前五帝神符復四符，乃仙公葛玄所受，併書兩通，一通燒服之，一通頭上帶之，彌爲變化家用，於欲合丹前十日作之〔六〕。

【校釋】

〔一〕「召」，原文作「石」，據心訣改。

〔二〕「逆」，心訣作「迎」。

〔三〕「頭」，心訣作「頸」。

〔四〕「竈」，心訣作「爐」。

〔五〕「丈二尺」，心訣作「一丈二尺」。

〔六〕抱朴子金丹云合五靈丹用五帝符，以五色書之，不知是否即本書所載之法。

黄帝九鼎神丹經訣卷之二十

明合丹忌諱敗畏訣

所明者，謂合丹忌諱敗畏、九鼎九丹不盡訣、開釜試藥訣、服餌真護訣。

臣按：夫大丹者，則金石之華精，真人之所珍，是故服之者神仙變化，長生久視，役使百靈，上昇太清者也。俗人徒知其丹經之篇目，而不知合丹之忌諱，雖得其方，而無成者。夫神丹欲合者，有五忌、三諱、四敗、六畏也，若犯之者，丹精飛散，靈華墮落，神光沉遁，霜烟損失，服之無益，不可不慎也。所以真人請問其目，玄師答曰：

五忌，一者合藥及發火時，無用五石死日也，謂春壬辰，夏癸未〔一〕，秋丙戌，冬丁丑，以其日造神丹起爐火，則石精伏結，飛花不起，霜烟合毒，服之無益也；二者忌市具神藥及論説丹事，無用五邪生日，所謂春壬寅〔二〕，夏癸巳，秋壬申，冬癸亥，以其日入山合神藥，皆無所成，神靈不祐，鬼邪敗人；三者忌造合神丹入名山，忌五嶽傷絶日，謂春庚寅，夏癸未，秋丙申，冬丁丑，以其日入山合藥及採芝草，神靈録人魂魄，丹藥則壞身傷病；四者忌合神丹爐釜及封泥神藥，無用天開地破日，春丙戌、丙辰，夏辛未、辛丑，秋壬辰、壬戌，冬癸未、癸丑，以此日合神丹竈爐釜，則室〔三〕自開，丹精散洩，五石飛揚，霜華皆敗；五忌者，合丹男忌七月三日，及七月甲寅日，女合丹忌正月七日，及正月庚申日，此四日是石精交戰合鬼之日，以其日執事起火，則丹精不發，神靈不感，邪鬼來入，皆爲凶敗。此所謂五忌。

言三諱者，一者諱合丹之時泣淚悲惡〔四〕也，二者諱犯丹弑賊名字也，三者諱凶衰殗穢死産乳也。臣按：犯此三諱，則石精難結〔五〕，五華不曜，其丹必毒，入口殺人。凡八石至忌憂慼泣淚及臨屍凶殗之人，皆不可厠預飛鍊霜雪，造爐火等之事也，此是神丹尤所禁忌。又丹有弑賊惡鬼，謂所名石葱子〔六〕，字混泥洸，合丹始火之日，慎呼此名字也，若再犯之者，則烟霜墮落，鬼兵來入，神爐破碎，精華散出。

四敗，一者合丹之處地多震動，謂之車馬行處；二者見嫉妬之人，謂惡眼人也，見神藥則致鬼殃也；三者雷不釜震，丹精墮落，精華不飛；四者五辛臯物，及燒雞犬毛也〔七〕。臣按：此四敗者，八石之所大忌，不可犯，犯則精華不飛，作丹不成。若合丹日數未足，聞雷霆之時，急當以濡布覆於釜上，令藥伏精，飛烟不起。

六畏者，一初封藥之日，及始火之時，畏遇風雨雷霆也；二者合丹之日，畏聞喚魂魄聲；元本脱三四也〔八〕。五者合丹畏聞悲哭聲也；六者畏見一切血腥污穢之事也。臣按：

此六畏者，皆神丹之所禁忌，有聞而犯之，則飛精驚擾，華烟損也。

【校釋】

〔一〕「夏癸未」，心訣作「夏癸巳」。

〔二〕「春壬寅……則飛精驚擾，華煙損也」，原在下文「又以白素方八寸，書此一枚，書畢呪曰：上化……」之後，據心訣及上下文意復原。

〔三〕「室」，心訣作「丹室」。

〔四〕「悲惡」，心訣作「悲傷」。

〔五〕「難結」，心訣作「衰結」。

〔六〕「石葱子」，心訣作「不葱子」。

〔七〕四敗之一、之三，心訣文與此完全不同，其一者地無丹氣，謂非神地，三者侶非其友。

〔八〕「元本脱三四也」，心訣作「三畏四畏脱開」，亦爲小字。

……九轉云〔一〕：齋起日，先投清酒五斗〔二〕於所止之流水中，若地無流水，當作好井，亦投酒於井中，以清地氣〔三〕，令齋者飲此水。投酒雖無禮祝之辭，亦是投獻之義。上丹高絶，故假設有饌之祭，醮請之禮，下法所須，是以元君云不在祭祝事鬼神也，明矣。藥未合成，不可不志誠也，故祭者正願藥成耳。若合之以竟而更祭者，事理則非允也。夫祭者，或太一下臨之，或遣玉女下冀，神氣所加，令藥有驗，使人得仙而延年也。

【校釋】

〔一〕以下内容至「書畢呪曰上化」前後均有闕文，主要述九鼎丹祭法。按抱朴子金丹云，九鼎丹合時又當祭，祭自有圖法一卷也。本卷所述九鼎丹祭法較卷一完整，但也要注意二者存在不少差異，它與下面的九鼎丹隱文訣是撰者所謂的「九鼎九丹不盡訣」部分。另外，齋起日投清酒於流水之法乃太極真人九轉還丹法（太極真人九轉還丹經要訣，頁一一二），所謂「九轉」即指九轉還丹。又，「元君云不在祭祝事鬼神」之語出自太清丹經。

〔二〕「五斗」，太極真人九轉還丹經要訣作「五斛」。

〔三〕「以清地氣」，太極真人九轉還丹經要訣作「以填地氣」，但太平御覽卷六百七十一載登真隱訣引太極真人九轉丹法則作「以鎮地氣」。又本卷下文云，凡合神丹之始，皆必禮酒河源，故以鎮地氣。疑「清」字有誤。

合丹在深山静處，東流水側，立壇屋，百事土釜訖，藥精錬畢，炭物並足，以開除日齋百日，同志契誓，不過三人，試釜知密，方可舉火。臨欲合藥，更齋七日，以甲子開除之日釜邊祭之。其祭法用清酒、白酒各五升，羊脯、鹿脯各三斤，黄糧米飯二斗，大棗二升，熟雞子二十枚，鯉魚三頭，重三斤〔一〕。用三案，案三盃，燒薰陸香〔二〕，再拜，祝曰：小兆臣某甲，調藥合黄帝九鼎神丹，惟神明、仙、玉女、玄女、素女、青腰玉女共成之，惟大道君、太和君、太上君，今小兆臣某甲貪生，樂神仙，合神仙藥，願成。行酒起，再拜，九拜畢，呪曰：惟大道君、玄女，欲合神丹，不飛不亡，皆悉伏火，藥色佳好，隨手變化，黄白悉成，服之命長生無極，得至真人。因上藥實棗橘等，皆上之訖，然火如法。

【校釋】

〔一〕「重三斤」，卷一祭法云鯉魚三頭各重三斤。

〔二〕「薰陸香」，本草中名醫别録始載，陶弘景云其爲「合香家要用，不正復入藥，唯療惡核毒腫，道方頗有用處」。蘇敬注云其「形似白膠，出天竺、單于國」（新修本草，頁一七九—一八〇）。

起火日設祭文。

太一聖座用新床，方三尺六寸，高二尺八寸，敷以新席，西向，以三尺絳繒安席上，以九丹祭法：於合丹之所黄土爲壇，方九尺，四面藩之，中方四尺，四面開門，爐在壇西，去壇六尺。於壇所設席祭，以白茅爲席，長一尺。壇上五藉，藉别一片，脯酒一杯。東座九藉，藉兩片，脯酒二杯，用黄米二升爲飯，用牛羊脯各三斤或五斤，用鯉魚三頭，重三斤，蒸之，用煮雞子二十枚，大棗三升，用梨一頭，若有橘柚及諸赤色木果。燒香，酌酒，拜座以上法。發火訖，收爐旁祭，更以新别酒脯，常安三案，各三杯酒三斤脯。自此以後，常施三處酒脯，晝夜勿收，每三日一易脯，一日三易酒，酒輒當拜如常。自始立祭，便就燒香，晝夜勿絶，務加潔肅，恭敬勿怠。至藥成，當復祭如初，唯加猪肉三斤，在壇東一座，加白米一升爲飯，雄雞一頭，蒸之，乾魚鮓等，祝云：神藥已成，今請開釜，隨意所言。祭畢，乃開釜耳。

凡合神丹之始，皆必禮酒河源，故以鎮地氣。又應大祭神明，以賽八石〔一〕。若得九老玉券，以檢萬氣，辟卻凶魔，攘諸弑賊，神明扶護，火靈自伏，不復須陳禮醮而成功也。

【校釋】

〔一〕「賽八石」，行祭禮以酬八石。賽，酬報。

名太清上符

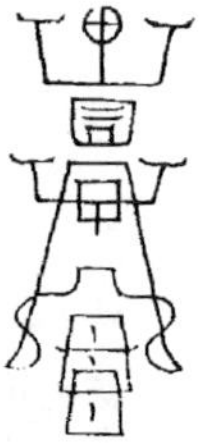

一本作如此也

按此九老玉券云：以始齋日先朱書碧素，此素一名八素真籙，一名太清上符，方九寸，二枚畢，東向呪曰：八素真符，九老玉券，天神檢地，上護丹精，九源鎮塞，八河寶盈，殺賊伏滅，琳華曜明，金醴玉霜，八石之靈，七化五變，九轉十成。祝畢，取一枚盛青錦囊中，以繫背心前，以一枚當井剪破，以一半投所居水中，一半埋六一竈中。當藥釜下投流水中，可以石繫沉之。埋釜下者，可深三寸。

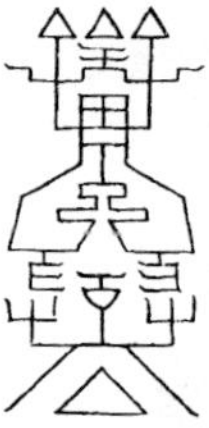

按此玄鎮是妙州寶鎮符，一名仙伯太一檢，一名八寸素書，當日以始齋日，若甲子甲

寅之日中時，面向東，青筆書六一釜上。又以白素方八寸，書此一枚，書畢呪曰：上化……

九鼎丹隱文訣〔一〕

夫真人經訣，即九鼎丹之訣也。第一之丹名丹華，此一丹中有二名，一名流珠九轉，二名丹華。

【校釋】

〔一〕「九鼎丹隱文訣」，根據撰者所言，該訣乃真人經訣，也即九鼎丹之訣。從其内容來看，該訣的確主要介紹九鼎丹法，然而與卷一所載九鼎丹法卻不能混爲一談，因爲它實際上是撰者所謂的九鼎九丹不盡訣。其一，卷十七「玄白法」云。「九鼎第八服丹法訣以玄黄若玄白一斤布釜底」，此爲九鼎丹隱文訣法，因爲卷一服丹法不用玄白。而且「玄白法」末尾亦云：「太清丹即以玄白爲薦金，九鼎法唯用玄黄也。」這一點在抱朴子金丹中也有反映，如玄白不見於九鼎丹法，而太清丹「合之當先作華池赤鹽艮雪玄白飛符三五神水，乃可起火耳」。（頁七七）其二，九鼎丹隱文訣第二丹云：「其第三轉輒易二新土釜，如太清丹九鼎極曜土釜法。」僅根據以上兩條便可以斷定，九鼎丹隱文訣參雜有太清丹方法，内容當晚出，並非最初的九鼎丹訣，這也是撰者將其單獨輯録的原因。早先陳國符曾敏銳地指出，「初唐纂九丹經訣卷二十收九鼎丹隱文訣。此九鼎丹即黄帝九鼎神丹，斯乃古訣（但較黄帝九鼎神丹經爲晚，此經中釜不言明上釜下釜，不需仔細尋閲）」（中國外丹黄白法考，頁一三八）。按九鼎丹與太清丹在葛洪時尚能涇渭分明，其後二者的關係漸趨複雜。如抱朴子神仙金汋經卷中纂改抱朴子金丹云，九鼎丹祭有圖法一卷，「在太清經末卷内具載」（頁二〇八。抱朴子原無「在太清經末卷内具載」一句，且葛洪明確交代太清丹祭自有別法一卷，不與九鼎祭同也）。又如太平御覽卷六百七十一引登真隱訣云：「昔黄帝火鼎於荆山，太清中經亦有九鼎丹法」。關於太清中經九鼎丹法的來歷，華陽陶隱居内傳卷中引登真隱訣有解釋，説「此方（黄帝九品九丹）泰清中經而治變駁，非後人能究也」。（頁五〇五）。可見，這是一種後人無法看懂的「變駁」之方，顯係抄録而來，非太清經固有内容。以上現象在研究南北朝時期的九鼎丹法和太清丹法時需要注意。

第一之丹作流珠九轉法

依本經〔一〕，先作玄黄訖，取雄黄丹砂水各一斤和之〔二〕。

臣按：此訣雖料二〔三〕，各一斤，不盡玄黄多少，又不言和溲稀稠之法，致使或得訣作亦不成。今按第二丹名神符法中乃有四法，其第二法云作玄黄訖，以上流珠九轉玄黄水和之令赤，但與火蒸法雖殊，如泥之狀，固無二也。又三十六水法中實有玄黄水法，然丹華與九轉流珠曾不用之。既言已上流珠九轉玄黄水者，正是玄黄所用丹砂雄黄二水和之百蒸之物也〔四〕，納青竹筒中，薄削其表，内中蒸之，剋白木塞筒中，覆以黄沙，細沙也，若麤者氣易洩，所出細者，雜土而黄色者是。令没同蒸之，食頃成水，即下凝，復上爲水，如是百上百下。又以雄黄丹砂二水各一斤以溲玄黄，納釜密封飛之，如此九遍飛之，玄黄精下訖，出之。取此玄黄一斤，分爲九分而分之也。復取一分，又分爲二分。又當先作二釜，一如太清丹白雪土釜法，備在上秩第六卷釋訖，此不重載。〔五〕次以牡蠣二十斤，合赤石脂七十斤，擣之如粉，以百日醯和爲泥，復擣三千杵，塗土釜訖。乃取水銀二斤納土釜中，以玄黄二分覆薦上下，復以牡蠣赤石脂泥泥兩釜緣上，乃合之令密，陰乾十日，立鐵鍋上，脚高九寸〔六〕，以馬糞火若和稻等糠火火之三日夜。寒之一日，寒訖發取飛精，去其滓。其滓燒試有烟，是藥氣未盡，當更如上法，飛取令盡。以後則以意消息增日，飛之令盡也。復取玄黄一分，分爲二分，覆薦上下土釜，飛之封閉如前，如是九遍飛訖，發取飛精。次取土龍七枚。臣訣曰：經中或單言龍膏，或言土龍膏，無二義也，皆是白項曲蟮也。於器中以鹽塗覆之，皆消爲水。以溲飛精，復飛之如上法三日夜，寒之一日，發掃取之，五色霜雪，名曰流珠九轉。

臣竊謂曲蟮微蟲，亦需動植，殘彼微軀之命，成己駐年之壽，仁者惻隱，義所不爲。又合丹三十六水之中，不欲聞傷殺六畜之聲，悲哀哭泣之音。又三諱之中復諱憂慼。故含蠢之類，咸惜其生，刀杖所加，孰不憂怖？必不得已，以大義有滅親之道，如可安全四綱，有開三之義〔七〕。

余按：第二之丹名曰神符之丹，四中經其第一法以玄液和之如泥〔八〕，用此爲替可也。又按：第一之丹名丹華法，藥若不伏，以玄水液、龍膏澤和之令濕浥浥，更飛之，如此三十六日伏矣〔九〕。明此二物不藉於曲蟮汁也。且西龍膏〔一〇〕者，桑上露也。以曲蟮之蟲汁，皆秋晨之露，絞汁優劣，不可比方，存古之法，不敢删改，以替代臨事商量。其玄水液自具訣如後。

服第一之丹流珠九轉，及丹華二丹功能者，以甲子日平旦向日再拜，長跪服之如黍粟，即時神仙，上昇九天。服半黍粟，即爲地仙，入水不濕，入火不燒，萬惡不中，兵刀〔一一〕不傷，變化自在，出入無間，役使鬼神，壽同天地。若欲去代，更服半黍粟，即時昇天。欲度俗人，服如小豆，即日昇仙。服半小豆，即爲地仙。及六畜令服如大豆，即時昇天。故曰：鳥得之爲鳳，獸得之爲麟，蛇得之爲龍，鬼得之爲神，女得之爲玉女，男得之爲仙也。

以蛇脂和爲四丸，如彈丸許，埋所居宅處四角，即變爲赤龍，舉宅昇天，去地七千尺變爲金玉，任情所適。埋一丸，如雞子黄，隨所近遠，方圓千里，下徹九泉，其中所有江河山林，皆悉昇天矣。取黄土堅實細理者一斤，細擣篩，沸湯煮之三沸，以一銖投中，熟攪合和，煎令水盡，變成金。

臣按此訣曰：乍聞法，誠不可信也，聖人所説，義或難誣。昔八公謂淮南王曰：我能一煎泥成金〔二〕，凝汞成銀。固即此丹之力也。然以公之只授淮南王以五靈之法，殊不與九鼎之事也，是以劉安叩頭竟不得之，故知之道難聞見者也。但赤銅黑鐵，加之以丹力，鼓以成糖〔三〕，自然與常質不同，實不可懸非之矣。又以鉛，若錫，若水銀，若銅鐵一斤消之，投以一銖，皆成黄金也。此張天師至禁，故本經不具載也。

【校釋】

〔一〕「本經」，指九鼎丹經。

〔二〕「雄黄丹砂水各一斤和之」，卷一玄黄法僅云以雄黄丹砂水和飛之，未言各一斤。

〔三〕「料二」，指雄黄水和丹砂水。

〔四〕「又三十六水法中實有玄黄水法」與「既言」云云皆針對下文第一丹第二法所言。

〔五〕太清丹白雪土釜法，即卷七之作赤土釜法，卷六無土釜法。該法實際上是太清經天師口訣中的銀雪法，書中云，「艮雪一名白雪，又作雄雪」。又云：「太清神丹、九丹、金液、八景、太虛琅玕之華、還丹、飛輕、玄霜、絳雪、太和、自然、朱光、雲碧、紫華、絳英諸太丹等所作土釜，不得此訣，入火即破，終不成也。」（頁七八八）其中九丹即九鼎丹。

〔六〕此處用鐵鍋（實乃三脚鐵鍋，即第二丹所謂「三鐵鍋」是也），而卷一使用鐵弋三柱。

〔七〕抱朴子云：「仙法欲令愛逮蠢蠕，不害含氣。」（頁一八）

〔八〕「四中經其第一法以玄液和之如泥」，該句當有誤字，其所言指第二丹中「取玄黃和以玄水液」一句。

〔九〕此第一丹丹華法乃卷一之內容。

〔一〇〕「西龍膏」，上文言龍膏澤，此處不知爲何稱西龍膏，二者明顯爲同一物。但據石藥爾雅所記，桑上露和西龍膏不同，後者一名黃龍膏，一名黃澤，一名五穀孽，一名童兒禾（頁六二）。

〔一一〕「兵刀」，心訣作「兵刃」。

〔一二〕「我能一煎泥成金」，卷八作「我能煎泥成金」，「一」字當衍。

〔一三〕「糖」，陳國符釋爲礦渣（陳國符道藏研究論文集，頁八八），當誤，礦渣在本書中一律以「糖屎」稱之。此處之「糖」既然是赤銅黑鐵加丹力鼓成，又與常質不同，顯然指煉成的黃白，其狀似糖。

第二之丹丹華法〔一〕

其丹華唯作土釜一如白雪法，内藥封塗立三鐵鍋〔二〕上火之，一如本經〔三〕。第二之丹神符，丹訣中有四法。

第一法，以上經用丹華之釜飛二神符，具大善也。此神之丹一固，九上九下而不開也。以水銀納釜中，以牡蠣赤石脂泥泥兩土釜口，乃合之，陰乾之，立三鐵鍋上，去地九寸，以糠火火之一日夜。以下釜爲上，不須開之，復一日夜。如是九上九下，乃寒之一日，開取之飛精，和以鯉魚膽，令濕浥浥，復納土釜中，封塗以六一泥，如封丹華之釜法，令乾，火之如前法一日夜。凡九上九下訖，和西龍膏，西龍膏者，桑上露也，令浥浥。又別取鉛黄華，合水銀火之如經法，以作流珠五色玄黄訖，得十斤，分爲九分，取一分復爲二分。先作土釜三合六枚訖，乃取前九飛水銀納土釜中，以五色玄黄二分覆薦上下，以釜蓋之，封塗合際以六一泥，令厚三分，陰乾十日，乃以糠火火之九日夜，寒一日，取上飛精復納故土釜中，復取五色玄黄一分，分爲二分，覆薦上下，封塗火之一如前法，如是九轉。其第三轉輒易二新土釜，如太清丹九鼎極曜土釜法〔四〕，九轉合用三合六枚，故本經云「三作九轉」，即此是也，藥力節度與流珠九轉同等。此神符丹亦可變化汞爲丹，其法取汞一斤，鐵器中火之，乃取神符丹一銖投其中，攪之即化爲神丹，名曰還丹，故其經云「即治汞化爲丹」者是也。服之如丹華法也。

又第二法神符，別作玄黄，一如本經，作玄黄訖。此玄黄者，謂水銀九斤、鉛一斤之玄黄，非如此華法中三玄黄也〔五〕。乃取上流珠九轉玄黄水。

臣按：張天師玄黄水，本經云丹華明是第一華爲水也，審細詳之，非丹砂雄黄之水。其玄黄水法，三十六水中無正法，其水是蒸之水不疑也〔六〕。和之令如泥，以鐵器中火之令赤，乃和以玄水液。玄水液者，一名玄水澤，即是磁石水也，作之法：磁石一斤，雄黄一兩，石膽精一兩，合擣納竹筒中，漆固如上，納華池中，三十日成水也。本方削竹如縑，戎鹽著中，埋之井中，不至水三尺，二十日成水。復納硝石，二十日水成矣。納雲母，二十日成水。常遲若不化者，更納埋之。言赤龍血，以丹砂納中；言青龍血，以曾青納中；言玄水液，以磁石納中。此法皆以井中埋之，臨事兩法，試取好者也。令如泥，納土釜中，封閉火之一如經法。

又第三法神符，取上流珠九轉中玄黄和華池爲泥，塗土釜訖，令乾，乃納水銀其中，以一釜蓋之，封塗以六一泥，陰乾十日，立三鐵鍋上，火之九日夜，寒之一日，發取服之，如丹華法。此之水銀，皆是成去毒九飛之水銀也，自餘皆不堪用。

又第四法所用玄黄，亦是流珠九轉中玄黄也，下訖九丹所用土釜，皆如太清白雪土釜訣法，無異也。

【校釋】

〔一〕此標題有誤，第二之丹爲神符。

〔二〕「三鐵鍋」，指三脚鐵鍋，上文云其脚高九寸。

〔三〕丹華法當爲第一丹之内容。

〔四〕「太清丹九鼎極曜土釜法」，其法不詳，待考。

〔五〕水銀九斤、鉛一斤之玄黄，其法見卷一第一丹。「非如此華法中三玄黄也」，此句疑有訛字，意思是非丹華法中的玄黄。

〔六〕上文第一丹曾云三十六水法中實有玄黄水法，此處又説三十六水中無正法，可見玄黄水實非三十六水之一。

第三之丹神丹訣

擣調雄黄、雌黄一如本經。當先以玄黄和醯爲泥，以塗兩土釜内，令厚三分，陰乾十日。納雄雌二黄於其中，復以玄黄泥塗其兩土釜口，乃合之，封塗六一泥於合際上下釜外，通令厚三分，令乾，立三鐵鍋上，火之如前法。

第四之丹還丹訣

先以礜石、礬石合九物等燒之於炭火中訖，合擣篩納土釜中，以玄黃一斤布其上，水銀一斤置玄黃上，次以雄黃一斤擣千杵，布水銀一斤，置七物各一斤，擣之布上一如經說，封塗火之亦如經法，勿失節度。

第五之丹餌丹訣

先以玄黃泥塗兩土釜裏，厚三分，令乾，乃納諸藥，封塗訖，立三鐵鍋上，高九寸，火之如經法。

第六之丹鍊丹訣

以土龍膏、土龍矢合黃狗膽、牡蠣、赤石脂爲泥，塗釜訖，以玄黃布釜底，厚半寸，乃納諸藥，封閉火之一如上法，餘説如經。土龍膏者，蚯蚓汁也。

第七之丹柔丹訣

法如經，以水銀納釜中訖，以玄黃泥塗兩土釜緣上，乃合令密，封以六一泥，泥厚三分，立三鐵鍋上，火之如法。

第八之丹伏丹訣

如經法，以六一泥泥塗釜訖，以玄黄若鉛白一斤布釜内底，以水銀内置玄黄上。以曾青、磁石各一斤，别擣細篩，先以曾青布水銀上，次以磁石布曾青上，又以玄黄一斤布磁石上。其玄黄當先以龍膏溲，令浥浥，乃覆薦上下。封閉，火之如法。如法，如經説也。又飛之九上九下訖，復溲龍膏，令浥浥，復飛之。

第九之丹寒丹訣

如經法，先以玄黄一斤布釜底，乃納諸藥如次第也，封閉如法。又云子明者，火也。上第二神丹中作玄黄是别法，餘丹皆同流珠九轉玄黄法也。

開釜法

臣按：鼎釜堅密，號曰神室。兩釜之際，固以中黄，得火彌堅，其泥甚厚，理不宜槌鑿扣振，正應作利鋸兩三枚，遞用截之。亦可斲鸁礪石之狀，如刀口以磨之。須至釜質，方可以鐵物漸漸擿〔一〕開。仍作空格，仍仰上釜，著上釜，拂取飛精也。方用雄雞羽，雞是酉禽，意謂用白羽爲宜。先預置覓白雌雄雞養，生卵伏出純，取其白雄鷄兩三頭，孤養於他處，至二年可用。當拔取兩翅頭料風毛各三枚，勿水洗，拭之以掃飛霜華也。以丹納金筒中，密塞口，以錦囊盛之。方云帶肘後者，正是寶貴不欲離身，亦恐未服之間脱能神化去故也。

【校釋】

〔一〕「擿」，捶。

試藥法

臣按丹經云：藥當先試造金，金成即丹成也，金若不成，丹亦未成，更須飛之，以成金爲候。分兩雖有正訣，臨試須以餘法詳驗。按九轉法〔一〕，取鉛十斤著鐵器中，猛火炊之三沸，投九轉之華一銖投鉛中攪之，須臾成黄金九斤。又取錫七斤〔二〕著鐵器中，猛火火之三沸，投九轉之華一銖於中攪之，須臾成白銀。所得之華先秤之，若千人服之有餘，便可試金，不可一法望風輕賣也。其濃丹滓乃將作銀，亦可依此以滓試之矣。臨時節度，自依本經。

【校釋】

〔一〕「九轉法」，指太極真人九轉還丹法，以下兩種試金法皆見於今本太極真人九轉還丹經要訣（頁一一）。

〔二〕「錫七斤」，太極真人九轉還丹經要訣作「水銀一斤，錫七斤」。

服餌將護法

臣按：諸丹成而服者乃多格人，以三品言上中下。上士服之，七日登真；下士服之，七十日得仙；愚人服之，一年乃仙。若還志誠，便敢頓服刀圭者，皆暫死半日許，乃生如眠覺狀，此乃險之至矣。必須依方，以半黍粟爲度。

臣按：凡服療病之藥，以食前服之；若服養性之藥，以食後服之。是知，以藥攻病者，宜及未食内虚，令毒氣未行，若行後服之，則藥但攻穀力而盡矣。若欲食養性，而食前則藥力未行，穀驅之以下去矣，不得除上，無益也〔一〕。神丹雖有大益，當依正經節度，不拘常塗小禁也。

臣按：人之年命各有所屬，若命屬土者，不宜服青色藥。他皆放此，並以拘忌剋順之小禁。若丹金大藥，神化奇妙，不復論宜與不宜也。

【校釋】

〔一〕以上服藥節度出自抱朴子仙藥引中黄子服食節度（頁二〇八—二〇九）。

附録一　九轉流珠神仙九丹經〔一〕

九轉流珠神仙九丹經卷上

太清真人述

前闕〔二〕

丹砂所出非一郡縣也，故言婚親多也。道士持戒游五都，五都者，五嶽也，欲作神藥也。其子四千者，市水銀也。金銀加者，鉛與水銀合，故言金銀加也。子明炊婦與赤爐者，水銀與玄黄合在土釜中也，故言與赤爐者，土釜名也。水銀者，釜也，言水銀與鉛合。

〔一〕本經以標點爲主，訛誤或疑誤處僅擇要作注釋説明。
〔二〕關於前闕歌文内容，請參考前言第一節第二部分。

大怒欲飛赤，故言口牙。用口牙如黄真多者，言鉛與水銀合，變化生玄黄也。蒸覆柔箘中如巴者，言飛精玄黄當百蒸之也，故曰蒸覆柔箘頭中如巴。柔箘者，謂生竹箘也。子明悜悖内懷河車，子明者水銀，水銀得火逃鉛中也，鉛一名河車，故言内懷河也。隣里雄黄及丹砂，轉相和解謝其家者，言當以雄黄水、丹砂水和飛精也，故言謝其家也。牡蠣赤石脂使不邪者，當以牡蠣、赤石脂泥封塗兩土釜表裏内外，令各厚三分也。使不邪者，使神藥諸飛精不敢逃飛去也，故言使不邪也。言取牡蠣二十斤，合赤石脂治之，令如粉，和以百日醯，和如泥，以塗土釜表裏，厚各三分。封塗之，令陰乾十日，乃飛水銀與玄黄，合火之九上九下，如雪霜紫色，色若葱華。後乃相聽兩性和，兩性和者，言藥不敢飛亡，與玄黄合也，故言兩性和也。日暮腸動應感加者，兩藥和合也，故言腸動應感加也。夫妻共戲色忽華，陰陽以會樂不過，樂不過者，神藥成，室家大喜，故言不過也。即日生子如積沙者，言水銀與玄黄俱飛著上土釜，如積沙也。銅羽次藥土龍和者，言銅羽者，三歲雄雞羽也，言欲掃藥，當以雄雞羽掃之，取上飛精也。土龍和者，當以白頸蚯蚓汁和丹華也，和以復飛之，故言土龍和也。可化金銀者，言丹華用一刀圭，粉鉛汞一斤，居猛火上，須臾立成黄金也，故言可化金銀也。水，黄牙也。一斤與一銖者，言取九飛丹華一銖，以粉水銀一斤，若粉鉛錫一斤，皆成黄金也，故言斤與一銖慎無多也。多者金剛不中推，少者金弱不中推〔一〕，故言斤與一銖慎無多也。食如黍粟飛相過者，飛上天也。坐知天地者，言服丹華須臾飛上，盡見天上諸神也。遠見他者，言目大明視萬里也，故言遠見他。忽然萬里渡江河者，言服丹華一日一夜，忽飛萬里，不拘江河也，行不用船梁，乘雲氣也，故言忽然萬里渡江河也。以龍爲馬雲爲車者，言飛入青雲，從太一真人也。時入天門見大家者，言上天見天上真人之居也，故言時入天門見大家也。身比日月在欲何者，言服丹華身得不死，與日月同光，恣心所欲，不拘天地，不拘王法，故言身比日月在所欲何也。盡見賢聖相對羅者，言見真人太一諸神仙相對坐也，故曰盡見賢聖相對羅也。靈龜駢鵝神蝦蟇者，天上神龜蝦蟇亦皆得仙。伯牙鼓琴玉女齊歌，青腰起舞悲相和，悲相和者，太一真人從酒作倡也，念我父母悲痛早死，不知道也。但獨煩冤當奈何，我父母眷屬皆已早死，痛不得藥也。身遂服食神丹華，邪氣不害疾不過也，言服丹華百病皆愈，故言疾不加也。幸得度世吉無他，吉無他，身壽萬世，從真人也，幸得度世萬餘年也，子好學之可得仙也。

〔一〕「多者金剛不中推，少者金弱不中推」，九鼎丹經訣云：「斤與銖慎勿多，多則金剛，少則金柔，皆不中搥也。」據此可推斷，「推」乃「搥」字之訛。

解曰：治丹華法，取礬石、戎鹽、滷鹹、礜石四物，先燒之二十日，東海牡蠣，取左顧者，赤石脂，滑石，凡七物分等，多少自在，合治萬杵，令如粉，於鐵器中火之九日九夜，猛其火，藥正赤如火，可復治之萬杵，下鮮支篩，和以善百日醯，以和諸藥，名曰六一泥。以塗兩赤土釜，内外各厚三分，曝之日中十餘日，令乾燥。以取胡粉燒之，令如金色，可復取玄黄分各等，和以百日華池，令如泥，治之萬杵，以塗兩赤土釜裏厚三分，復塗其外厚三分。曝之十日，令大乾燥，因内朱兒〔一〕二斤去土釜中。作藥多少自在，下用朱兒一斤，上至十斤，若百斤，作藥無常，多少自在，貧人少作，富人多作。土釜令受八九升，大者受一斗半。土釜榮陽、河南、洛陽及潁川郡者，大多一枚直十四五錢耳。皆先調塗，以六一泥塗其内外各厚三分，曝十日，令乾燥，乃可用也。因内朱兒土釜中，封塗之，令乾燥十餘日，及釜口際會無令洩，洩者朱兒飛去。先以通卿煴火以壅土釜邊，火去土釜五寸許。通卿者，馬通也。無馬屎，用糠火。煴之九日九夜，推火附之九日九夜，釜著火上復九日九夜，火壅釜半復九日九夜，凡火之四九三十六日可。復一日寒發之，朱兒皆飛著上釜，以雄雞羽掃取之，色紫赤，五彩琅玕，或如奔星鴻赤，或如霜雪，或正赤如丹，一斤減四兩耳。藥伏火不起，名曰丹華，和以龍膏，丸之大如小豆，置猛火上，以鼓囊吹之，飯頃成黄金。不飛藥成，粉汞一斤，以二十四銖火之即成黄金矣，以作金銀箭以盛藥。欲服藥，大如小豆，向日再拜服之。藥不伏火者，當復飛之，和以玄水汋、龍膏澤，令濕浥浥，復置玄黄赤土釜中，封際如法，猛火飛之，復三十六日藥成，凡七十二日畢矣。

凡欲作藥時，始以甲子開除日大吉。合藥先齋戒三日乃爲之。合藥不過二人至三

〔一〕「朱兒」，即丹砂。

人，二人同心，其利斷金。致加精[一]，勿入汙穢家。欲飛藥時，釜邊施祭，以清酒香餅等，黄粱米飯一斗，大棗三斗，梨一斗，凡用三案，案用三杯燒[二]香，起再拜，祝曰：小兆臣某甲，今日治藥九丹，唯神明神仙玄女、素女、青腰玉女共成之，唯大道君、老君、太和君，令小兆臣某甲貪生藥神仙。行酒起，再拜，九拜畢，詞曰：唯道君、玄女願令藥不飛亡，皆令伏火，藥色好善，隨手變化，黄白悉成，服藥飛騰，朝於紫宫，命長無極，位至真人。因上酒，凡上酒畢，諸赤木實橘實皆上之。

欲作神藥，勿令愚人婦女小兒喪家汙人見之，及妬嫉多口之人，若不好道，勿使見知也，使藥不成，慎勿令賓客婦女在藥傍。何者？作藥欲得寂然無聲響，神藥乃成，愚人不信道疑道，謂無神藥，故不使見也，使藥不成。謹候視之，無令釜有坼穿缺傷者，有如髪穿蟻鼻者，藥皆飛去，亡其精神，失其魂魄，但得其石，又失其重寶，即藥不良，服之無益於人。神藥一銖，投水銀一斤，火之即成黄金。不成黄金，藥不可服也。故玄女曰：金可作，世可度，金不可作，但自誤。即以丹一銖，粉鉛錫、水銀各一斤，粉之皆成金銀，故言斤

〔一〕「致加精」，即「致加精潔」，當脱「潔」字。
〔二〕「燒」，原文誤作「繞」。

斤與一銖慎無多也。常以平旦日出時東向再拜，長跪服之如禾粟。上士服之，七日得仙，昇九皇；下士服之，七十日乃得仙；愚人服之，一年乃得仙。欲作神藥，服藥時皆先齋戒，沐浴五香，不如法，藥不成也。以丹華釜飛神符大善。子無貪財，但飛神藥，可得神仙，勿得妄傳。

真人曰：第二之丹名神符。本生太陽河伯餘，本生太陽者，言水銀本生太陽也。太陽者，丹砂也，生於丙丁，丙丁者，火精，上爲熒惑星，下爲丹砂也，故言生於丙丁。丙丁居南方，爲太陽，故易營虛日，南方爲太陽。太陽者，丹砂，生於日，日生於火，火日之子。北方壬癸，爲太陰，太陰者，水也，故易營虛月。北方生磁石，磁石者，鉛也，其精上爲北辰星，生坎。坎位在北方，離位在南方。河伯餘者，水銀也。取水銀，多少自在，置赤土釜中，飛之九上九下，和以鯉魚膽，復取水銀，多少自在，復封塗閉固，如法丹華法，復九上九下，和以龍膏，名曰神符。其子四千相與俱者，謂曾青、礬石、戎鹽、硫黄也，故言相與俱也。

河上姹女誠獨姝，娥眉白易如明珠，長沙好砂色由由，少小貞信不用夫，東西南北父母俱，身不沾汙清若珠，好待賢士相待須，勇悍敢語言若書，安心懷能才有餘，不校人女妄吹嘘。河上姹女者，鉛黄華也，子明媒之使共居也。賢士者，水銀。子明媒之使共居者，言取鉛黄華一斤置鐵器中，以炭火之，即復取水銀七斤投鉛中，猛火之〔一〕，須臾精華俱上出現，狀若黄金紫赤，狀若流星，似流珠五色玄黄，即以鐵匕接以取之，得九一之斤，即三化九轉，名曰丹黄之華，一名玄黄之汋，一名天地之符。即以治汞化爲丹，名曰還丹，乃名曰仙藥神丹。聖人祕之，非凡俗道人所當見知，自非賢聖開通導達殊人乃能知之，故書不盡言，言不盡意也。故經曰丹精生日精，光明也。日子者，火也，故火名子明也。水銀亦名子明。故易營虚日，丹精生日。太陰生月，位在北方坎，其數一，故能知一萬事畢。一者，鉛也，鉛精生月。鉛精名太陰石，一名金公，一名河車，一名河上姹女，一名立制石。凡愚之人治藥，反用山中立制石，非也，去道萬里。真人自以鉛黄華變化立制石。膽〔二〕皆出鉛中，凡愚民方士好事者，治藥反用羌里石膽，非也，去道萬里，治藥由不成也。真人自以丹砂精化爲流珠雪霜，鉛精俱化爲還丹，黄白乃成，服之神仙矣。不用此二物治藥，雖得丹，服之由復死矣。太陰者，鉛也，太陽者，丹砂也。太陰者坎，位在子，太陽爲離，位在午，故坎生月，離生日也。日爲夫，月爲婦也；日爲雄，月爲雌也。磁石、鉛屬太陰，位

〔一〕「猛火之」，原文作「猛火熅之」，熅是以微火加熱，與猛火相對，九鼎丹經訣作「猛火之」，故「熅」字衍。

〔二〕「膽」，即石膽。

在子，其數一；丹砂屬陽，位在午，其數九；雄黄屬土，其數五。故曰一五九，凡十五，故真人名爲三五。知三五横行天下，能知三五，以治藥爲還丹，服之耳得長生不死，故曰横行天下。故真人曰：能知三奇六儀，何用餘爲？丹砂爲雄，鉛爲雌，故傳曰：父三奇，母六儀，審知此道，何用封侯？爲此之謂也。

子明媒之使共居者，言取水銀九斤，鉛一斤，合置赤土釜中，猛火上，從平旦至日落下時，水銀與鉛精皆俱出，如黄金色，名曰玄黄精，一名黄芽，一名黄輕。以丹華水火之〔一〕，名曰黄池，一名黄華，一名黄龍，一名玄制石。取玄黄和以玄水〔二〕，令如封泥，丸之，内赤土釜中，封以六一泥，内外厚三分，令乾十日，無令洩，以馬通若糠火火之八十一日，當庚辛。庚辛者，黄金之名也，真人祕之，不言黄金，故字金爲庚辛。取玄黄一刀圭，納猛火中，以夾囊鼓炊之，飯頃皆消成庚辛。不成庚辛，火之飛去，藥生不可服也，當納赤土釜中，火之如前，封塗之，九九八十一日藥乃可用也。玄黄一名伏丹，一名紫粉。欲服之，常以甲子日平旦東向日再拜，服如小豆，日吞一丸，百日百病皆愈。玄黄藥治大癲大癩，百

〔一〕「火」，原文無，據九鼎丹經訣補。
〔二〕「玄水」，即玄水液。

日皆愈，無所不治。

子明媒之使共居，與不相聽欲上書，後復會面神丈夫。欲上書者，水銀未與鉛和合也。復會面神丈夫者，水銀也。子明迫之者，用火也，子明迫用。赤釜者，赤土釜也。子明者，火也。後竟相聽色由由，言鉛與水銀合飛之爲玄黄也。色由由者，藥色殊好也。夫從外來，婦從内來，魚水相得，乃食行相須。四時生子若神廬，五色光顔厚寸餘，言雌雄相得，不復飛去也。即復取玄黄和以百日華池，令如泥，以苴兩赤釜裏及外内，厚三分。因納水銀三斤於其中，亦可納十斤水銀，作藥多少自在，飛三斤水銀可以飛一人耳，令一人得道仙去，其藥少故也。飛一斤可得十兩飛玄黄耳，言取一斤水銀納赤土釜中，覆以玄黄，其上厚二寸所〔一〕，以一土釜合之，封塗以六一泥，如治丹華法，以馬通糠火火之九日九夜，水銀皆飛上著釜裏，狀如雪霜，紫赤鴻生五色也，故言五色光顔厚寸餘。以毛羽掃取之，和以黄戍，若復如初也，黄戍者，黄狗膽也。若和以河伯餘者，鯉魚膽也，即取鯉魚膽和飛雪霜者，水銀飛精。合如封書泥，丸之，復納赤土釜中，復以玄黄精覆之，厚一寸，以一赤土釜合蓋之，以六一泥封塗釜口際會，無令泄，置日中曝之十日，大乾燥，乃可熅

〔一〕「所」，用在數量詞後，表示大概的數目。

之。熅者，不可燒也，稍熱，釜坼也，失大藥也。復火之九日九夜可止。後一日寒發之，以羽毛掃取上飛精鴻紫，名曰神符還丹。和以龍膏，丸如小豆，常以平旦東向日再拜，長跪服之，百日與諸神仙玉女相隨，從諸神行如飛也。欲渡江河海，以神符丹和以龍膽膏，若鯉魚膽，塗兩足下，以渡江海河淮渭濟。以行水上足不濡者，不溺没，故言足不濡。得道度世百病除，身得不死，無百病也。服藥百日，腹中三蟲三尸皆自壞敗死下也。土龍魚膽皆陰精也，水銀者，陽精也，故陰能制陽，爲藥伏不敢起也，真人神人仙人祕不得傳。

真人曰：第三之丹名神丹。五色參差誠可觀，本自正陽〔一〕武都間者，言真雄黄、雌黄皆出正陽武都，武陽亦有雄黄。潔浄白面又大神者，言八石之中，雄黄、雌黄辟五兵，治百病，尤大神良；潔浄白面者，取鮮好者也。常得賢士兩萬錢者，言能飛雄雌，得其飛精一刀圭，價直萬錢。面色較好目燔者，言飛雄雌藥，生五色好也。晨昏夜暮出遊止名山者，言以火飛精在上釜，故言止名山。方士劫之不敢焉，言道人以赤土釜二枚合飛之，不敢者，不令其飛精去。取下土石也，取其飛精也。言法取雄黄二斤，雌黄一斤，凡三斤，小

〔一〕「本自正陽」，神仙服餌丹石行藥法神仙餌雄黄云：「雄黄當得武都者，取其陽色。陽色者，正鮮好者……雄黄正陽赤好鮮者，多少自在，置釜中……」（頁六〇〇）還丹衆仙論云：「火生土，土含正陽，生雄黄，其味甘也。鎮星者，土也，受火土宿之氣，含正陽，而有雄黄。」（頁三三八）

以華池傳藥，乃不敢散飛去。華池者，百日醯。取雄雌合納鐵臼中，治之萬杵，合和如粉，納赤土釜中，蓋以玄黃粉，上下左右各厚一寸，以六一泥封塗，無令洩，曝乾之十日，乃可以馬通火飛之九日九夜，火去釜邊五寸；以火埵之九日九夜；推火至釜下，猛其火九日九夜；以火埵之至釜半，火之復九日九夜，可四九三十六日。後一日寒發，以雞羽毛掃取飛〔一〕。和以龍膏，復飛之，如前治丹華法，火之三九二十七日止。後一日寒之，發，以雞羽毛掃取之，名曰飛精，即治以爲藥，名曰神丹。道士服之即神仙，亦不過百日仙矣。下愚服之，一年乃仙去，非有鬼神，藥使然。凡人男女俗人小兒服藥皆神仙，服之繫之皆大神。

子明合會使相親，子明者，火使相親也。雄雌合得火飛精，善塗其際致令堅，以六一泥塗土釜內外上下，各厚三分。先以玄黃和以華池，令如泥，以塗兩赤土釜裏，無令洩，故言致令堅。牡蠣、赤石脂、磁石，凡三物分各等，治之萬杵，令如粉，和以左味，先以華池平均其中，令不津不洩。取上飛雄雌黃精，和以龍膏物相因，言治九丹神藥飛精，不得龍膏藥不神，故言和以龍膏物相因，食之不死壽萬年也。坐使諸神，言服神丹百日，諸仙下迎，真人玉女玉童素女青腰諸百鬼山卿澤尉，皆來侍從。道人度世無種，事在人耳，奴婢雞狗

〔一〕「飛」，應當是「飛精」。

皆可得仙，凡人服藥亦皆然。居必僻處，言欲服神丹，當居深山石室中，大澤中，近水涯谷空宅也。慎無與俗間愚人通語，言作藥無令妬嫉人、多口人、不好道人知也，無與葬埋娶婦嫁女家通，常獨卧一室中，神仙玉女必來降。敬畏神者，言服神丹，天神仙人玉女來下人，必恭敬事之，深思天道，無敢懈怠。常居石室依名山者，欲合藥服藥，當深里大澤無人之處，亦非俗人所當見知也，必居深山巖石間。能得神丹皆昇天，神丹既成，舉家仙矣，百官雞犬青雲間。世皆歷盛去甚難，言世人貪財，不肯合神藥，反服草藥導引，因復死不壽矣，故言去甚難。夫草藥可以治人百病，不能使人長生久壽。何以言之？夫草藥埋之即腐，煮之即焦，故草不能自生，何能使人長生乎？

真人曰：第四之丹名還丹。男子兄弟通九人，九人者，言藥凡有九物，以爲土釜，以爲苴也。取礜石、礬石、代赭、戎鹽、牡蠣、赤石脂、土龍屎、雲母、滑石，凡九物，皆燒之一日一夜，猛其火，皆擣治令如粉，和以醯令如泥，以用苴塗土釜裹内外，各厚五分，令陰乾十日。即納水銀土釜中，以雄黄覆其上，次以曾青，次以礬石，次以硫黄，次以鹵鹹，次以太一禹餘糧，次以礜石，礜石獨在上。凡七物各異，治之令如粉，水銀一斤獨在下，餘次第之。釜合上，即以六一泥和善醯封塗其際，勿令洩，曝乾之十日，即置鐵五柱上，令高九寸，以馬通或糠火熅，去土釜底五寸，微其火，九日九夜。復增火至金[一]半，復九日九夜。常以濡布加覆釜上，令藥不飛亡，布乾輒復濡之。如治丹華法，凡九九八十一日，藥成皆飛上著，生五色。即以雞羽掃取之，合以百草華，以井華水服一刀圭，卧石室中，令人不飢渴百歲，渴飲石泉，飢則少食棗栗二十枚，静處思神藥。日一服，服藥百日，朱雀鳳凰翔其上，玉女至。服藥二百日，仙人與俱遊。服之一年，太一迎之。以還丹塗錢用市物，錢皆自還。丹書目眶卧[二]，惡鬼皆走去。一刀圭[三]，粉水銀一斤，火之，立成黄金，當用龍膏和之，九日九夜乃成真黄金矣。

九轉流珠神仙九丹經卷下

真人神水法[四]

〔一〕「金」，應當是「釜」。
〔二〕「卧」，疑誤，九鼎丹經訣作「郭」。
〔三〕「一刀圭」，即一刀圭還丹。
〔四〕真人神水法見卷末附文。

真人曰：第五之丹名曰餌丹。本自長沙武陵士，太一旬石朱氏子，朱氏子者，水銀也，武陵士者，雄黄也，太一旬石者，禹餘糧也。法取水銀一斤，雄黄一斤，治之如粉，加水銀上，禹餘糧一斤，治之如粉，加雄黄上，納土釜中，以一釜合之，口際封以六一泥，令乾燥，以馬通或糠火之九日九夜，更以炭火之九日九夜，藥皆飛著土釜上。子明媒之與賢士者，子明，火也，賢士者，黄金，俱與水銀合。入天雄，和以龍膏、少室天雄〔一〕分各等。神爵子者，雞子也。服一刀圭，忽然萬里仙去，渡江海也。服之不久三旬者，三十日能飛矣。諸神往來衛左右者，萬神侍從皆事己，玉女青腰皆可使，乘自然之車，上昇天也，從玉女，天下之神皆事己，百神墟裏社稷風伯雨師諸神皆來事己。故名第五之丹母，一名餌丹也。

真人曰：第六之丹名鍊丹。所出微妙諸神仙，迺出蠻夷巴越間者，言越砂出巴郡、越鄉。目如珠光口如丹者，取其鮮明者也。賢者不取人民間者，取土龍膏。飛流八石三旬間者，飛石三十日，八石者，巴砂、越砂、雄黄、雌黄、曾青、礬石、磁石、石膽，凡八物分等，作藥多少自在，和以龍膏、土龍戻一斗，以和黄犬膽，合土龍戻一斗以爲釜。牡蠣、赤石脂各三斤，以左味埏牡蠣、赤石脂，治如粉，左味者，大米醯也，和爲泥，塗土釜内外，厚三分。

〔一〕「天雄」，原文作「人雄」，據上文及九鼎丹經訣改。

子明和調令可丸，小火以泥塗釜際，無令洩。八石當飛上著如雪霜，言其精色如雪霜。言和以龍膏物相因者，丸如小豆。亦可服食黄白成，言藥成可作金銀。諸神敬諾聽己言也，百鬼神皆可使。服之後飯者十日也，非獨男子，女子亦然，女子服之亦飛仙。辟穀不食者，絶五穀，但飲水絶念。若與婦女交通，道必不成。作藥不食糖苦捐，如身塗汙去之難。治八石，各異治之如粉，巴砂、越砂在下，次以雄黄，次以雌黄，次以曾青，次以礬石，次以石膽，次以磁石，磁石在上，以一土釜合之，以六一泥封合兩釜，牡蠣、赤石脂塗合際，飛之以馬通或糠火，火之如治丹華法。飛之三旬取飛精，和以龍膏，丸如小豆，食後服之。下滓可以治百病，神驗也。

真人曰：第七之丹名柔丹，與餌丹相似，滑澤又易食。水銀三斤。先以玄黄和左味令如泥，以塗釜内外，厚三分。納水銀其中，封以六一泥，無令洩，乾十日，飛之如丹華法，二十日止。取上飛精，和以龍膏。則欲求子，和以缺盆，九十老公服之，陽氣大强，可復生子。以柔丹畫神木爲人，神木者，梧桐也。以柔丹字奴婢，不敢逃亡。八十老母服之，即復生子。長吏服之，即時昇遷。治藥法，飛之如丹華法。聖人齋戒成大神，理人〔一〕者，真

〔一〕「理人」，應當是「聖人」。

人也，不齋戒，藥不神。當求河女以爲婚姻，當得名鉛，河女，水銀，與鉛合精可作金銀。轉相成就生子孫者，藥無不成，生無不化，令人不死，又可神仙矣。

真人曰：第八之丹名曰伏丹，其色頗黑紫，且烟五彩色集。可拘鬼卻姦人，以丹書門户，殺惡鬼，辟盜賊。作之法：以赤土釜，若龍戻釜一枚，苴以玄黄華，若鉛，釜中外厚三分，封以六一泥，無令泄。内水銀釜中，封之令乾，以馬通或糠火之九日九夜，以上釜爲下釜，復飛之九日九夜，復以下釜爲上釜，如是九上九下藥成。發取上飛精，和以龍膏，復飛之一旬，上飛者治之如粉，盛以金銀筩中，若生竹筩中。常用平旦東向再拜，長跪以井華水服一刀圭，可神仙。如棗核大者，著手巾中，百鬼消滅，不敢近人，魂魄堅强，獨處石室，坐致神仙，虎狼自避。婦人獨守，持如大豆者，百鬼皆去，盜賊不敢來。作藥法：以水銀一斤，多少自在，封閉如丹法，以六一泥塗以兩土釜。亦可用玄黄釜，亦可用洛陽赤土釜、胡粉釜，大小自在。和以龍膏，飛之三日，取上著者，色如雪，復以龍膏和火一旬，一旬者十日，藥成，如治丹華法。四子共養一母，曾青、磁石、礜石，玄黄爲苴，覆頭上也。

真人曰：第九之丹名曰寒丹，法以金銀爲主，用金銀爲金。五藥集者，五石分等，五石者，水銀外雄黃、雌黃、曾青、礜石、磁石。凡五神〔一〕各一斤，水銀二斤，異治五神合粉之。先納水銀釜中，先苴以玄黃，乃納流珠釜中，次以雄黃布水銀上，次以雌黃，次以曾青，次以礜石，次以磁石，磁石最在上，以一土釜合之，封以六一泥，無令洩。龍屎、黃土各半升合爲泥，去其土，先以牡礪赤石脂泥塗釜際，厚三分，合復以龍屎黃土塗其上，厚三分。令乾十日，以子明調之，微其火，神藥當上著，正如鍾乳，火之九日九夜。寒發取上藥，用雄雞羽掃，和以龍膏，若黃狗膽，服之輕身，百日病悉愈，青腰常侍使玉女。司命著籍仙人淵府，言服還丹百日，削去生人死籍，名著仙籙，出入無間，不可拘制，坐在立亡，能輕舉飛上天，一時萬里乘浮雲，棄捐妻子不復還焉。

第九丹法如治丹華法也，土釜皆同，封閉皆同，泥塗火皆同法，火常先文後武者，先微其火，九日後小猛之。釜塗欲極乾燥，久久益善。火之釜有坼如髮者，藥飛去。治諸泥藥，皆欲熟令如粉，下細篩。如欲調左味者，善大米酢，一名華池。常以五月五日，七月七日不如五月五日，獨取最良龍膏液及龍膏澤，桑上露。欲取之時，以綿拭之，絞取汁。

九鼎者，九丹也。八十一首由一丹。能得之者昇太清，因火變化藥自然。物類相使

〔一〕「五神」，即前述五石。

轉相因，水火之道最甚神。曾祖九族水爲先，金木合符夫妻身。日月星辰託陰陽，謂精集會火爲王。姓爲陵陽字子明，攻擊胡虜誅豪强。延及巴越侵豫章，四夷來降合中央。三陰相制柔勝强，青龍白虎東西翔。鳳凰朱雀赫曈曈，黄金之樓十二重。中有玄武神龜倡，五彩爲帷覆玉房。真人御之昇九皇，遊遨太清及明堂。精華踴躍如雪霜，能知此藥爲仙王。

真人曰：華蓋者，鉛黄華也。雄黄入者，可覆雄仙藥也。鉛爲華蓋，謂神水也，故言鉛黄華。夫造鉛水之時，從黄華起，故連名，名言本耳。又言雄黄黄華者，謂飛鉛爲霜雪，鉛者連，故言名本耳。又言雄黄黄華者，謂飛故言雄也，所以言解也。所以言入者，鉛，太陽也，得陰則入，與黄華合，故言入耳。所以言可覆雄仙藥也，謂此二華混沌合爲包懷流珠，使精神不去，故言可覆雄者。言陰抱陽，包者，覆也，故言可覆雄者，鉛也。所以云爲仙藥者，言鉛化爲丹，不死藥。

餌雄黄方〔一〕：好者一斤，以黄土釜二枚，以雄黄納中，以一釜蓋之，以白狗毛爲泥，塗其會，令厚三分。亦可用赤石脂及牡蠣若石堊灰爲泥，塗其會，無令洩。陰乾七日，若

〔一〕神仙服餌丹石行藥法中服雄黄諸法的一些内容與本法相近。

數十日爲佳，炊以葦薪。臨燒時，視釜有細坼者，當更泥之。臨燒當作三頭泥雀，先以一雀著釜上，雀燥下去，復一枚，燥復下去，復上一枚，三雀盡燥，藥成，下釜冷之。間其火，無使大猛，亦勿令羸。藥當上著釜，其色飄飄，或如霜雪白色，鍾乳相連。若燒之不熟，更與火如前法，亦當更泥釜如前。成者，以取三歲白雞羽左翼毛七枚，便掃下之，著銅器中，若槃上。訖已，取二百斤猪腸，熟洗之訖，以布拭腸令浄潔訖，以藥著中，緊結兩頭，著蒸箄中，以甑安上，以粟米一斛五斗，若二斛，無者一石亦可，蒸之。若腸爛，復以一腸加其上，一宿許，復加一腸著其上，蒸之三日三夜，用腸三枚，藥成可丸。丸如彈丸，服之三日，三蟲盡死。十日，伏尸下，夜視有光。更滅其藥，丸如麻子，常以平旦東向再拜服之，天陰以日出所在服之，百日冬衣單不寒，青腰玉女至，慎無以妻，東西常養玉女以求道。百五十日，玉女去，更有玉女來，衣簪，鼻上有玉，大如一黍粟，是真玉女。慎無妻，可即自謙：寡昧腥躁臭處，聖人何肯乃肯屈臨之乎？玉女曰：見子食神藥，精光見乎天上，故令吾來，爲子妻者。慎無以妻，因謂之言：寡昧聞玉英玉酒五帝華池陽，未曾飲之，唯聖人爲取之。玉女即爲取之，得而飲之，已俱徘徊六合之内，轉上天關，與聖人相見，夜下天關，與真人共處清微之中，安用不死爲名，辟淪陸沉，出無間，入無孔。命曰：當斯之時，謹齋戒一紀。所謂玉女者，天帝之女也。常養者，白帝之女也。青腰者，風伯之女。欲還游以渡江海，恣意萬世，爲常一。一方云：武都雄黄成，當如銀，若燥，以蜜和之。道士常齋戒。一云：勿以衣物履屨借人〔一〕。

真人神水法諸法附

真人作神水法。取好漆一斗，宿蟹大者十八枚納漆中，三日化成水，藥成名曰神水。能成神水，出入無間，役使百鬼。服之法：以清酒一杯，神水半合而飲之，卧清静處，一日腹中三蟲皆盡出去，於是美食。復十五日，乃復飲神水一小杯，清酒一杯，二日當見三尺人出在前，曰賢哉，慎無久語，與語事不成，於是美食。復十五日，復飲神水一杯半，清酒一杯，三日行駟馬不能及。於是十五日，乃復飲神水二杯，清酒一杯，志意高，視聽聰明。於是十五日，乃復飲神水二杯半，清酒一杯，白髮復黑，齒落更生。於是十五日，乃復飲神

〔一〕抱朴子仙藥云，雄黄「餌服之法，或以蒸煮之，或以酒餌，或先以硝石化爲水乃凝之，或以玄胴腸裹蒸之於赤土下，或以松脂和之，或以三物煉之，引之如布，白如冰，服之皆令人長生，百病除，三尸下，瘢痕滅，白髮黑，墮齒生，千日則玉女來侍，可得役使，以致行厨。又玉女常以黄玉爲誌，大如黍米，在鼻上，是真玉女也，無此誌者，鬼試人耳。」（頁二〇三）其中，「以玄胴腸裹蒸之於赤土（釜）下」所指當即本經所載之法。

水三杯，清酒一杯，老人成童，甲子甲戌神至。於是十五日，乃復飲神水三杯半，清酒一杯[一]。於是十五日，乃復飲神水四杯，清酒一杯，甲申甲午神至，海圖見，出無孔，入無間。於是十五日，乃復飲神水五杯，清酒一杯，甲辰甲寅神至，日月圖見。於是十五日，乃復飲神水六杯，清酒一杯，不睡不卧，天地圖至，五華皆至，立無影，呼無響，恍惚無形，與天地沉浮矣。祕勿妄傳。

合藥用仙人鳳綱法[二]。常以正月一日取水一斗，諸生草木華置其中，二月二日取水一斗，諸生草木華置其中，三月三日取水一斗，諸生草木華置其中，四月四日取水一斗，諸

[一] 此處脱漏神水功能描述。

[二] 神仙傳載有鳳綱仙法，内容爲本經之節略，云：「鳳綱者，漁陽人也。常採百草花，以水漬泥封之，自正月始，盡九月末止，埋之百日，煎丸之。卒死者，以此藥内口中，皆立生。綱常服此藥，得壽數百歲不老。後入地肺山中仙去。」（頁三九）法藏敦煌寫本伯三七四九抄有「鳳罡術」，與本書内容相近，云：「正月一日、二月二日、三月三日、四月四日、五月五日，各取水一升，採諸生草木花著水中，封塗勿泄，置陰處發。六月六日、七月七日、八月八日，各復取……□增水，還封塗，著陰處。到九月更取水一升，採諸草木花著中，更盛以百日封塗，更埋之户内，入地□□□日□……□向東，煎以陳蘆、松柏若生竹，令可丸止。人已死氣絶，以置口中，則氣生。此藥主變形，若日月已足，如諸……茯苓桂棗高和之，旦服如□子三丸，暮不服。此鳳罡術。」（法藏敦煌西域文獻第二七册，上海古籍出版社，二〇〇二年，頁二三九）

生草木華置其中，五月五日取水一斗，諸生草木華置其中，封塗之。月月取水華訖，便封之，勿令洩，置陰涼處。自六月、七月、八月，有華之物輒納水中，不復增水也，以納前水中。到九月九日，復取水一斗，諸生草木華置其中，更盛以白壺中，更封，勿令洩，著好涼處已，更埋著户内，入地三尺，百日皆消。以王日微火東向煎之，以陳蘆松柏生竹炊之，令可丸，爲得成。此藥可起死人，變形易體，可得飛仙，人已死絶氣，以此藥著其口中，復起生。若日月足而諸藥不消化者，去滓，以茯苓作〔一〕棗膏和之，頓服三丸，大如大豆，旦服暮不服。

仙人吕恭，字文敬，所受起死方。傳云：恭去家二百餘年，子孫皆死。還乃掘出諸死人，以藥塗之，皆更生肉成人，言語了了，無錯謬者，百餘死人皆生也〔二〕。其方以正月一日取竹根五斤，二月二日取松根五斤，三月三日取柏根五斤，四月四日取忍冬根五斤，五

〔一〕「作」，應據敦煌寫本作「桂」。

〔二〕吕恭神仙傳有載，但内容與本經所言不同。法藏敦煌寫本伯三七四九抄有「吕恭起死人法」，與本書内容相近，云：「正月一日採恒生骨（竹根是），二月二日採千歲膍（松根是），三月三日採太陰玉足（柏根是），四月四日採耐寒脉（忍冬根是）……黑帝目（麥門冬根是），六月六日採太帝門（天門冬根是），右六物各五斤，並好浄洗，陰干。百藥使者一兩（甘草是），菌桂三兩，天陽日□……□五兩（人參是），一方云三兩，凡九物擣篩重者，凡器封百日出。細裹之，酒服，日五方寸匕，常以丑寅午酉亥時服，各……行，五枚脯小片，令人無病，舉隨意所欲，人死開口内五匕，水送之，須臾言。此吕恭起死人法。」（法藏敦煌西域文獻第二七册，頁二三九）

月五日取麥門冬根五斤，六月六日取天門冬根五斤，同桂三種者〔一〕一兩，雄黄五兩，人參三兩。取諸根皆好，洗之陰乾已，剉擣屑之，下細篩，投置白甕中，封勿令洩，百日開封。更以王相日齋戒别室，勿令人見，合擣五萬杵，出著油囊中，素爲裹，每令密服方寸匕，日五服，常以平旦、日中、日入、人定、雞鳴時服，用清酒，畢，食棗五枚，清齋静志，百日便知得道也。若欲變化，恣意所作，當得五月東行青蛇足，不得此藥，不能變化。此藥起人，白骨更肉，道人服食延年，令頭不白，齒不落，面光澤，精滿骨益，絶穀不飲食，不飢渴，毒不加，情常悦，所召即至，麾之即退，來風雨，使霹靂，投水中不沉役，入火中堅不消，刺不入，斫不傷，乘雲行，行無跡，除萬病，致行厨，召萬鬼，知其情，立可使。但當得法，得法天下之事無不可耳。

死人在地，以刀撥開口，内五匕藥於死人口中，須臾生也。欲變化，取五月五日生兒衣，胞衣也。合藥多，可得二人也。

〔一〕「桂三種者」，集注桂條云：「案本經唯有菌桂、牡桂，而無此桂，用體大同小異，今世用便有三種，以半卷多脂者單名桂，入藥最多，所用悉與前説相應。仙經乃並有三種桂，常服食，以葱涕合和雲母蒸化爲水者，正是此種爾。」（頁二二六）又菌桂條云：「仙經乃有用菌桂，云三重者良，則判非今桂矣，必當别是一物，應更研訪。」（頁二二五）疑「三種」爲「三重」之誤。

芝有菌芝，有草芝，有木芝，有肉芝，非一種也。芝常生高山之此大木之下，泉水之側。菌芝有五色，其赤者如真丹，黑者如上漆，白者如霜雪，黄者如紫金，緑者如雄鴨頭毛，紫者如新染上紫，紅者如桃華也。欲知是真芝非芝，當取陰乾之，百日色不變者，是真芝也。凡欲入名山採芝草，當先齋戒，勿往入喪家乳産家，勿食葷辛，衣白衣以入山，抱白雞，持白監一斗，或可牽白犬，必見芝。芝有再重、三重、四重者、五重者，極九重也，皆可服，令人長生不死，飛行徹視，役使鬼神也。

採芝之法。春，正月、二月、三月，勿以寅卯、甲乙之日入山也；夏，四月、五月、六月，勿以巳午、丙丁之日入山也；秋，七月、八月、九月，勿以申酉、庚辛之日入山也；冬，十月、十一月、十二月，勿以亥子、壬癸之日入山也。採青芝，當以甲乙平旦日出時，從東方往，以木刀刺取之，以青繒九尺盛以去。採赤芝，當以丙丁日禺中、日中時，從南方往，以魚刀刺取之，以絳繒八尺盛之以去。採黄芝，當以戊己日黄昏時，從西北往，以金刀刺取之，以黄繒一尺盛之以去。採黑芝，當以壬癸日夜半時，從北方往，以骨刀刺取之，以皂繒五尺盛之以去。採白芝，當以庚辛日，日入時，從西方往，以木刀刺取之，以白絹六尺盛之以去。

肉芝者，千歲蝙蝠也，千歲靈龜也，千歲燕也，千歲鵠也，皆可服，令人不死。千歲蝙蝠，色正白，集便倒懸也，生食之，不死。千歲靈龜，頭生角，甲生光，有五色，火炙甲，擣下篩，服方寸匕，日三，不死。千歲燕，户北向，炙食之不死。千歲鵠，晝夜十二時，一時輒一鳴，其形小於群鵠也，取其骨炙，擣下篩，服方寸匕，日三，不死。

淮南神仙方。因物類自然，爲石别爲鍾乳者，松别爲松蘿者，著桑别爲桑寄生者。因物類所著生，自然之道，故服之合以六律，上應七星，故地黄實者，恍惚之精也，著桑者寄生，陽之精也，菊華者，陰之精也，茯苓者，木之精也，車前實者，雷電之精也，地膚實者，列星之精也，竹實者，天華太乙之精也，凡七物，上應北辰七星，日月五行具在此中矣。即服之分等如度數，齋戒九日，以四時王日和之，以三指撮井華水，旦東向日服之，陽日一飲，陰日再飲之，四十九日忽然去矣。天鳳元年中，南陽陳永伯兄子悉服此藥，二十八日忽然不知所在。永伯服之，二十八日復亡，不知所之。永伯子男名增祑，年七十八，伯父及諸昆弟復令試服之，共繫之以索，閉之二十八日，復不知所在。本方服之四十九日乃去，不知其期，是以後無敢復服者也〔一〕。茯苓生西嶽華山松樹下，當形若竈鱉是也。竹實、桑

〔一〕陳永伯之事亦見神仙傳，惟文字略有差異：「陳永伯者，南陽人也。得淮南王七里（星）散方，試按合服之二十一日，忽然不知所在。永伯有兄子名增族，年十七，亦服之。其父繫其足，閉於密户中，晝夜使人守視之，二十八日，亦不復見，不知所之，本方云服之三十日得仙，而陳氏二子服之未二十日，而失所在，後人不敢服。仙去必有仙官來迎，但人不見之耳。」（頁二八八）淮南王七星散方即本經之淮南神仙方。

寄生出藍田。生地黄出渭城，四月採之。竹實狀似稻米。地膚當去皮即可用。其陽日，甲丙戊庚壬也；陰日，乙丁己辛癸也。

附録二　九鼎丹經訣引三十六水法輯録

按：九鼎丹經訣中關於三十六水法的内容可以分爲兩部分，一是對該書内容的概括介紹，二是對書中水法的引述。以下所録爲九鼎丹經訣原文，校釋不煩重出，參見正文相應部分。

一、有關内容的概括介紹

一、雄黄丹砂水在三十六水中。

二、凡合大丹，未有不資化石神水之力也，此水之法雖自黄帝，至於周備，則是八公三十六水之道也。

三、礬石、雄黄、丹砂化之爲水，一依八公三十六水正經，其法皆用硝石乃成之。

四、自有正本三十六水方，更無别作。

五、(石流黄)得硝石能化爲水，此法出於三十六水中經也。

六、以水、金、玉、五石、金、銀、珠、鉛，三十日、百日皆化爲水。

七、以華池水、金、玉、五石、鉛等皆化爲水，在三十六水經，皆須華池而成水也。

八、三十六水經中有鹽水法、戎鹽水法。

九、三十六水法中實有玄黄水法，然丹華與九轉流珠曾不用之……其玄黄水法，三十六水中無正法，其水是蒸之水不疑也。

十、又合丹三十六水之中，不欲聞傷殺六畜之聲，悲哀哭泣之音。

二、水法引述

黄礬石水法

取礬石一斤，無以馬齒者，盛於青竹筒中，薄削其筒表，以硝石四兩覆薦上下，係漆固其口，納華池中，四十日成水。以華池和塗鐵，鐵銅色。諸法皆用。每十筒得斗許水，計藥數作之，加石膽三兩者。

又法：礬石三斤，置生竹筒中，薄削其表，以細約筒口，埋之濕地，五日成水。

又法：先以淳酢溲礬令浥浥，乃盛之，以硝石二兩，漆固口，埋地中深三尺，十五日成水。（卷八）

礬石水法

礬石一斤，石膽三兩薦覆上下，納筒中，以漆固口，納華池中，五十日成水。（卷八）

白礬石水法

白礬石一斤，納青竹筒中，薄削其表，以硝石二兩覆薦上下，漆固口，納華池中，四十日成水矣。（卷八）

青礬石水法

取吴礬中擇取青色者一斤，先以淳酢溲令浥浥，乃盛之，用硝石二兩，漆固埋之地中三尺，十五日成水也。（卷十九）

雄黄水法

雄黄一斤，納竹筒中，即加硝石四兩，漆固如法，納華池中，四十日成水。

又法：用硝石二兩，塘㖒盛苦酒筒内中，塞蓋，埋中庭，入土三尺，二十日成水。其水甘美，其色黄濁也。（卷八）

雌黄水法

雌黄一斤納竹筒中，加硝石四兩，漆固口，納華池中，三十日成水。一方：加礬石、硝石各二兩，以塘瓶盛埋地中，二十日成水，其味甘，色黄。（卷十九）

丹砂水法

丹砂一斤，納生竹筒中，加石膽、硝石各二兩，塘㖒盛苦酒筒内中，覆蓋，埋中庭，入地三尺，二十日成水。其水甘美，其色黄濁也。

又法：丹砂一斤，納生竹筒中，加石膽二兩，硝石四兩，漆固如上，入華池中，三十日成水。

又法：加石膽、硝石各二兩，塘㖒盛，埋如上法，三十日成水。其味苦，其色赤。（卷八）

磁石水法

取磁石一斤、雄黄一兩、石膽一兩合擣，納竹筒中，漆固口，納華池中，三十日取磁石水用。凡言漆固，皆加灰布陰乾。（卷十九）

磁石水法

磁石一斤，雄黄一兩，石膽精一兩，合擣納竹筒中，漆固如上，納華池中，三十日成水也。本方削竹如縑，戎鹽著中，埋之井中，不至水三尺，二十日成水。復納硝石，二十日水成矣。納雲母，二十日成水。常遲若不化者，更納埋之。（卷二十）

石流黄水法

取石流黄擣末，納竹筒中，削其表令薄，埋馬糞中，二十日化爲水。以此水漬丹，謂之流黄液也。（卷十五）

石硫黄水法

取石硫黄一斤，八月桑上露一升，硝石二兩，納筒中，漆固納華池中，三十日成水。其取露法，以清旦令細心童子洗手，以淨綿浥縹取之。（卷十九）

硝石水法

取硝石擣篩，鹽水漬之，令浥浥，納竹筒中，密固口，埋地中，入土四寸，五日成水。疑是入土四尺四寸，臨事兩試之。（卷十九）

淳鹹水法

此是鹽水也。調理好鹽下篩，以水溲之，令浥浥，薄削竹筒其表如縑，重密其口，埋地中，入土四尺四寸，以其上四日成水。（卷十九）

鹽水

即上淳鹽鹹水法是也，但異名而法同。（卷十九）

附録三　九鼎丹經訣引本草經集注輯録

按：九鼎丹經訣詳細介紹的單味金石藥物有二十餘種，其中絶大多數的本草内容都抄録自本草經集注（本經、别録和陶氏注文俱全），這些藥物具體包括硝石、朴硝、芒硝、水銀、丹砂、雄黄、雌黄、石流黄、曾青、空青、石碌、磁石、礜石、礬石、鍾乳、紫石英、代赭、鹵鹹、戎鹽、鉛丹、胡粉，共二十一種。儘管撰者抄録過程中改編、删減、改字或抄錯等現象較爲普遍，但由於九鼎丹經訣時代較早，其内容對本草經集注的校勘和研究仍有參考價值。例如，尚志鈞先生根據新修本草個别避諱改字現象認爲，本草經集注藥物條文中開頭病名前原皆有「主治」二字。然而九鼎丹經訣引本草經集注文既言「主治」，又用「主療」，且後者數量略多於前者，這究竟是撰者避諱不嚴或後人回改所致，還是本草經集注原本如此？九鼎丹經訣引文與今輯本本草經集注存在大量相異内容，除去撰者自身因素不談，新修本草撰修時是否存在對本草經集注進行篡改的現象？或者説，利用新修本草、證類本草等復原的本草經集注完全是其原貌嗎？ 諸如此類的問題現在看來並不是不需要討論的。以下是九鼎丹經訣引述本草經集注的内容，僅列正文，校釋不煩重出。

一、硝石、朴硝、芒硝

硝石，味苦、辛，寒，無毒，其五臟積熱，腹中止熱，止煩滿消渴，利小便，久服輕身。天地至神之石，一名芒硝。出益州山谷，及武都、隴西、西羌，採無時節。陶隱居云主療與朴硝相似，經多用此硝化諸石，竟無正别識者。頃來尋訪，猶云與朴硝同山，所以朴硝硝石名朴硝也，如此則非一種也。先時有人得一種石，其色理與朴硝大同小異，朏朏如握鹽雪不殊，燒之紫青烟起，仍成灰，不停沸如朴硝者，云真硝石也，一名芒硝。今芒硝乃是錬朴硝作之，與皇甫説同，並亦未得窮研其驗效，當文證記耳。化硝石法三十六水方。隴西屬秦州，在長安西羌中。今鞏昌以北山有鹹土處皆有之。皇甫士安説方無朴硝，可以硝石替之，硝石生山之陰，鹽之膽也。取石脾與芒硝，以水煮之，一斛得一二斗，正白如雪，以水投中即硝石。其味苦，無毒，三月採於赤山。朴硝亦得水即消，主療與硝石小異。按此説，即是芒硝煮成真硝石，但不知石脾復是何物。皇甫既是安定人，又明醫藥，或當詳。

鍊之。今益州人乃鍊礬石作硝石，雖服柔白，而味猶是礬石也。孔氏解散方又云，熬鍊硝石令汁盡沸定。如此，硝石猶是有汁也。今仙家所用硝石，須能化石，爲用於理未盡。又朴硝生於益州故汶山郡，西川、蠶陵二縣界山崖之中，色多青白，亦雜異斑，時人擇取白軟者當硝石用之，燒汁沸出，狀如礬石也。仙經數云硝石能化他石，今此又云能化石，必爾可各試之。此朴硝經云化七十二種石，鍊之如白銀，服之輕身神仙，已有寒熱澀滑辛苦鹹酸八種，又更能化石，即此朴硝之功，何異於硝石也。（卷八）

朴硝是八石之數也，能化十二種石。百日鍊餌，服之輕身神仙。鍊之白如銀。能寒能熱，能滑能澀，能辛能苦，能鹹能酸，入地千歲不變。人擇取白軟者，以當硝石也。本草經云能化十二種石，故用之者燒之汁沸出，狀如礬石也。仙經惟三硝石能化他石，不言朴硝，今此又云化石，故隱居云必爾可試之取驗。言燒之汁出者，皆須令沸定汁盡，與燒礬石法同。（卷十六）

朴硝，味苦、辛，大寒，無毒，主治百病，除寒熱邪氣，六腑積聚，結固留癖，胃中食飲熱結，破流血閉絶，停痰滿，推陳致新。畏麥句薑。（卷十六）

朴硝生益州，及益州北部故汶山郡，西川、蠶淩二縣界，生於崖上，色多青白，亦雜黑斑。言擇白軟者以當硝石，即此物也。鍊之色白如銀，青白者佳，黄者傷人，赤者殺人。

一名硝石朴。（卷十六）

芒硝者，鍊朴硝作之，故神農本經無芒硝，正有硝石，芒硝耳。然有變化之能，故彭君曰：其硝石、戎鹽、石膽、芒硝，真者雖有陰陽正質，作者變化功效乃神，若有求仙不得此道，徒損萬金，終無一二就。明是仙家之功味也。其主療與硝石正同，疑此即是硝石，故神農本草無別芒硝也。其正質者舊出寧州，白粒大，味極辛、苦。若醫家煮鍊作者，色絶白而粒細，而味不甚烈也。依此生於朴硝，而作者亦好也。（卷十六）

芒硝，味辛、苦，大寒，主五臟積聚，人熱胃閉，除背氣碎留血，腹中痰實結聚，通經脉，利大小便及月水，五淋，推陳致新。石葦爲之使，畏麥句薑。（卷十六）

芒硝生於朴硝，生益州山谷。硝石又云與朴硝同山，明三物功力及出處略同也。又朴硝硝石朴也，雖非一物，大同小異。朏朏如握鹽雪不冰，强又燒之，紫青炟焰起，仍成灰。不沸無汁者，是硝石也；若沸而有汁者，即是朴硝也。若重據色理，則不可造次而分辨也。生山之陰地，有鹽鹹苦之水，則朴硝生其陽也。出寧州者，云是正質也。（卷十六）

二、水銀

水銀，味辛，寒，有毒，主去瘡疥瘻，墮胎辟蝨，殺金銀銅錫，轉鎔化還復爲砂，久服神仙不死。一名汞。生符陵平土，出於丹砂。畏磁石。今水銀有生有熟。此云生符陵平土者，是出朱砂腹中，亦别出砂地，皆青白色，最勝。出於丹砂者，是今燒麤末朱砂所得，色白濁，不及生者。其能消化金銀使成泥，人以度物是也。爲還丹事出仙經，酒和日暴，服之長生。燒時飛著釜上灰，名朱粉，俗爲水銀灰，最去蝨也。（卷十一）

三、丹砂

丹砂，味甘，微寒，無毒，主療身體五臟百病，養精神，安魂魄，益氣明目，通血脉，止煩懣，消渴，益精，悦澤人面，煞精邪惡鬼，除中惡腸痛毒氣疥瘻諸瘡。久服通神明，不老輕身神仙。能化爲汞，調作末名真珠，光色如雲母，可拆者良。生符陵山谷，採无時。惡磁石，畏鹹水。按此化爲汞及名真珠，即是金沙也。符陵是涪陵，接巴郡南，今无復採者。

符陵也，但以巴郡之南都謂之巴沙，今无復採。及出武陵、西川諸蠻戎，昔通巴地，故謂之巴沙。仙經亦用越沙，即出廣州、臨鄣者，此二處並好，唯須光明映徹爲佳。又如雲母片者，謂雲母沙，如紫石其大形，謂馬齒砂也，並好，俱任用入藥，然非堪錬之上物也。如大豆及作大塊圓滑者，謂豆沙也，細末碎者，末沙也，此之三種麤，不入藥，可磨作朱也。採沙皆鑿坎入數丈許，雖同出一郡縣中，亦有好惡，揀餌之法，備載長生之寶，非本草之所詳究也。（卷十三）

四、雄黄

雄黄，味苦而甘，平寒有毒，主治寒熱，鼠瘻，疽瘡痔，死肌，疥蟲，匿瘡，目痛，鼻中息肉，絶筋破骨，百節中大風，積聚，癖氣，中惡，腹痛，鬼注，殺精物惡鬼邪氣百蟲毒，勝五兵，殺諸蛇虺毒，悦澤人面。錬食之，輕身神仙。餌服之，皆飛入腦中，勝鬼神，延年益壽，保中不飢。一名黄食石也。

雄黄生武都山谷、燉煌山陽，採無時。好者作雞冠色，不臭而堅實也。若黯黑及虚者，不好也。燉煌在涼州西數千里。（卷十四）

五、雌黄

雌黄，味甘辛而平，有毒，療惡瘡頭秃癬疥，殺毒蟲蝨身痒邪氣諸毒，食鼻中息肉，下部䘌瘡，身面白駮，散皮膚死肌，及恍惚邪氣，煞蜂蛇毒。鍊之服，輕身，增年不老，令人腦滿。

雌黄與雄黄同山，俱生武都山谷其陰也。山有金，金精薰則生雌黄，採無時。出於武都仇池黄也，其色小赤。若出扶南、林邑者，謂爲真崑崙黄也，色如金，而似雲母錯，而爲畫家所重。但丹家合化，多共雄黄同飛，既有雌雄之名，即是陰陽之義。復與雄黄同山用者，必宜以武都爲上也。（卷十四）

六、石流黄

石流黄能化金銀銅鐵器物，仙經頗用之，燒有紫烟，而黄白以爲切物，故車法中之所要也。

石流黄，味酸而温，有毒，主治婦人陰蝕，疽痔惡血，堅筋，頭禿，心腹積聚，邪氣冷癖，并欬逆上氣，脚冷疼弱無力，及鼻衄，惡瘡，下部䘌瘡，療瘡，止血，煞疥蟲。俗方用之偏療脚弱及痼冷惟良。

石流黄生於東海牧陽山谷中，及泰山，及河西山，礬石液也。東海屬徐州，而箕山亦有。今第一出扶南、林邑，如雞子初出殼，名崑崙黄，色深而佳也，此色尤爲俗方療脚弱痼冷所要。若以入大丹，此林邑者必不及徐州及箕山者。且南方無礬石，不知何以稱爲礬石液也。（卷十五）

七、曾青

曾青亦仙藥方上品也，久服令人輕身不老，化銅鐵鉛作金也。

曾青，味酸，小寒，無毒，主療目痛，止淚出風痺，利關節九竅，破癥堅積聚，養肝膽，除寒熱，煞白蟲，療頭風腦寒，止煩滿，補不足陰氣。

曾青出蜀山谷，及越嶲，採無時。畏蟲絲。主療與空青亦相似。今同官便無曾青，惟出始興。今出蔚州、鄂州也，然蔚州者勝於鄂州也，餘州皆惡。其形如蚯蚓糞，又如黄連者佳，滑者好。色理小勝空青，難得而貴。仙經用之亦要，而陶隱居乃言少也。化金之法，事同空青也。（卷十五，其中蔚州、鄂州乃撰者所加唐代産地）

八、空青

空青久服輕身，延年不老，老人不忘，志高神仙。又以合丹，成則化鉛爲金矣。神農云化銅鐵鉛作金也。其主療亦同曾青相似，大同小異。

空青，味甘、酸，大寒，無毒，主療青盲耳聾，明目，利九竅，通血脉，養神，益肝氣，療目赤痛膚瞖，止淚出，利水道，下乳汁，通關節，破堅積矣。

空青生益州山谷，及越嶲。今出同官者，色最鮮深，出始興者不如益州也。涼州西平有空青山，亦甚多，但並圓實如鐵珠。無空腹者，皆並鑿於土石中取之。採無時。（卷十五）

九、石碌

石碌出空青中，相帶而生，本法謂之碌青，其味酸，寒，無毒，主益氣，治肝鼻，止洩利，

生山陰空中，色青白。此則用畫緑色，畫工呼爲碧青，而唤空青爲緑青矣。（卷十五）

十、磁石

磁石入五石之數，太陰之精，其味辛、鹹，寒，無毒，煞鐵毒，爲朱砂、水銀之所畏惡。仙丹方、黄白多用之。

磁石，主治風痺風濕，百節中痛，不可持物，洗之酸疼，除大熱煩滿及耳聾，養腎藏，强胃氣，益精，除煩，通關節，消癰疽鼠瘻，項强喉痛，小兒驚癇，鍊水飲之，人有子。一名玄石，一名處石。柴胡爲之使，惡牡丹、莽草，畏黄石脂也。

磁石生泰山川谷中，及磁山山陰，有鐵者則生其陽，採無時。其好者能懸吸針，虚連三四爲佳。（卷十六）

十一、礜石

礜石，少陰之精，入五石之數，鍊而服之，令人不老不死。丹經及黄白皆多用此，善能柔金。生礜石内水中水不冰。一名青介石，一名立制石，一名固羊石，一名白礜石，一名太白石，一名澤乳，一名石鹽。

礜石，味辛、甘，大熱，有毒，主療寒熱，鼠瘻蝕瘡，死肌，風脾，腹中堅，邪氣，除熱，明目下氣，除膈中熱，止消渴，益肝氣，破積聚酒痼冷腹痛，去鼻中息肉，久服令人筋攣，得火良。畏水，惡毒公，細辛、虎掌爲之使。

礜石生漢中山谷及少室，採無時。蜀漢亦有，而好者出南野及彭城界中，洛陽南垣壂，其少室生礜石最熱。若用者似黄泥色，厚半寸，炭火燒之一日夜解破。可用療冷結，不堪入大丹也。丹家所用，謂此白礜石，非特生礜石也。（卷十六）

十二、礬石

礬石亦八石之上藥也。神農云：鍊餌服之，輕身不老增年。岐伯云：久服傷人骨，能使鐵爲銅者。絶白，蜀人乃以當硝石。其黄理者，名雞矢礬，投苦酒中，塗鐵皆作銅色，不能變肉理。仙經單餌之，丹方亦用。俗中合藥，皆先火燒令沸燥也。一名羽泹，一名羽澤。

礜石，主治寒熱，洩痢，白秃，陰蝕，惡瘡，目痛，堅骨齒，除固熱在骨髓，去鼻中息肉。其味酸，寒，無毒。甘草爲之使，惡牡礪。

礜石生隴西山谷，及隴西武都、石門，採無時。亦出益州北部。亦從河西來，色青霜，名馬齒礜。（卷十六）

十三、鍾乳

鍾乳雖非藥之上，乃是八石華池之所要味也，故陶隱居服之亦延年益壽，好顔色不老也。

鍾乳，味甘，温，無毒，主療欬逆上氣，明目，益精，安五臟，通百節，利九竅，下乳汁，益氣，補虚損，療脚弱疼冷，下宜傷竭，强陽，令人有子。不鍊食之，令人淋。蛇床爲使，惡牡丹、玄石、牡蒙，畏紫石英、蘘草。

鍾乳生少室山谷及太山，採無時。一名孔乳，一名盧石，一名夏石。生少室，猶連嵩高山也。出始興，而江陵及東境名山石洞亦皆有。惟通中輕薄如鵝管，碎之如爪甲，中無有雁齒，光明者爲善，長挺乃有一尺二尺者。色黄者，以苦酒洗刷則白。仙經用之少，俗

方所重，亦甚貴也。（卷十八）

十四、紫石英

紫石英者，是石之精末，服之長生，常含之不飢渴也。紫石英者，八石華池法之要味也，久服輕身延年，味甘、辛，温，無毒，生太山山谷，採無時。所以太山之石，其色黑明徹，其下有根，故謂之最上也。餘有綿石，色亦黑而不明徹。又有林邑石，腹裏别有一物如眼。吴興石四邊有紫色，而無光澤。會稽石形色如石榴子。此四色石，先並醫人雜用，今若精採擇，總不如太山有根者爲上，可入華池用也。（卷十八）

十五、代赭

代赭特是丹方之要，并與戎鹽、鹵鹹皆欲急須，故黄帝之丹亦所切要味也。而好者紅赤色，如雞冠，有澤，染爪甲不渝者良。俗出齊國山谷，採無時。一名須丸。出姑幕者名須丸，出代郡者名代赭。此爲俗用乃疏。其味苦、甘，寒，無毒。（卷十八）

十六、鹵鹹

鹵鹹、戎鹽最爲丹家之用也，亦是黄帝九鼎丹中要味。其味苦、鹹，寒，無毒，生河東鹽池，云是煎鹽釜下凝滓。又云是河東大鹽，形如結冰圓强。又黑鹽疑是鹵鹹，柔鹽疑是戎鹽。又云有赤鹽、駮鼍鹽、馬齒鹽，四種並不入食。馬齒鹽即大鹽也。（卷十八）

十七、戎鹽

戎鹽虜中甚有，從涼州來，茜疑此草下下著丙。茜、河南使及胡客從燉煌來，亦得將來，其形作塊片，或如雞鴨卵，或如凌片，其色紫白，味不堪鹹，口嘗氣息正如段雞子者言是真也。又河南鹽池泥中，自有凝鹽如石片，打破皆方，青色，善療馬脊瘡，又疑此是也。大都既目之爲戎，可取胡將來者爲上。（卷十八）

十八、鉛丹

鉛丹者生於鉛，即合熬鉛所作黄丹畫用者。俗者亦希用，唯仙經丹釜所須。調化還成九光者，當爲九光丹。以此作釜，無别變鍊。一名鉛華。其味辛，微寒，久服通神也。（卷十八）

十九、胡粉

本草乃云粉錫一名解粉，仍釋云此是金化鉛所作胡粉也。其味辛，寒，無毒，有金色者彌良也。（卷十八）